用年表读懂中国史（第3版）

马东峰　张景忠　著

北京理工大学出版社
BEIJING INSTITUTE OF TECHNOLOGY PRESS

版权专有　侵权必究

图书在版编目（CIP）数据

用年表读懂中国史 / 马东峰，张景忠著. -- 3版. -- 北京：北京理工大学出版社，2017.9（2022.10重印）
ISBN 978-7-5682-4823-5

Ⅰ.①用… Ⅱ.①马… ②张… Ⅲ.①中国历史—历史年表 Ⅳ.①K208

中国版本图书馆CIP数据核字（2017）第216624号

出版发行 / 北京理工大学出版社有限责任公司			
社　　址 / 北京市海淀区中关村南大街5号			
邮　　编 / 100081			
电　　话 /（010）68914775（总编室）			
82562903（教材售后服务热线）			
68944723（其他图书服务热线）			
网　　址 / http://www.bitpress.com.cn			
经　　销 / 全国各地新华书店			
印　　刷 / 保定市中画美凯印刷有限公司			
开　　本 / 710毫米×1000毫米　1/16			
印　　张 / 22		责任编辑 / 朱　喜
字　　数 / 254千字		文案编辑 / 朱　喜
版　　次 / 2017年9月第3版　2022年10月第13次印刷		责任校对 / 刘　娟
定　　价 / 40.00元		责任印制 / 李志强

图书出现印装质量问题，请拨打售后服务热线，本社负责调换

序言

请走进历史吧！

在教学的过程中，和学生接触多了，我发现现在的学生处于历史的盲区：男生热衷于将游戏中的勇士、智者等同于有血有肉的历史人物，女生迷恋于将影视作品中俊男美女间的痴情恩怨当作浩浩荡荡的历史大势。在和学生聊天的时候，我会被问到这样的问题："老师，吕布应该是最牛的武将吧？比李元霸厉害是吧？"或者"老师，甄嬛她们说的应该就是文言文啊！"面对这种情形，我总是不好回答，我不可能去告诉他们，他们问的是伪命题，真实的历史该怎样怎样，那些电视剧或者游戏某种程度上在摧残历史。在他们的知识结构中，历史是一片荒芜。

曾经有人说过这么一句话：美国的穿越都是去未来，因为他们没有历史，只能憧憬未来。相比于别的民族，中国人是幸运的，因为我们有足够的历史来供我们记忆、消费、思考和借鉴。

如果抹去一个人的记忆，即使不让他的肉体有任何变化，我们都会认为这个人不是原来的这个人。民族也是一样，抹去它的记忆——历史，那它就不是原来的那个民族。曾经有一个二十多岁的年轻朋友——标准的愤青，非常崇拜冉闵，言必称汉。一次和他聊天的时候，讲到华夏的问题，我告诉他"华"和"夏"的本义，告诉他华夏对待蛮夷的态度，告诉他草原上这几千年的历史变迁，告诉他汉人的种族源流和曾经的荣光与耻辱，他很吃惊，开玩笑似地对我说："老师，你是来毁三观的吗？"我们相对大笑。此后，便很少见他做愤青态，言语间也不再那么咄咄逼人了。一个人，应该继承这个民族的记忆，理解民族的自强不息和兼收并蓄，当其自称时，需要明确地知道自己所指的到底是什么，而不是假借着"历史"的符号，在那里聒噪不休，显示着自己的无知和可笑。

文化市场上，从20世纪90年代末开始，历史的热潮就没有退去过，电视剧、评书、电影、各种解读、历史小说等每年吸引着大量的消费者。各种被历史外衣包装过的消费品有着巨大的消费市场，而这一切却让"历史"二字变得浅薄起来。这些文化工作者并没有错，他们制造了那么多的产品，为自己赚取了足够的利润，他们的所作所为完全合法合理。然而，消费者在这种消费中，不但汲取不到知识的营养，却徒增对历史的迷茫。

严格说来，本人亦是历史的消费者，而且一直在消费着历史——假如我不从事历史的教学与研究又拿什么来谋生呢？但是我还是觉得有义务去引导正确的历史消费。一个人可以将历史当成娱乐，然而他必须有自己明确的历史观。举一例，中国历史不是英雄史，更不是奴才史，也不是血泪史，如果消费者喜欢看清宫剧，这无可厚非，然而看完后将这些当成历史，就有点可悲可笑了。

历史和未来有关系吗？有关系，也没有关系。有关系，是说历史影响着这个民族的思想；没有关系，是说所谓历史，皆已成为过去，无论百般努力，始终无法改写。

古人说，以史为鉴，可以知得失。从功利主义的角度考虑，通过历史镜鉴来预测现实的发展，纠正行为的偏差，是历史的根本价值所在。看《三国志》，见汉朝必亡，就知道国家危机非一人可救，必须流血而后重生；见吕布必败，就知道人必言而有信才能立足，一人之力不足为能；见曹操之死，就知道王图霸业都空，且休息去……也许有人会认为，自己不过是一个小人物，而大凡在历史上留名者都是大智大勇之人，他们的成就对自己来说只有艳羡的空间。其实不是这样，历史记住的是人，读历史的也是人，是人总有相似之处，总有可借鉴的地方。推而广之，历史记载的是国家，那么国家兴亡也肯定在历史中。在这里，分享一个读史妙想：当今国际局势有点类似于春秋五霸、战国七雄乱世，当年的有识之士认为统一天下的非秦即赵，那么未来呢？

中国人是幸运的，有记忆、消费、思考和借鉴历史的传统。就算是对历史再无知的年轻人，也习惯于亲近历史。我的学生们对历史非常感兴趣，而且也乐于和他的朋友们分享读史心得。然而遗憾的是，由于接受历史信息的渠道问题和一些错误历史信息的干扰，他们的历史常识总是显得那么可笑。

这本《用年表读懂中国史》以时间为线索，串联历史大事件，讲述严肃而又有趣的中国史，肯定对各位对历史有兴趣、有需要的读者有所裨益。

目 录

原始社会

东非猿人：最早的文明曙光 / 2

北京周口店人：最早意义上的中国人 / 3

女娲造人：中国历史进入母系氏族社会时期 / 4

半坡文明的发掘：华夏文明的源头 / 5

河姆渡文化：中国文明的另一大源头 / 7

三皇的传说：中国人对文明的不懈追求 / 8

四大文明古国之中国：文明延续的黄河、长江流域 / 9

黄帝击杀蚩尤：充满迷雾的第一次"世界"大战 / 11

禅让的神话：世俗王权的确立 / 12

大禹的功绩：第一次确立的"天下"观念 / 13

夏朝

夏朝遗址的挖掘：中华五千年的见证 / 16

从禅让到家天下：最早王朝的建立过程 / 17

太康失国：东夷文化与中原文化的碰撞 / 18

奴隶制萌芽国家形态：父权制的扩大 / 19

《夏小正》：我国先进农业文明的明证 / 20

由夏桀说起：历史时有重演 / 21

商朝

汤武革命：多代人不懈努力的结果 / 24

伊尹辅政：宰相制度的雏形 / 24

盘庚迁殷：游牧和定居习俗的斗争 / 26

贝成为货币："商"的解释 / 27

甲骨文：中国独特的文字传承 / 28

周朝与商朝的实力对比：看商、周的兴衰 / 29

"箕子朝鲜"：朝鲜人是商人的后裔 / 30

西周

文武之道，一张一弛：周王朝的建立 / 34

普天之下，莫非王土；率土之滨，莫非王臣：奴隶社会的巅峰时期 / 35

嫡长子继承制：中国政局稳定的一道保险 / 36

文圣周公与武祖姜尚：从齐鲁发展看历史影像 / 37

共和行政：确切历史纪年的开始 / 38

宣王中兴：改革带来的辉煌和危机 / 39

烽火戏诸侯：西周内外危机的同时爆发 / 40

文王拘而演《周易》：八卦的源流 / 41

东周：春秋与战国

平王东迁：中央衰弱下的乱世开始 / 44

尊王攘夷：齐桓公的霸业策略 / 44

宋襄公的仁义之战：仁义需要变通，更需要变质 / 46

晋楚百年争霸：西方人无法想象的历史 / 47

华元主持下的弭兵大会：春秋时期的战争与和平 / 48

伍子胥破楚鞭王尸：贵族法则的终结 / 50

百家争鸣：中国思想史上的"黄金时代" / 51

子贡游春秋："原始之儒"不是手无缚鸡之力的书生 / 53

鲁国"初税亩"改革：封建生产关系的萌芽 / 54

三家分晋和田氏代齐：更残酷的战国乱世来临 / 55

齐魏马陵之战：魏国霸业的兴起衰落 / 56

商鞅变法：换取国家发展的自我牺牲 / 57

范雎远交近攻：秦国的崛起 / 59

长平之战：大规模杀戮战争的巅峰 / 60

合纵连横：纵横家巧舌摆布下的战国 / 61

《诗经》和《离骚》：中国诗歌文学的两大源头 / 63

集法家学说大成的《韩非子》：中央集权和君主专制的理论基础 / 64

郑国渠和都江堰：奠定秦统一六国的经济基础 / 65

荆轲刺秦王：个人对权势的最后抗争 / 66

天下一统时机的到来以及原因分析 / 67

秦灭六国的步骤和过程 / 68

秦朝

秦国崛起："金角银边中腹草"的争霸模式 / 70

秦始皇功过论（上）：延续两千年的政治制度 / 71

秦始皇功过论（下）：对民众的残酷压迫和剥削 / 72

秦直道的修建：条条大道通咸阳 / 73

始皇仙游：压制六国残余和长生神话的结合 / 75

万里长城的修筑：秦帝国的辉煌和暴政 / 76

"焚书坑儒"：君权压制一切的噩梦 / 76

指鹿为马：绝对君权滋生的怪胎——宦官专权 / 77

"王侯将相，宁有种乎"：能力对血统的第一声质疑 / 78

秦朝迅速灭亡的原因分析 / 79

楚汉之争：平民对贵族的胜利 / 80

两汉

刘邦定都关中：平民帝王的传奇 / 84

成也萧何，败也萧何：汉初三杰的不同命运结局 / 85

吕后专权和吕氏族灭：皇权下的外戚执政 / 86

文景之治：王朝初期的休养生息 / 88

七国之乱和推恩令：统一与分裂、郡县制和分封制的斗争 / 89

建元元年：年号纪元的开始 / 90

匈奴族的兴盛及与汉的对抗 / 91

卫青、霍去病出击匈奴：不屈的强汉梦 / 92

"罢黜百家，独尊儒术"：统治者的另一种思想钳制开始 / 94

司马迁写《史记》：史家之绝唱，无韵之离骚 / 95

张骞"凿空"西域：流淌财富的丝绸之路 / 96

巫蛊之祸：最可怕的宫廷阴谋 / 98

昭君和亲：中原王朝的"悲剧" / 99

王莽篡汉：外戚专权的必然结果 / 100

王莽改制与新朝崩溃：不当改革的失败收场 / 101

赤眉绿林大起义：底层人民反抗的威力 / 103

南阳刘秀起兵：汉王室地方势力的反扑 / 104

光武中兴：中国重新归为统一 / 105

察举制：士族把持地方的开始 / 106

天竺取经，白马寺传道：佛教传入中国 / 107

班超定西域：个人英雄主义的光辉一页 / 108

窦宪勒石燕然山：汉出击匈奴造成的连锁反应 / 110

蔡侯纸：造纸术的突破，对文明的作用不可估量 / 111

天文学家张衡：地动仪所代表的科学水平 / 112

宦官、外戚卖官鬻爵：东汉末年的黑暗政治 / 114

两次"党锢之祸"：皇权对皇权基础的清洗 / 115

黄巾起义（上）：借助宗教外衣的造反方法 / 116

黄巾起义（下）：乱世即将到来 / 117

三国

董卓率西凉军入洛阳：中央力量和威严的消失 / 120

群雄割据：地方豪强势力失去约束的恶果 / 121

曹操的崛起：魏武军机 / 122

官渡之战：最经典的冷兵器作战，北方重新统一 / 123

屯田制、"唯才是举"：平定乱世的两把利器 / 124

赤壁之战：三国鼎立的关键战役 / 125

刘备势力的发展和刘备称帝：代表着复兴汉室的希望 / 126

孙吴政权的建立：长江流域和黄河流域的对峙 / 128

三国对峙：百年战争的悲剧 / 129

九品中正制：僵化的士族政治制度 / 130

司马懿发动"高平陵事变"：阴谋的最高成就 / 131

两晋

司马炎篡魏：司马家族的有样学样 / 134

王濬攻破石头城：西晋完成三国一统的大业 / 135

玄学兴起：儒、道、佛思想的融合 / 136

蜀汉灭亡：乐不思蜀的悲与喜 / 137

骈文和乐府诗：代表上层和代表下层的文学分流 / 138

"八王之乱"（上）：分封制的巨大漏洞 / 139

"八王之乱"（下）：每一个被野心所控制的人全部不得善终 / 141

五胡乱华：民族融合过程中的血腥和暴力 / 142

永嘉之祸：皇帝被俘，国都沦陷，整个中原哀鸿遍野 / 143

为何西晋的统一迅速"流产"？ / 144

司马睿建康称帝：士族门阀操纵下的政权 / 145

祖逖北征：铁血男儿的不屈斗志 / 147

坞堡庄园和土断：东晋门阀势力的兴起 / 148

桓温三次北伐：南方对北方的军事劣势 / 149

秦王苻坚访王猛：一个明君贤臣的故事 / 151

淝水之战：东晋和五胡之间最关键的一战 / 152

淝水之战的影响：北方陷入更大的混乱，东晋政权得以继续苟安 / 153

王羲之和书法：混乱下蓬勃发展的书法 / 154

拓跋鲜卑的崛起：北方重新统一，创造了恢复和发展的条件 / 155

南北朝

刘裕篡晋：军阀势力和门阀势力的斗争 / 158

宋、齐、梁、陈的更替：缺乏"正统"观念下的短命王朝 / 159

祖冲之推算圆周率：南北朝时期
科学技术的新发展 / 160

魏太武帝和北周武帝灭佛：世俗
王权对神权的强力统治 / 161

北魏孝文帝改革：游牧民族对文明的追求 / 162

北魏内乱，高欢专权：北魏的内乱和分裂 / 164

北周和北齐建立：山东势力和关中势力的对抗 / 165

宇文泰改革：府兵制让人看到了统一的曙光 / 166

范缜"神灭论"：唯物主义思想
对佛教盛行的攻击 / 167

刘义庆编纂《世说新语》：对魏晋风度
最完备的记述 / 168

长达三年八个月的侯景之乱：对士族的巨大打击 / 169

北周灭北齐：内改革、外扩张的发展典范 / 170

南朝陈：不作为下政权灭亡的又一明证 / 171

隋朝

杨坚篡夺北周江山：执国政、交内室、
废幼主，阴谋者的共同做法 / 174

隋朝灭南陈：大一统时代的再次来临 / 175

隋文帝的历史功绩分析 / 176

宇文恺兴修长安、洛阳：东方的京城、国都 / 177

隋军和突厥的战争：中央王朝强盛下的草原 / 178

大运河的开凿成功：交通南北的大动脉 / 179

科举制开始取代察举制：中央政权
对士族势力的"釜底抽薪"之策 / 180

隋炀帝下扬州，观琼花：大运河之过在何处？ / 181

三征高句丽失败：隋的中央力量消耗殆尽 / 183

隋末群雄并起：地方势力借农民起义的
外衣重新抬头 / 184

隋秦比较：为何二世而亡的悲剧重演？ / 185

群雄逐鹿：世家大族的剧烈对抗 / 186

李渊起兵太原，夺下长安：隋灭亡后的混乱时局 / 188

唐朝

李渊建唐称帝：新王朝对前朝的遗产继承 / 190

唐削平四方割据，一统天下：
为何群雄逐鹿，唐王朝胜出？ / 191

玄武门之变（上）：最经典的夺嫡战争 / 192

玄武门之变（下）：事变后造成的唐皇室内部悲剧 / 193

贞观之治：王朝初年盛世的共同特征 / 194

李靖攻突厥：唐朝疆域的扩大 / 195

李世民加尊号为唐可汗：唐初成功的民族政策 / 197

景教传入唐朝：自由开放的宗教政策 / 198

唐僧往西天取经：历史版的《西游记》/ 199

唐大举攻打高句丽：唐与高句丽对辽东的争夺 / 200

大唐盛世解析：均田制、府兵制与租庸调制 / 201

遣唐使和鉴真东渡：日本在唐的影响下发生大变化 / 202

武则天夺取李家天下：后宫干政发展到极致 / 204

武周之治：为何上层动乱，国家发展？/ 205

吃醋事件：唐代女子地位上升，社会风气开放 / 206

武则天开设武举：中国对军事教育的尝试和失败 / 207

开元盛世：唐王朝在各方面取得巨大成就 / 208

诗仙李白：盛世大唐的气度在文艺上的表现 / 209

怛罗斯之战：唐帝国和阿拉伯帝国的交锋，

东西方文明的剧烈碰撞 / 210

世界上最大的城市长安：唐代的丝绸之路 / 212

安史之乱的起因：府兵制被破坏下的中央虚弱，

割据势力抬头 / 213

安史之乱和诗圣杜甫：盛世不可能再重来的挽歌 / 214

扬一益二：唐朝经济重心的南移 / 215

藩镇割据带来的全国混战：

混乱时局下人民的悲惨命运 / 217

甘露之变：从高力士开始的宦官干政发展到顶峰 / 218

牛李党争：为反对而反对的黑暗政治 / 219

黄巢之乱：阶级矛盾激化的产物 / 220

大唐解读（上）：唐帝国强盛原因浅析 / 222

大唐解读（下）：唐帝国衰亡原因分析 / 223

迁都洛阳，朱温改国号为梁：

纵观迁都而亡的王朝命运 / 224

五代十国时期

朱温称帝，建立后梁：唐藩镇割据

局面的必然结果 / 226

李存勖建立后唐：沙陀人集团掌控着中原王朝 / 227

耶律阿保机统一契丹：契丹族的兴起和强盛 / 228

梁唐之争：五代前期的主旋律 / 229

五代的更替：国家权力操纵在军阀势力中 / 230

十国情况简介：失去了约束的刀 / 231

石敬瑭割让燕云十六州：中原政权对北方少数民族

政权显出的进一步颓势 / 234

不倒翁冯道的一生和评价：乱世价值观和和平时期

价值观比较 / 235

历史上最短命的后汉：兵强马壮者为天子 / 236

周世宗改革：混乱的局面终于迎来统一的曙光 / 237

黑暗中的光明：五代十国时期对中国历史的意义 / 238

五代十国与三国比较：为什么
《残唐五代史演义》不能成为名著？ / 239

辽·宋·西夏·金

"点检为天子"，赵匡胤的发迹之路：
谶言在政变中的巨大作用 / 242

陈桥兵变，黄袍加身：五代余波，军权对君权的践踏 / 243

斧声烛影，赵光义登基：为什么宋代都城东移？ / 244

灭南唐，俘虏南唐后主李煜：北方对南方的再次胜利 / 246

强干弱枝：宋代的中央禁军制度分析 / 247

雄踞北方的大国——辽：契丹是 China 的词根？ / 248

澶渊之盟：宋辽之间的大碰撞 / 249

南北面官制：最早的一国两制，
成熟的多民族管理制度 / 251

党项族、李元昊和西夏：兴起于西北的少数民族政权 / 252

"不征之国"大理：西南和中原关系分析 / 253

完美士大夫代表范仲淹：庆历新政分析 / 254

辽、宋、夏三国大乱斗：分裂战争的悲剧 / 255

王安石变法（上）：北宋中期的大危机 / 256

王安石变法（下）：失败的危机挽救 / 258

苏轼驰名东亚各国：先进文化的巨大吸引力 / 259

最早的纸币交子：商业的巨大发展 / 260

瓷都景德镇：北宋年间飞速发展的手工业 / 262

海上之盟：远交近攻策略的失败 / 263

靖康之难：北宋灭亡的过程 / 264

康王南渡，南宋建立：为什么宋祚能够延续？ / 265

岳飞抗金：南宋和金之间的战争 / 267

岳飞之死：南宋和金之间的和平 / 268

宰相之头可以求和：南宋残酷的政治斗争 / 269

蒙古攻克金国燕京：迅速灭亡的金政权 / 271

边防重镇襄阳陷落：南宋灭亡的前兆 / 272

海上丝绸之路的繁荣：中国对外交往范围扩大 / 273

元朝

蒙古族的源流：草原民族的扩张 / 276

忽必烈改国号为元：蒙古的分裂和进化 / 277

四大汗国的建立：史上疆域最大的帝国 / 278

陆秀夫背帝蹈海：宋朝文明的尝试 / 280

南宋灭亡：强大国力差距下的灭亡？ / 281

蒙古扩张的大灾难 / 283

蒙古远征为西方带去了什么？ / 284

忽里台大会：蒙古早期的政治制度 / 285

行省制度：地方政治渐入划省而治阶段 / 286

元大军征伐日本：神风队出场 / 287

纸币的统一和流通：元代经济的恢复和发展 / 288

四等人制度：元朝的民族政策 / 289

明教与红巾军：莫道石人一只眼，挑动黄河天下反 / 290

解密偌大王朝迅速败亡的原因 / 292

明朝

元失其鹿，群雄共逐之：朱元璋的成功策略 / 294

朱元璋建立大明：从乞丐到帝王的发展史 / 295

宝钞的贬值和变废：古代纸币发行的弊端 / 296

钦定八股文：科举制度走入困局 / 297

胡蓝之役，朱元璋大杀群臣：绝对君权的建立和失败 / 298

靖难之役：分封制的必然失败 / 299

朱棣迁都北京城："天子守国门"的利弊分析 / 301

《永乐大典》的编纂：我国最齐全的类书 / 302

郑和七下西洋：中国对海洋探索为什么失败？ / 303

土木堡之变：皇帝被俘，明朝扩张军事转向 / 304

于谦力挽狂澜：民心在战争中的巨大作用 / 306

夺门之变：皇室内部的争夺和变乱 / 307

王阳明和知行合一，格物致知：儒学发展到心学 / 308

倭寇侵袭东南：民族英雄戚继光的英勇抗争 / 309

张居正施行一条鞭法：为变法而丧生的又一典型 / 310

三大奇案：明末不受控制的党争 / 311

努尔哈赤起兵和李自成进京：明王朝灭亡浅析 / 313

清朝

后金：从辽东部落到建立大清帝国 / 316

扬州十日和嘉定三屠：血腥屠杀下的民族对立 / 317

郑成功攻占台湾：抗击外国殖民者的民族英雄 / 318

八旗制度和八王议政：大清早期的军事政治制度 / 319

康熙平定三藩：统一和分裂的战争 / 321

雅克萨之战和《尼布楚条约》：清、俄帝国比较 / 322

康乾盛世：人口的快速增长和农业的发展 / 324

大兴文字狱和禁毁书目：皇权对思想自由的最严密控制 / 325

册封活佛和金瓶掣签：中央对西藏地区的有效管理 / 327

"永不加赋"和"摊丁入亩"：清代中期地租形态的变化 / 328

马戛尔尼使华：东西两大帝国的首次正式接触 / 329

和珅跌倒，嘉庆吃饱：封建制度走向末局 / 330

吹拉弹唱，生旦净末丑：京剧繁荣和八旗子弟生活 / 332

遍地白莲花开：清朝的民众反抗运动 / 333

鸦片战争（上）：战争前的国际国内形势 / 334

鸦片战争（下）：清朝走向没落，近代史进程开始 / 335

中国历史朝代歌

三皇五帝始　　尧舜禹相传

夏商与西周　　东周分两段

春秋和战国　　一统秦两汉

三分魏蜀吴　　二晋前后延

南北朝并立　　隋唐五代传

宋元明清后　　皇朝至此完

原始社会

在人类历史的开端，人们只能用简单的石头作为工具，所以这个最原始的时代称为"石器时代"。起初，这些早期的人类只能将石头敲碎，打制一些简单的工具，做一些简单的狩猎、采集方面的事情，所以后人又把这个时代称之为"打制石器时代"或者"旧石器时代"；后来，这些早期的人类逐渐学会把一些石头磨制得更加锋利，并用之从事一些简单的农业和畜牧业生产，后人把这个时代被称为"磨制石器时代"或者"新石器时代"。

中国的旧石器时代只能通过考古来证明，有故事、有传说的是夏朝以前的新石器时代，也即三皇五帝时代。传说，燧人氏发现了钻木取火，教导百姓用火煮食、御敌；伏羲氏发明了渔网，教导人们捕鱼、狩猎；神农氏亲尝百草，教导人们治病、农耕。三皇的故事可以和一些考古发现相互印证。

五帝指的是黄帝、颛顼、帝喾、尧、舜（多种说法中的一种）。根据《史记》和一些传说推测，他们是活跃在黄河流域的大氏族部落联盟的领袖。此时的部落领袖应该是一个部落中，由所有成年男性成员共同推选的，所以他们是最优秀的人才。

不过，这些都不是信史，留给后人太多猜度和揣摩的空间。

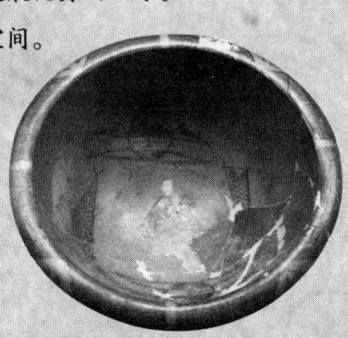

新石器时代 · 人面鱼纹彩陶盆

东非猿人：最早的文明曙光

无论是人类的早年时期还是个人的童年时期，人们总会思考这么一个问题：人是怎么来的？

关于人类起源的问题，一直存在两个针锋相对的学派：非洲起源说和多地区起源说。部分学者认为人类全部起源于非洲南方古猿，然后迁徙到世界各地；而另外一些学者则认为世界如此广阔，人类不可能都来自非洲。不过，最后是非洲起源说获得了多数学者的认可。

距今约400万年前，东非的气候急剧变化，生活在丛林中的南方古猿被迫来到稀疏的草原生活，从而进化出直立行走和上肢下肢的分工，进而通过新的捕食方式提高了智力。然后气候再度变化，在几十万年的历史中，南方古猿迁移扩散到世界各地……

阿法南猿是已发现的最早的古猿，他们的生存年代大约为350万～300万年前，主要活动在东非一带。考古学家曾经发现了一个未成年阿法南猿的头盖骨，命名为露西，她生活于约320万年以前，拥有类似猿的脑容量，但采用的是直立方式行走，因而被归类为人族。

大事件	时代	距今约 单位：年
最早的古猿——原上猿，它是猴型总科和人型总科的共同祖先。手脚已有初步分工。		3500万 — 3000万
腊玛古猿，起初被认为是从猿到人过渡期间的生物。后经研究表明，可能是猩猩的祖先。		1400万 — 800万
阿法南猿出现于东非，人科的早期成员，是人类的直接祖先。		400万 — 300万
在旧石器时代之前，直立人开始出现。	旧石器时代早期	300万

距今约 单位：年	时代	大事件
170万	旧石器时代早期	元谋人出现。1965年，云南元谋发现两颗门齿化石，及一些石器、炭屑遗迹，推断为旧石器时代早期人类所遗留。
115万——70万		蓝田人出现。1960年在陕西省蓝田县一带发现化石，为目前在亚洲北部发现的最早的直立人化石。
78万——68万	旧石器时代中期	"北京人"出现。1921年，瑞典学者安特生拉开了周口店遗址发掘的序幕，逐渐揭开"北京人"的神秘面纱。

从东非猿人开始，因为人们开始有意识地进行活动，同时能够对自己的活动进行记忆和思考，所有的这一切都表明文明开始逐渐从蒙昧中脱离出来，也意味着历史进入了新纪元！

北京周口店人：最早意义上的中国人

中国是人类的发源地之一，猿人遗迹遍布南北各地，迄今已发现的猿人化石和相应的旧石器时代早期遗址有数十处之多。其中重要的发现有云南元谋人、陕西蓝田人、北京周口店人等。

云南元谋人化石是我国目前已发现较早的人类化石，距今约170万年，属于旧石器时代早期。蓝田人出现于较晚的距今约115万~70万年前，但和元谋人一样仍属于旧石器早期的直立人。他们在脑容量和体质方面都还比较原始。

到了距今约68万~78万年前，出现了与现代人较接近的北京周口店人。据研究，北京猿人不管是在体型上还是在脑容量方面都更接近现代人。其上肢骨和现代人的接近程度甚于下肢骨，这表明北京猿人的下肢在长期直立行走和辅助性劳动中日趋完善，上肢在长期的劳动中为适应日益复杂的动作而变得十分灵巧。

北京猿人已开始使用火，会用各种不同的石质工具劳动，并且有了一定的生活组织形式，体现了一定的进步性。

女娲造人：中国历史进入母系氏族社会时期

据《淮南子》记载：传说上古时期女娲采五色石来补苍天，烧芦苇为灰烬来阻挡洪水，并且用手捏、鞭子打的方式造人。这些传说并不是空穴来风，它所反映的是我国旧石器晚期母系氏族社会状况。

大约5万年前，我国进入母系氏族公社时期。当时最主要的生活方式是采掘、种植植物和驯养、繁殖动物，而男子主要的任务则是渔猎。在当时的条件下，男子获取生活资料的数量远没有女子稳定，所以在生产中，女子占据主导地位；男子要承担着保护氏族安全的危险责任，因此寿命比较短，部落中的首领往往由最年长的女性来承担；当时，人们盛行群婚制，在这种群婚制下，

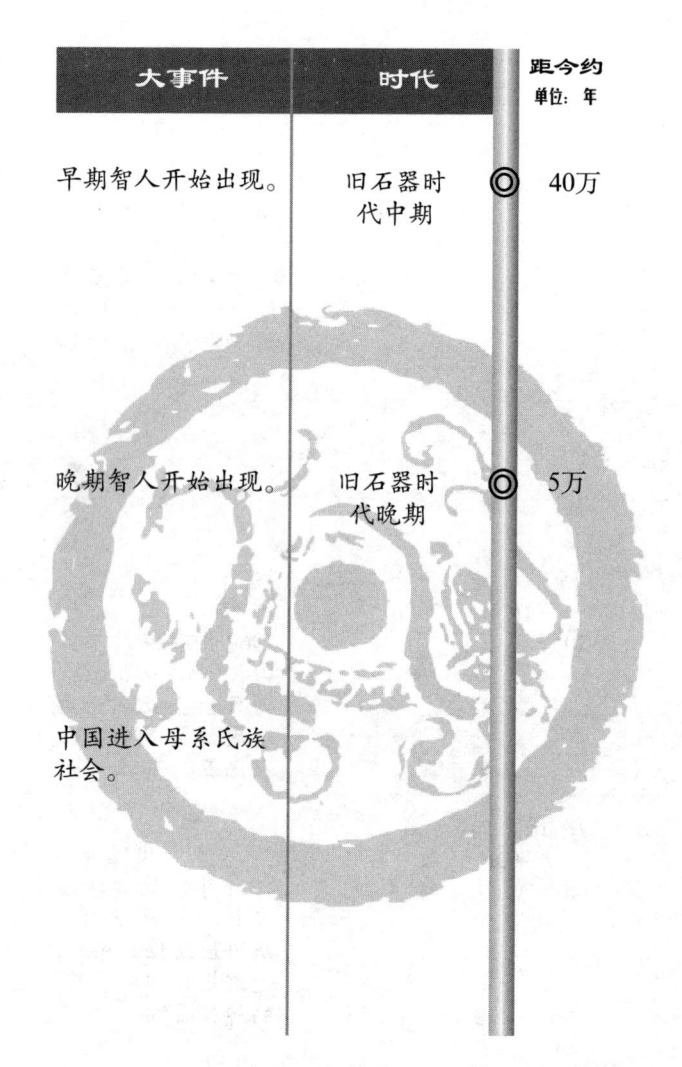

大事件	时代	距今约 单位：年
早期智人开始出现。	旧石器时代中期	40万
晚期智人开始出现。	旧石器时代晚期	5万
中国进入母系氏族社会。		

距今约 单位：年	时代	大事件
2万	旧石器时代晚期	山顶洞人活跃于世。1933年裴文中在北京房山区周口店的山顶洞穴发掘到化石。他们已经会熟练使用工具，有审美、兴葬等观念。
1万——4000	新石器时代、传说时代、远古帝王、三皇五帝时期	新石器时代文化约与传说时代相当，中国逐渐走出史前时代。位于西亚的两河流域、北非的埃及则已经进入历史时代。

人们还没有认识到男子在繁衍后代中的作用，大多数孩子"只知其母，不知其父"，所以维持部落传承的血缘纽带只能是母系的。

我国古代有严格的"同姓不婚"习俗，其实就是古代母系氏族社会的残留。姓，在《说文解字》中的解释是"人所生也"，表示的是血缘关系，所以一些比较早的姓如姬、姜、嬴都是"女"字旁。

距今七八千年前，我国母系氏族社会发展到繁荣时期。目前，考古学者已经发现了属于这个时期的7000多处遗址。

半坡文明的发掘：华夏文明的源头

距今约6 500年前，我国黄河地区的母系氏族文明发展到顶峰，其代表就是半坡文明。

1953年，中国科学院考古学家在陕西省西安市东郊发现了面积大约为50 000平方米的原始社会遗迹，随后共有200多名专家对遗迹进行了5次发掘，持续近4年时间。

至今为止，该遗址有超过10 000平方米的地区已经被发掘，共有房屋遗迹45座、圈栏2处、窖穴200多处、陶窑6座、各类墓葬250座（其中成人墓葬174座、幼儿瓮棺73座）以及生产工具和生活用具近万件，为我国考古事业提供了大量的资料。

在出土的大量陶器中，科学家在陶盆上发现了大量的黑色彩画，主要有人面、鱼、鹿、三角和植物符号等，经过进一步的研究，科学家猜测这些彩画可能就是中国文字的源头。半坡遗址中出土的动物骨骼有猪、牛、鹿、狗、马、兔等，在其中的有些骨骼上还能发现人工驯化的痕迹，这说明半坡人的食谱十分宽泛，并且还出现了原始的畜牧业。半坡遗址还出土了乐器——两只陶埙，它们保存完整，皆为细泥捏制而成，表面光滑但不平整，灰黑色。该乐器的出土证明了半坡人高超的陶器制作水平，也说明当时半坡文明已经脱离了蒙昧阶段。

半坡遗址是黄河流域规模最大、保存最完整的原始社会母系氏族村落遗址，它也被认为是整个黄河文明的源头。

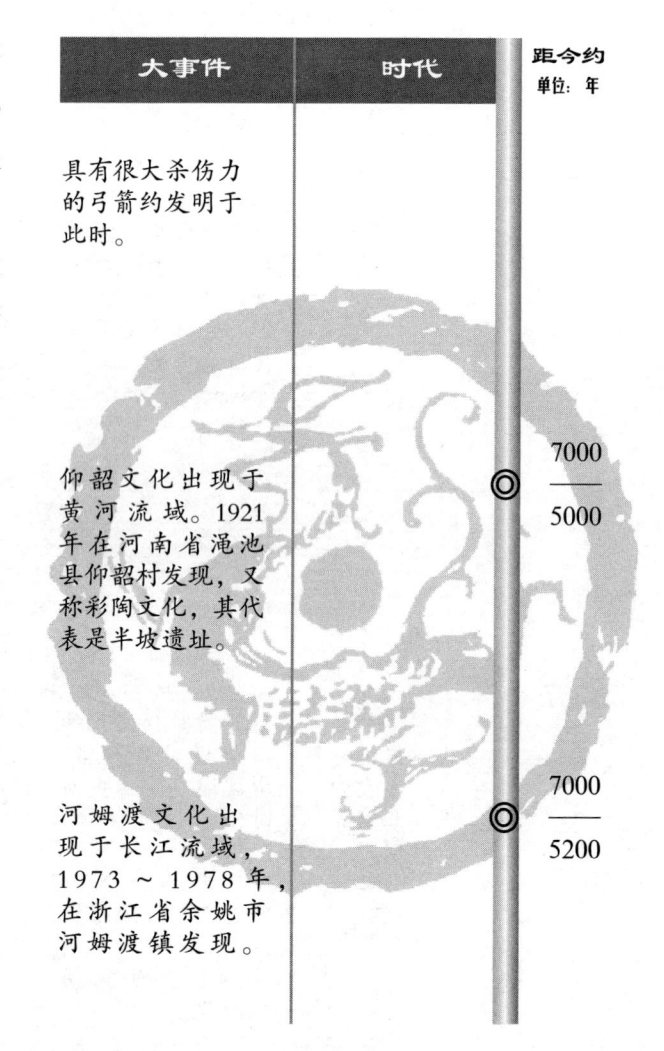

大事件	时代	距今约 单位：年
具有很大杀伤力的弓箭约发明于此时。		
仰韶文化出现于黄河流域。1921年在河南省渑池县仰韶村发现，又称彩陶文化，其代表是半坡遗址。		7000—5000
河姆渡文化出现于长江流域，1973～1978年，在浙江省余姚市河姆渡镇发现。		7000—5200

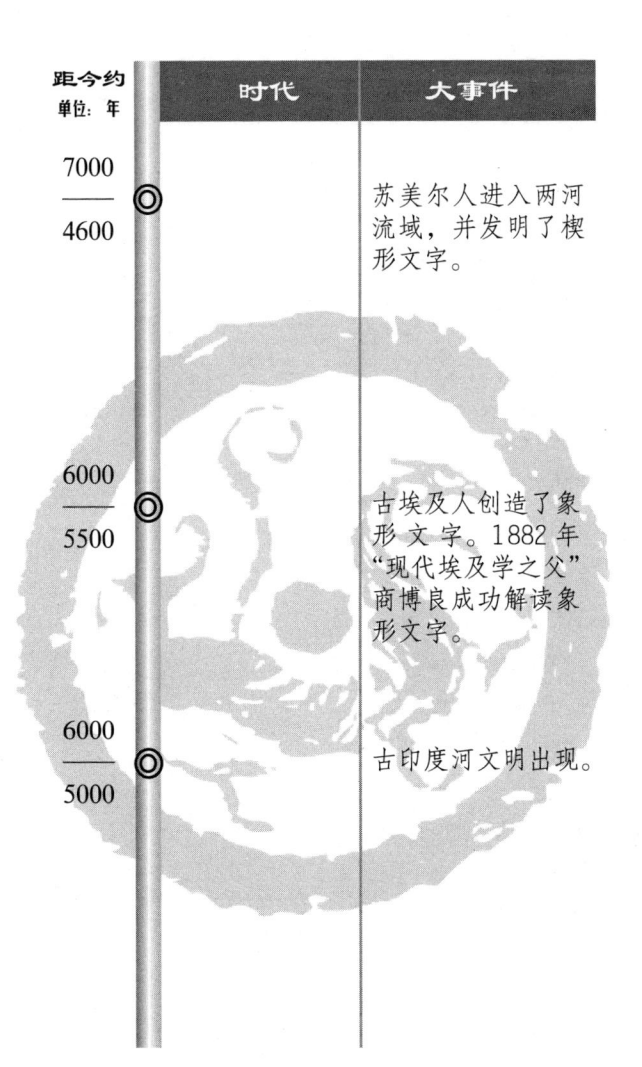

距今约 单位：年	时代	大事件
7000 — 4600		苏美尔人进入两河流域，并发明了楔形文字。
6000 — 5500		古埃及人创造了象形文字。1882年"现代埃及学之父"商博良成功解读象形文字。
6000 — 5000		古印度河文明出现。

河姆渡文化：中国文明的另一大源头

从母系氏族时期开始，我国的文明有黄河文明和长江文明这两大源头，其中黄河流域的代表遗址就是半坡遗址，而长江流域的代表则是河姆渡遗址。

我国考古学家于1973年在浙江余姚河姆渡村附近发现了一处遗址，经过挖掘（1977年又挖掘了一回），发现了大量干栏式建筑的遗迹，还发现了当时人工种植水稻的证据。同时也发现了葫芦、橡子、菱角、枣等植物的种子，以及羊、鹿、猴子、虎、熊等动物的骸骨。此外还发现猪、狗、水牛等家畜的骨骼。

专家从遗址中找到了大量的稻壳（少量的稻米也留存下来了），推算出当时存储的稻子至少有150吨。以当时的生产力水平来看，这么多的水稻肯定是最富有的人才能拥有，这说明了贫富差距在河姆渡文化中已经很明显了。

河姆渡遗址的发现，推翻了黄河是中华文明唯一源头的说法，证明了广阔的长江流域也拥有着绚丽的文化。三苗、东夷这些传说中的民族可能就是生活在长江流域的原始中国人，其后裔就是楚、吴、越人。

三皇的传说：中国人对文明的不懈追求

传说，上古时期有一个圣人，他教会了人们钻木取火，还教会人们用燧石来取火。人工取火的发明让在野外渔猎的人们可以随时随地使用火来保护自己，烧熟一些不适合生吃的食物（鳖、虾、蟹等）。人们有感于这个人的功绩，就尊他为"燧人氏"。

据说，有一个圣人教会人们制作弓箭和渔网，人们可以利用这两种强大的工具来捕猎大型的野兽，抓捕空中的飞鸟和水中的游鱼。人们尊这位圣人为"伏羲氏"。据说伏羲氏还发明了八卦，他算是中国最早的"哲学家"了。

后来，又有一个圣人降生了，他教会了百姓种植各种植物，并且亲自品尝各种草，发明了中医，还发现了茶。这极大地提高了当时的生产效率，同时让人们的生活更加稳定，人的寿命也得以延长。因此，人们把这位圣人尊称为"神农氏"。

燧人氏、伏羲氏、神农氏合称"三皇"，他们称谓中的"氏"字是一族的意思，他们的历史原型可能是某一个部落最早开始使用这些先进的技术，并将技术推广

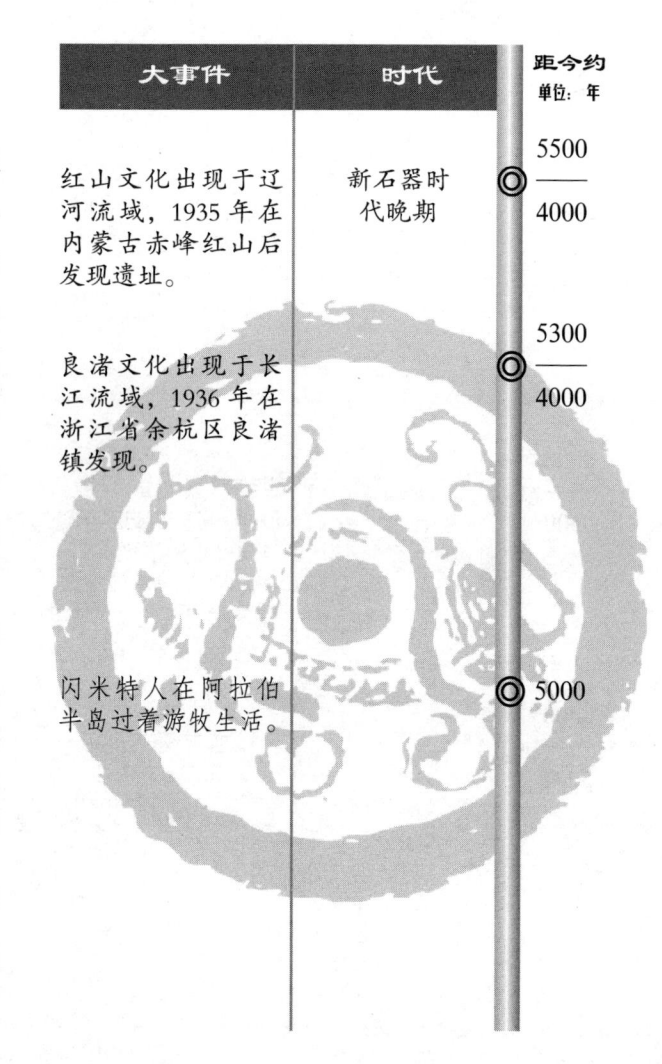

大事件	时代	距今约 单位：年
红山文化出现于辽河流域，1935年在内蒙古赤峰红山后发现遗址。	新石器时代晚期	5500 —— 4000
良渚文化出现于长江流域，1936年在浙江省余杭区良渚镇发现。		5300 —— 4000
闪米特人在阿拉伯半岛过着游牧生活。		5000

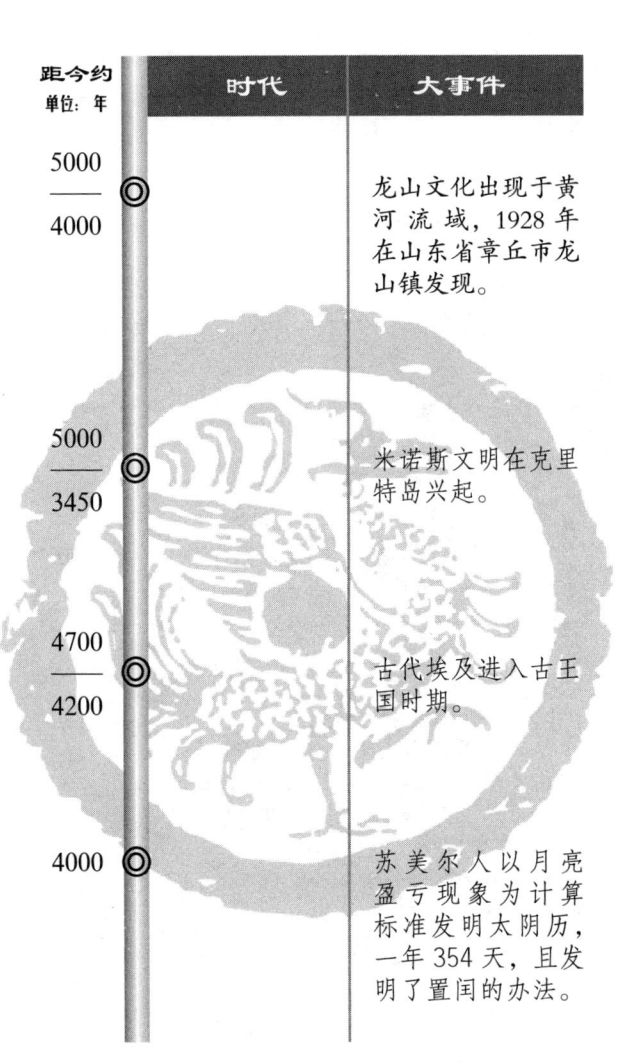

距今约 单位：年	时代	大事件
5000—4000		龙山文化出现于黄河流域，1928年在山东省章丘市龙山镇发现。
5000—3450		米诺斯文明在克里特岛兴起。
4700—4200		古代埃及进入古王国时期。
4000		苏美尔人以月亮盈亏现象为计算标准发明太阴历，一年354天，且发明了置闰的办法。

开来，因此成了部落联盟的第一氏族。抛开传说的外衣，从历史角度分析，三皇的发明，代表着中国文明从用火到渔猎再到种植的进步，反映了中国古人对文明的不断艰辛探索。

四大文明古国之中国：文明延续的黄河、长江流域

史学界有四大文明古国的说法，分别是古代埃及、古代印度、古代巴比伦和古代中国。可是到今天，其他的文明都已经断绝和消失了，只有古代中国文明流传下来，这是什么原因呢？

四大文明古国中，最早出现的是古代埃及，该文明位于尼罗河河谷地区。古巴比伦文明位于两河流域。这两种文明生存的空间非常狭小，没有多少文明扩张的空间。和周边落后地区相比，这两地的文明很显然类似于寒夜里的火把，一旦遭到游牧民族入侵或者当地生存环境恶化，那么缺少战略空间的文明必然被摧毁。

古代印度文明和玛雅文明（发现较晚，但也是古老文明的一支）都是起源于丛林的农耕文明，经济基础完全依

赖于农耕，对外的交往比较少，稳定而缺少变动性。所以面对变化——雅利安人入侵、水土流失时，这种文明本身缺少自我的调整，最后只能是被落后民族所吞噬或者是自我消亡。

古代中国的文明广泛分布在从长江以南到黄河以北的广大地区，在这个范围内既有农耕民族（蚩尤部落），也有游猎民族（黄帝部落），还有丛林民族（三苗部落），可以说从诞生伊始，它们自身就不断向外扩张，并且各种文明之间相互融合，相互吸收，这种现象一直到春秋战国时代都是广泛存在的。华夏（文明）和蛮夷之间的碰撞，其实就是文明的进步与稳固。因为古代中国的文明本身又分为很多支流，其中一两支的断绝并不能影响该文明的整体向前发展，这也是中国古代为什么多次遭受游牧民族入侵，而文明从未中断的原因。

可以说，从一开始，有着巨大的生存空间和众多源头的中华文明就注定会一直流传下去。

大事件	时代	距今约 单位：年
埃及人根据尼罗河水的涨落和作物的生长规律，制定出人类第一部太阳历，一年365天。		
美尼斯统一古埃及。		5100
黄帝居有熊（河南新郑），代神农部落酋长榆罔成为国王（共主）。	（有熊氏、轩辕氏）黄帝	4700—4100
在涿鹿（河北涿鹿）打败蚩尤，驱除獯鬻（匈奴）。领域东至海，西至崆峒（甘肃平凉），南至长江，北临獯鬻。	中国进入英雄传说时代	

黄帝击杀蚩尤：充满迷雾的第一次"世界"大战

距今5000年前，我国的众多氏族部落都陆续进入父系氏族社会。相应地，传说也从神话崇拜进入英雄崇拜时代。此时广泛分布在黄河流域各地的氏族都进入军事民主制时代，那些领袖人物开始建立和私有制相对应的监狱、军队等。

传说，当时的大部族主要有生活在姜水附近的炎帝部落，生活在渭水北方的黄帝部落，生活在东方的少昊氏、伏羲氏等部落，还有生活在淮水北方的蚩尤部落和生活在汉水附近的三苗部落。他们之间都发生过战争，最开始是黄帝部落击败了炎帝部落，两个部落最终融合成一个部落，构成了古华夏民族的主体。所以中国人自称为炎黄子孙。

随后炎黄联盟和蚩尤率领的九夷联盟发生了战争。"蚩"的意思是山下的小虫子，这应该是对手讥笑其和虫子一样吃草籽，说明他们是农耕者。蚩尤兄弟八十一人"铜头铁盔"，说明当时九夷已经有很高的冶铸水平了。而黄帝生活在北方草原，发明"指南车"，驱使各种猛兽，可以说是典型的游牧者。

距今约单位：年	时代	大事件
		发明指南车，考定星历，令大挠作甲子纪年。其妻嫘祖教人种桑养蚕。
		仓颉造象形文字，为汉字之始。
	少昊（金天氏）	居奄（山东曲阜），用鸟做官名。
	颛顼（高阳氏）	居帝丘（河南濮阳）。

这场第一次"世界大战",最终以游牧民族获胜结束,蚩尤被击杀,而黄帝部落则迅速融入农耕生活,成为中原大地的祖先。

禅让的神话:世俗王权的确立

传说黄帝给全天下"划野分疆",共分为九州,根据家庭数组成一级级的组织,设立官员,选拔官吏来管理部族。史称黄帝有25个儿子,其中14人被分封得姓,这说明当时黄帝通过巨大的功绩(击败炎帝、蚩尤,发明新技术)已经确立了王权,并且国家雏形已经形成了。到尧、舜、禹时期,王权更替已经相当有规则了。

唐尧的记载最早出于《尚书·尧典》,他是黄帝的直系子孙,曾经治理洪水,征伐苗民,到年老的时候,将自己的位置传给虞舜。虞舜名字叫作重华,是出生于姚墟(一说诸冯)的一位部落联盟首领,为帝颛顼的直系子孙,因而与黄帝也有血缘关系。接受禅让后,他兢兢业业地工作,到年老的时候就把自己的位置禅让给了夏禹。

不过,也有一些史学家认为,从虞舜晚年巡游并死在

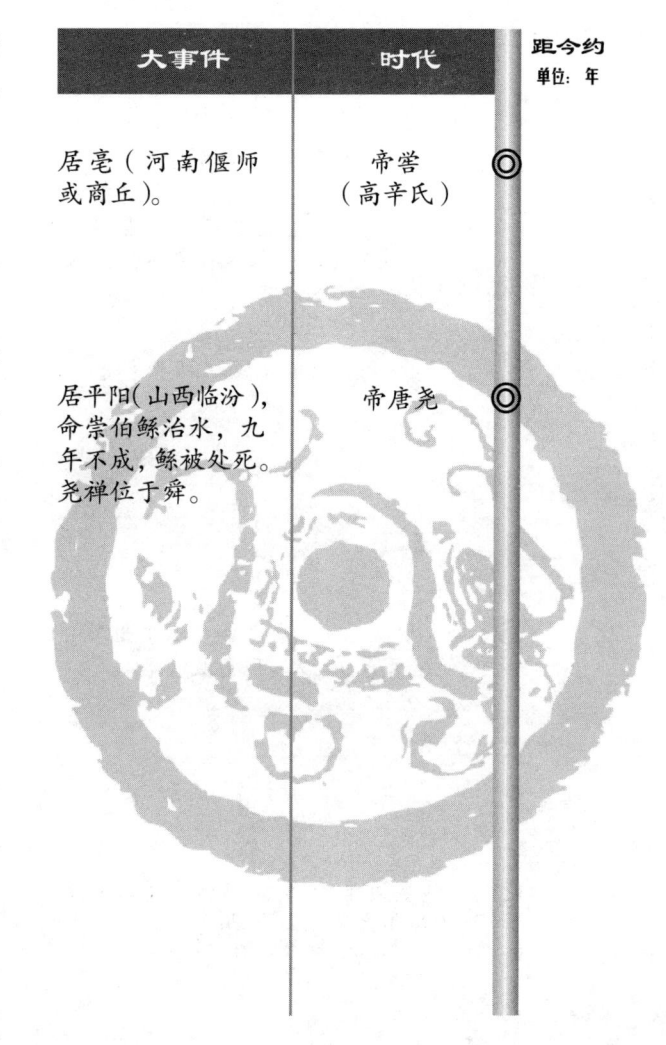

大事件	时代	距今约 单位:年
居亳(河南偃师或商丘)。	帝喾(高辛氏)	◎
居平阳(山西临汾),命崇伯鲧治水,九年不成,鲧被处死。尧禅位于舜。	帝唐尧	◎

距今约 单位：年	时代	大事件
	帝虞舜	居蒲阪(山西永济)。征服三苗。命禹治水，四岳佐之，治水成功。命契为司徒，弃为后稷，皋陶为士，益为虞，伯夷为秩宗。舜禅位于禹。虽然考古资料仍无法确定，但《史记》以《五帝本纪》作为历史的开始，中国逐渐从史前时代走向历史时代。 舜时，天下洪水滔滔，夏禹治水13年。
4100	帝夏禹	约公元前2070年，夏禹建立第一个王朝——夏。

南方的典故看，当时的禅让，真相有可能是新的领导者带领自己的核心部族强势崛起，最终温和地夺取部落联盟首领的位置。

总之，禅让的神话，表明当时人们已经习惯有一个"帝"，世俗王权已经形成了。

大禹的功绩：第一次确立的"天下"观念

上古时期，洪水滔天，于是唐尧任命鲧来治理洪水，但是没能成功，于是鲧被处死。他的儿子禹接着治水，禹结合前人的经验，大胆采用疏导和堰塞相结合的方法治理洪水，开凿了很多条河道，最后将洪水引入大海。传说大禹治水，足迹遍布整个天下，三过家门而不入，以至于手脚都长出厚厚的老茧，历时13年才成功。

大禹治水时的辛劳和功绩被人们牢记在心，因此虞舜年老的时候，他接受禅让成为新的首领。大禹上任后励精图治，根据各个部落的远近，规定了各地向中央进贡贡品赋税的多少，划分了整个天下的疆域，指出了各地交通的道路，探明了天下的物产，还聚集各地的金属，铸造了象征九州的九鼎。

史学家认为，大禹成为部落首领后，巩固了世俗王权。他在嵩山的南面，也即夏部落活动中心建立了都城——阳城，还在涂山大会诸侯，其他诸侯则前来朝见、进贡，这都标志着夏王朝的建立。夏禹去世时，把自己的王位传给了儿子启。有的诸侯反对，启则杀死了反对他的那些部落首领，把那些部族变成了奴隶。这说明，夏禹在传位给启前，已经为他留下了强大的军队。

以上这一切表明，夏禹确立了家天下和王权，中国历史进入奴隶制国家时代。

大事件	时代
划分九州，铸造九鼎。	帝夏禹
在涂山大会诸侯。	
禹传位给启，开创了"家天下"时代，中国历史进入奴隶制国家时代。	

距今约
单位：年

夏 朝

　　夏朝是中国历史上的第一个王朝，存在时间大约为公元前2070年到公元前1600年。

　　联盟首领禹在长期领导部落治水的过程中，建立起了个人的绝对权威，而且当时奴隶已经出现，于是夏禹大会诸侯，建立起王权。夏禹死后，其子启继续担任王，从而结束了禅让制度，开始了"家天下"的时代。

　　为了加强统治，夏王朝颁布了《禹刑》，设立了监狱。当时农业得到进一步发展，天文历法的推算水平也有了很大提高，记载在《夏小正》中的夏历是当时官方的历法，在后世被沿用；文字从绘画中分离，出现了夏篆；出现了人力和马拉的车辆这一新式交通工具；从夏都遗址中还出土了大量的礼器、兵器和生产工具。

　　不过，夏朝仍旧是一个松散的部落联盟王朝，其内部的争斗非常激烈。传至最后一个王夏桀时，中央王权已经无法抵挡西方商部落的进攻了，再加上夏桀个人的残暴统治，夏朝迅速衰落下去。约公元前1600年，夏朝为商汤所灭。

夏·乳钉纹青铜爵

夏朝遗址的挖掘：中华五千年的见证

一大批西方历史学家和部分中国学者，对于夏朝的历史存在表示怀疑。他们认为夏朝是中国古人对祖先的幻想，所谓的夏朝不过是一个大型的部落联盟，而不是一个国家。

不过，《史记》中有明确的夏朝王室表系记载，《论语》中也说"殷因于夏礼，吾可知也"，特别是从山东地区出土的西周时青铜器上的铭文有这么一段："威武的王汤，尊敬畏惧天帝，接受天给的使命，讨伐夏朝，打败他们的军队。在小臣（其他诸侯）的辅佐之下，他的领土囊括九州之地，占据着曾经属于大禹的都城。"这些都表明，夏朝的存在是受到古人肯定的。

夏的存在引发了激烈的争论，最后在偃师二里头遗址发掘后得到解决。

1960年，考古学家在河南洛阳偃师二里头村发现了一处规模宏大的宫殿基址，经考证为中国迄今发现的最早宫

大事件	帝王	公元前[1] 单位：年
禹把都城定在安邑（今山西夏县）。在涂山（今安徽怀远）会盟诸侯，颁布《夏历》，铸造九鼎，作《禹刑》。	禹	2100
禹到东边的会稽（今河南伊川）巡视，并且死在那里。		
禅让制度到禹去世之后结束，但原因并不在于禹。		

---

[1]夏、商两代的纪年因无确切的定论，此处采用的纪年是参考资料《史记》及"夏商周断代工程"的研究成果所得，均为约数。

公元前 单位：年	帝王	大事件
2070	启	禹的儿子启继承帝位，开始"家天下"的时代。有扈氏不服，启灭掉有扈氏之后，在钧台大会各地首领，地位得到巩固。
	太康	由于太康沉溺于游猎，有穷氏后羿趁机将其驱逐，史称"太康失国"。

殿建筑基址，也即夏都的遗址。经发掘，人们发现了大型青铜冶铸作坊、陶片、骨器残片，以及与宗教祭祀有关的建筑遗址和400多座墓葬遗址，还出土了大量的青铜器和玉器。

二里头文化的重现使夏朝的存在得到了明证。从夏朝开始，中国真正进入了上下五千年文明的悠久历史期。

从禅让到家天下：最早王朝的建立过程

传说，夏禹去世以前，伯益被选拔为继承人。然而涂山之会后，大禹确立了世俗的王权，因此想把自己的权力传给儿子启。碍于禅让制的传统，夏禹还是给较为贤良的伯益继承人的名义，但是，暗地里却让自己的儿子启频繁参与政治、军事活动，培养启的个人势力。而夏启也非常努力，传说他在日常生活中严格要求自己，每顿饭只吃一碗普通的菜，睡觉时只盖一床粗糙的被子。除了大型节庆外，他不允许演奏音乐、表演舞蹈来娱乐。他还尊老爱幼，选贤任能，这些做法让夏启赢得了民众的爱戴。再加上他经常出现在政治场合，所以影响力逐渐超过了伯益。

夏禹死后，按照传统，伯益就躲到一个地方隐居起来表示谦让，可是威望和权力都超过他的夏启趁机大肆收买人心，轻而易举地继承了父亲的王位。

夏启继位的时间据推测为公元前2070年。他的登基开创了家天下制度，从此最高权力的传承在中国进入一家一姓的时代，这表明阶级社会已经定型，而且以暴力和暴力机关维护统治也成了常识。

太康失国：东夷文化与中原文化的碰撞

夏启在巩固了夏朝的统治后，逐渐沉迷于自己的功业，放纵于游猎享乐的生活。到了晚年，他的几个儿子争位使得政局更加混乱。夏启死后，太康继位，但是他的五个兄弟不服，先后发起叛乱。内讧使夏王朝发生了大的动乱，国力下降。

太康击败政敌后，不事生产，沉溺于享乐。王朝初年的内乱和黑暗让民众（普通的原始氏族成员和奴隶）极为怨恨，而强大的方伯（被夏征服的其他部落和大贵族）离心，这给了东方的夷族机会。

大事件	帝王	公元前 单位：年
太康死后，他的弟弟仲康即位。	仲康	
仲康死后，他的儿子相即位。	相	
寒浞谋反，杀死后羿，并派儿子浇杀了相，相的妻子后缗逃回娘家有仍氏，生下遗腹子少康。	寒浞	

公元前 单位：年	帝王	大事件
	少康	少康在有虞氏（舜的后代）领地内担任掌管膳食菜肴的官职，"有田一成，有众一旅。"后来少康灭掉寒浞，史称"少康中兴"。
	予	少康死后，他的儿子予即位。
	槐	予死后，其子槐继位。
		二里头文化出现，是夏朝文化的主要遗址。

夷族是生活在今山东、江苏地区的部落，他们的文明程度比夏朝低，但是军事实力强大。太康游猎"十旬弗反"，由于中央长时间处于无主的空虚状态，夏朝都城安邑被东夷趁机一举攻下，史称"太康失国"。

东夷首领后羿在取得夏王朝政权后，不久就被自己的亲信寒浞推翻。而太康则在失国后不久死去，其弟仲康在臣子的保护下在山东另建立一个小朝廷。不久小朝廷再次被寒浞追杀，仲康和仲康的继任者相都被杀死，而相的遗腹子少康出生后，被有虞的君主封在一个10里见方的小地方。少康长大后，在其封地，施行德政，逐步聚拢了离散的夏朝民心。而寒浞则在无休止的征战中处于"内外交困"的困境，势力大为削弱，最后被少康打败。少康成功复国，史称"少康中兴"。

奴隶制萌芽国家形态：父权制的扩大

夏王朝建立时，国家制度还不完善。从某种意义上来说，夏朝的建立是父权制扩大到一定程度的表现。

"父"的意思是一家之主，"支配着他的子女、妻子和一定数量的奴隶，并且对他们有生杀大权"。到后来，从"父"字发展出表示官职的"尹"字，也即从一般的贵族发展而出的世袭贵族。而作为国家最高统治者的"君"字意思众多，他是"尹"中最为尊贵的发"口"令者。

因为保持着原始的父权制，此时阶级的划分远没有后代那么明确，相互之间的对抗也没有成型阶级社会那么激烈。在土地上劳作的人统称为"民"、"黎民"、"庶人"，他们之中的少数是贵族的后代和原始氏族的成员，大部分是地位极低而没有任何自由的奴隶。

夏王朝是第一个奴隶制国家，但是奴隶的数量和管理已经相当规范了：王是最高阶层的领导者，下面有六卿、百尹协助管理各种事物；有一支规模较大、组织严密的军队；出现了我国第一部奴隶制法典《禹刑》；有了用石和钧作为计量工具的赋税制度，而且确立了一些贡赋制度。

《夏小正》：我国先进农业文明的明证

《夏小正》是中国现存最早的一部农事历书，相传是孔子和他的弟子们编辑的，原为《大戴礼记》中的

大事件	帝王	公元前 单位：年
苏美尔人创作的《吉尔伽美什史诗》大约于此时完成。		◎ 1900
亚摩利人（属于闪族）进入美索不达米亚平原，是为后来巴比伦帝国和亚述帝国的先祖。		
槐死后，他的儿子芒继承帝位。	芒	
芒死后，其子泄立为王。	泄	
此时夏致力于东方，先后征服白夷等部落。		
泄死后，其子不降继位。 不降在位时，开始讨伐九苑部落。	不降	

公元前 单位：年	帝王	大事件
	扃	不降死后，他的弟弟扃继位。
	廑（胤甲）	扃死后，他的儿子廑继位。
	孔甲	廑死后，不降的儿子孔甲继位。
	皋	孔甲死后，他的儿子皋继位。
		巴比伦帝国在西亚两河流域立国。汉谟拉比下令编写《汉谟拉比法典》。

47篇，其中有些篇目反映了夏朝的真实情况。但是《夏小正》在唐朝时已散佚，现存版本是宋代人重新编辑的。

《夏小正》按照夏历12个月的顺序——以每年的11月为开始，分别记述了每个月中的天象、气候、星象和相应的农事及政事活动。以星象为例，《夏小正》记载了恒星、北斗、银河等出现时间和位置的变化，这说明当时的人们对季节和时间的掌握已经很精准了，而这些都是农业发达的必要条件——农业的季节性很强。所以到了东周，孔子还主张"行夏之时。"

根据《夏小正》和其他一些历史文献推测，夏朝的粮食产量有了显著提高。相传夏王少康（一说就是杜康）擅长酿酒，使用的原料是高粱一类的谷物。从出土的文物来看，夏朝有耒、耜、石铲、石犁、刀、镰等耕作用具，还有石磨、石杵臼等粮食加工用具，而且还出土了一些青铜农具。这些都说明，当时的农业耕作水平已经相当高了。

由夏桀说起：历史时有重演

夏朝的第13任王孔甲在位时，夏朝已经开始衰落了。到了第16任王夏桀统治时期，夏朝已经非常虚弱了。

相传，夏桀智、勇、力兼备，但是生性残暴，沉溺于声色，曾经用武力逼迫那些不服从的部落向自己臣服，虽然获得成功，但是却让其他部落与夏朝更是离心离德。他为了满足自己穷奢极欲的生活和好大喜功的虚荣心，对百姓穷尽搜刮之能事。《尚书》中说他的罪状主要有"率竭众力"、"率割夏邑"，他的这些做法更加剧了社会矛盾和阶级矛盾。夏桀自高自大，自认为是太阳的化身，而百姓则痛恨地咒骂他："这个太阳为什么不早点下山呢？我们愿意和它同归于尽。"

此时，生活在东方孟渚地区的商部落日益强大，最后将内外交困的夏王朝打败。公元前18世纪，商首领汤率军队伐夏，最后夏桀在今河南封丘地区战败逃亡，夏朝灭亡。从一些史书上可以看到，王朝末代的君主也不乏一些非常有能力的：他们大多都有雄才大略，勇武非凡，同时也刚愎自用，好大喜功。因为认为自己本身比别人更有智慧，所以往往不能正视他人的进谏，一意孤行，最后将王朝带入内外交困的处境，导致最终灭亡。

大事件	帝王	公元前 单位：年
皋死后，他的儿子发继位。	发	
西克索人以外族入主埃及，为古埃及的第二中衰期。		
桀在都城斟寻建造奢华的宫殿，施行暴乱之政。他征伐蒙山的有施氏，夺得女子妹喜。桀在有仍会盟诸侯，有缗氏叛乱。大夫关龙逄直言进谏，被桀所杀。桀召见汤，将他囚禁在夏台，不久就被释放。	履癸（桀）	◎ 1600
汤的德行优良，夏桀残暴无道，诸侯们都归顺汤。		
汤作《汤誓》，讨伐夏桀，击败桀后把桀流放到南巢，夏朝灭亡。		

商 朝

　　商朝是中国历史上的第二个朝代，也是我国史书上有明确历史纪年的第一个朝代。从公元前1600年~公元前1046年，历经了先商、早商、晚商三个大的阶段，前后相传554年。夏朝之诸侯国商部落首领汤率诸侯国于鸣条之战灭夏后，在亳（今河南商丘）建立商朝。历经17代31王后，末代君王纣于牧野之战中被周武王击败而亡。商朝处于奴隶制发展繁荣时期，奴隶主贵族是统治阶级，形成了庞大的官僚统治机构和军队。奴隶主对奴隶既可以买卖，也可以随意杀死他们；奴隶主死后，还要由奴隶殉葬。

　　商朝疆域，北到辽宁，南到湖北，西到陕西，东到海滨。除了包括夏所属长江以北的湖北、河南、安徽、山东、河北、山西、京津和江苏、陕西的一部分。还包括陕西、江苏的剩余土地，辽宁、甘肃、湖南、浙江、四川的一部分。据《尚书·商书》记载，"自契至成汤，八迁，汤始居亳"。八迁的地点，历来说法不一。大体在今黄河中下游地区，不出今河南省北、中部和河北省西南部的范围。

　　商代，我国的经济、文化、军事得到极大发展，中国文明在这个阶段不断进步。

商·后母戊鼎

汤武革命：多代人不懈努力的结果

商人是黄帝子孙的一支，有着悠久的历史，最早活动在今商丘一带，并在这片肥沃的土地上不断发展壮大起来。

夏王朝中后期，商部落已经是东方的大部族。相传商部落的首领王亥祭祀的时候，用了300多头牛和19个人，这说明商部落首领当时的财力和奴隶都非常多。后来王亥在对外贸易的途中被杀，继任的首领上甲微继续励精图治，使得商的势力更加壮大。向下六代，到首领汤时，相对于日渐衰落的夏朝，商已经有足够的实力威胁其存在。

商部落从始祖契到汤，先后迁徙了8次都城。为了灭夏，商汤修建了亳邑，并在此招兵买马，积蓄实力。在伊尹的辅助下，商汤不断蚕食周边的小部落。经过11年的征战，逐步侵蚀夏王朝的实力。公元前1600年，商部落与夏进行总决战，史称"鸣条之战"。此后夏朝灭亡，商王朝建立。

伊尹辅政：宰相制度的雏形

在商朝建立的过程中，宰相伊尹立下了汗马功劳。

大事件	帝王	公元前 单位：年
商汤继位，定都在亳。	汤（天乙）	1600
商汤死后，他的儿子外丙继位（一说在外丙前还有一任王太丁）。	外丙	
外丙的弟弟。	中壬	
汤嫡出的长孙。	太甲（太宗）	
伊尹放逐太甲于桐宫。归政后的太甲接受教训，励精图治。		
太甲的儿子。	沃丁	
沃丁的弟弟。	太庚	

公元前 单位：年	帝王	大事件
	小甲	太庚的儿子。
	雍己	小甲的弟弟。
	太戊	雍己的弟弟。任用伊涉、巫咸、臣扈辅佐，诸侯归服。
		迈锡尼文明兴盛。
		古埃及进入新王国（帝国）时期。

伊尹原本是一个奴隶，名挚，一说名伊，又称阿衡。伊尹自幼聪明好学，虽然身为奴隶，地位低下，但是他既有较高的烹调技术，又深懂古代治国的道理，所以逐渐声名远扬，以至于使求贤若渴的商汤三番五次地前去聘请他，但是都被伊尹的奴隶主拒绝。最终商汤迎娶伊尹主人的女儿为妃，让伊尹作为陪嫁奴隶来到自己身边。

伊尹辅佐商汤建立了商朝。汤死后，伊尹又历经了几代，成了汤王长孙太甲的师保。传说，太甲不遵守商汤的大政方针，为了教育太甲，伊尹将太甲安置在特定的教育环境中——成汤墓葬之地桐宫，太甲被软禁了3年。在太甲认识了自己的过错后，伊尹才适时把太甲迎回都城，让他重掌王权。

伊尹是我国历史上的第一个帝王之师，同时也建立了我国宰相制度的雏形。在我国古代的政治构建中，相权对君权有着辅佐和制约的双重作用。一直到明、清，随着绝对君权的建立，相权才最终沦为了君权的附庸。

盘庚迁殷：游牧和定居习俗的斗争

商汤建立商朝的时候，最早的国都在亳，今河南商丘以南地区。在此后300年里，历代商王一共搬迁了5次都城。这是因为当时的商部落保留着大量的原始残余，并没有固定都城的意识。由于没有稳定的继承制度，当时王族内部经常发生内乱，都城不得不随着权势人物的变更而变更。黄河中下游经常闹水灾，甚至有一次彻底淹没了都城。由于以上这些原因，商朝前期，频繁地更换都城。

到商第20任王盘庚继位的时候，他决心改变这种落后的状况。可是，当时大多数贵族贪图安逸，都不愿意搬迁。一部分有势力的贵族还煽动平民起来反对，造成内部混乱。盘庚面对强大的反对势力，并没有动摇迁都的决心，他说："你们不但不谅解我的苦心，反而产生无谓的惊慌。你们想要改变我的主意，这是办不到的。"

最后盘庚获得了胜利，终于带着所有的平民和奴隶，渡过黄河，搬迁到殷（今河南安阳地区）。在黄河南岸整顿商朝的政治，发展农耕经济，从而使日益衰落的商朝迎来了复兴的局面。

大事件	帝王	公元前 单位：年
太戊的儿子。将都城从亳迁到嚣（今河南荥阳）。	中丁	
中丁的弟弟。	外壬	
外壬的弟弟。把都城从嚣迁到相（河南安阳）。	河亶甲	
河亶甲的儿子。把都城从相迁至耿（河南温县）。任用彭伯、韦伯辅佐，诸侯归服。	祖乙	
祖乙的儿子。	祖辛	

公元前 单位：年	帝王	大事件
	沃甲	祖辛的弟弟。定都于庇（今山东鱼台）。
	祖丁	祖辛子。
	南庚	沃甲之子。把都城从庇迁至奄（今山东曲阜）。
	阳甲	祖丁的儿子。
1300	盘庚	阳甲的弟弟。

此后两百多年，商朝一直处于稳定的局面，也没有再迁都。所以商朝又称殷商，或者殷朝。而这种定居生活让商的文明更加繁荣，今天考古学家从商都遗址殷墟中发现了大量的甲骨文，这就是商朝发达文明的见证。

贝成为货币："商"的解释

从商的发展历程可以看出，商是一个擅长贸易的民族。他们的先王王亥就曾经用牛载着各种商品进行商业活动。所以有些学者推测，中国古代把从事商业活动的人称为商人，就是因为商王朝的人擅长贸易。而且，周灭商时，周公曾经说过殷商遗民中有一部分人"肇牵车牛，远服贾，用孝养厥父母"，这些人就是从事长途贸易事业的商人。他们保留着平民或者平民以上的身份，通过经商赚取足够的商业利润来供养父母。

商业的发展，需要有固定的货币。我国最早使用的货币，如《说文解字》中所说，应该是具有一定交换价值的龟甲。然而龟甲在当时是较难得的材料，所以数量稀少，极为珍贵。在日常生活中，贝就充当了商品交易的媒介。

拥有贝数量的多少就成了富裕与否的标志。商代的妇好墓中出土了6000多枚贝，这说明当时贝作为财富成为殉葬品已经非常普遍。

除了真的贝外，还有骨贝、玉贝和铜贝。特别是铜贝的出现，说明商代的铸造技术有了很大的发展，也说明了当时经济的发达——已经发展到了铸造货币时期的早期。

甲骨文：中国独特的文字传承

商人敬重鬼神，不管什么事都喜欢占卜，而且在占卜后会把卜辞记录在龟甲牛骨上，所以商代留下来大量的甲骨卜辞，是当时文献记录的重要组成部分。除了这些甲骨外，商代还有专门的管理人员来记录收藏典籍，但是这些典籍大部分都已经流失，只有《尚书》中的《商书》保留了一部分，而其中《盘庚》3篇是比较可靠的篇章。这3篇共有文字1200多个，语言生动，是关于当时历史比较可靠的记录，也是重要的文学作品。

除了甲骨文外，商代还有陶文、玉石文、金文等，现

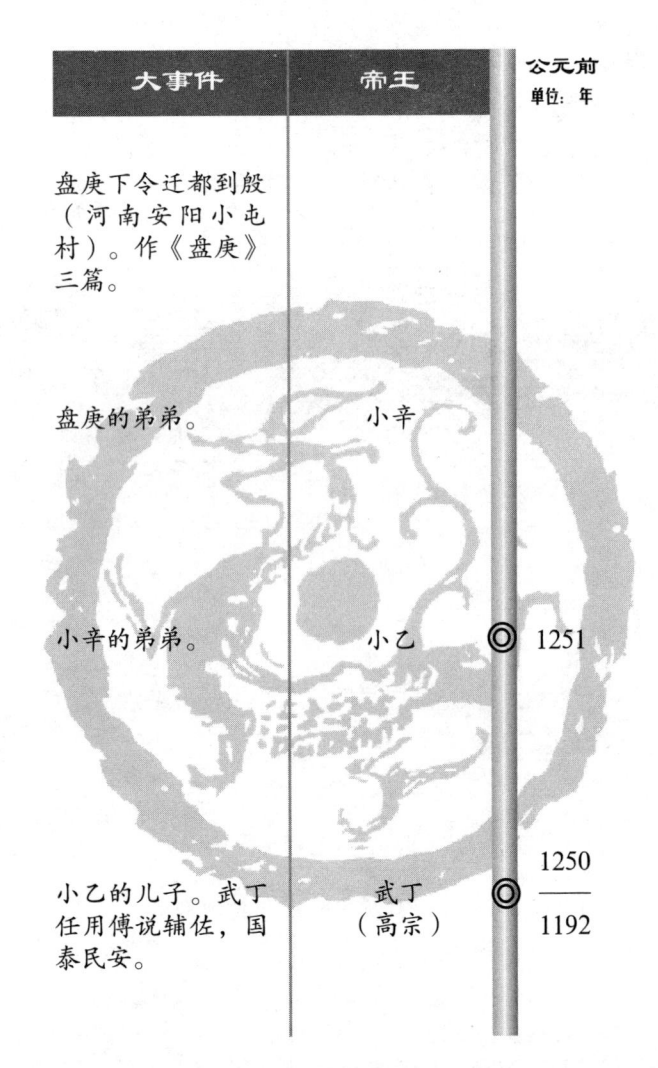

大事件	帝王	公元前 单位：年
盘庚下令迁都到殷（河南安阳小屯村）。作《盘庚》三篇。		
盘庚的弟弟。	小辛	
小辛的弟弟。	小乙	◎ 1251
		1250
小乙的儿子。武丁任用傅说辅佐，国泰民安。	武丁（高宗）	◎ ─ 1192

公元前 单位：年	帝王	大事件
		攻打游牧部落鬼方，妇好曾统兵征战。
		犹太人摩西带领其族人离开埃及，重返巴勒斯坦。
	祖庚	武丁之子。
	祖甲（帝甲）	祖庚的弟弟。
1191 — 1148	廪辛	祖甲之子。

今已发现了5000多个字。虽然材质不同，但是文字是一样的，都是方块字的雏形，而且相当成熟，从结构来说，象形、指事、会意、形声、假借等方面都已经具备了。

周朝与商朝的实力对比：看商、周的兴衰

商王朝晚期，社会矛盾日益尖锐复杂，迅速衰落下去。商王武丁统治的59年，是商代最强盛的时期，但是在他之后的统治者越来越腐败，矛盾集中在王权和贵族、统治者和平民身上。而且奴隶和平民的反抗斗争，奴隶的逃亡行动等一直没有停止过。甲骨卜辞中也出现过关于众多奴隶逃亡，是否能成功追回的卜辞，这说明当时奴隶的逃亡已经因为数量太大而引起了最高统治者的恐慌。

到了商朝末帝商纣王在位时期（公元前1075年～公元前1046年），因为商纣王的残暴，商王朝的矛盾更加尖锐，最终走向了灭亡。虽然历史书上对商纣王的残暴有所夸张，但是从他修鹿台、厚赋税等行为来看，商纣王确实是荒淫残暴的帝王。为了转移国内人们的视线和讨伐日益离心的诸侯，商纣王集中兵力向西北黄土高原和东夷地区进军，不过这些行动反而加快了诸侯的背叛，极大地削弱了商朝的力量。

而此时，生活在岐山地区的周部落经过不断发展生产，施行仁政，最后击败了空虚的商王朝，商纣王自焚而死。至此，存在了554年的商灭亡。

从周兴起和商灭亡的对比来看，一个王朝的灭亡最主要的原因是内部矛盾无法调和，而不是外部敌人的强大，比如汉、明的灭亡，都和商一样，不是灭亡于对外战争，而是内部矛盾无法解决，才最终导致整个王朝的灭亡。

"箕子朝鲜"：朝鲜人是商人的后裔

箕子是中国商朝末年纣王的叔父，名胥余，因封国在箕，所以称箕子。箕子与比干、微子被孔子称为商纣王时期的"三仁"。商纣王残暴无道，而且不听任何劝谏。于是微子离他而去，隐居山林；比干坚持劝谏，却被剖心而死；箕子则装疯卖傻以求自保，结果还是被囚禁了起来。

周朝灭商以后，箕子被释放。箕子不愿投降，于是逃

大事件	帝王	公元前 单位：年
廪辛的弟弟。	庚丁（康丁）	
武乙暴虐无道，犬戎侵扰边境。武乙封古公亶父为周侯，把岐下赐给他作为封邑，古公亶父由豳迁至岐，改号为"周"。	武乙	1147—1113
文丁害怕周部落不断强大，便找借口处死了季历。	文丁	1112—1102
季历死后，他的儿子姬昌（文王）继任，称为西伯。		
帝乙把妹妹嫁给文王。	帝乙	1101—1076

公元前 单位：年	帝王	大事件
1075—1046	帝辛（纣）	帝乙之子。
		纣宠爱妲己，赋税沉重，百姓抱怨，诸侯叛离。纣将比干剖心，箕子装疯，微子离纣而去。
		西伯连续征伐饥（耆）、邢、崇侯虎等国，再将都城从岐下迁移到丰（今陕西户县）。
1046		周武王继承父亲西伯（文王姬昌）之位，并且准备向东征伐。他任用姜子牙为军师，并用周公旦等人辅佐协助。

亡朝鲜，周武王听说他的贤名，于是将朝鲜封给他。还有另外一种说法，箕子来朝鲜的时间是在商朝末年，而不是武王灭商以后。当时箕子也许是看到商朝大势已去，便率领一部分商民迁居朝鲜。后来周武王封箕子于朝鲜，只是承认一个既成事实罢了。

箕子入朝鲜后，带去了先进的殷商文化。他以礼义教化人民，又教给人民耕织技术。受殷商文明的影响，朝鲜半岛社会有了迅速的进步，产生了自己最早的成文法——《乐浪朝鲜民犯禁八条》。

箕子一事，表明华夏文明从兴起之日起就走上了向周边扩散的道路，并带动了以"礼"为核心的东亚文化圈的形成。

西周

公元前1046年，周武王姬发灭商，定都于镐京，确立了周对黄河中下游地区的统治。西周开始。

西周时期最大的特色，就是境内各个民族与部落不断融合。在这期间，华夏族逐步形成，成为现代汉民族的主体，其他还有夷、蛮、越、戎狄、肃慎、东胡等诸多少数民族。这些民族杂居在中华大地，通过交流和战争扩大了民族交往的范围，逐渐从部落走向国家，这是中华民族历史文明的大进步。

西周是奴隶制发展鼎盛的时期。周武王灭众多小国，建立起较大的侯国，同时还强迫各小邦国接受周朝的分封制。分封制和嫡长子继承制相结合，形成了周朝稳定的政治结构。周分公、侯、伯、子、男五等爵位，它是按照诸侯与周王室的亲疏关系而划分的。周王为了巩固其统治地位，采取了"众建诸侯、裂土为民"的分封制。

不过，因为分封，西周中央力量不强，在异族的攻击下，西周很快衰弱下去了。公元前771年，犬戎军队攻破镐京，杀死周幽王，周平王被迫迁都洛邑，丧失了对大部分中原地区的控制力。

西周共传12王，历时275年左右。

西周·青铜兽面片

文武之道，一张一弛：周王朝的建立

在中原商王朝衰落的时候，位于今陕西渭水、泾水一带的游牧部落周开始兴起。到周部落首领周文王继位后，势力更是发展到整个关中平原。此时，周已经完成了向奴隶制的转化，不过周文王依然亲自耕作，同时礼贤下士。

周文王时，周势力已经发展到江淮地区，"三分天下有其二"，但是此时，周文王依然对商政权保持着名义上的尊敬。不久文王去世，武王姬发继位。武王九年，姬发大会诸侯，盟誓灭商。两年后，姬发率领各诸侯联军精锐3 000人，士兵45 000人攻击商首都，牧野之战爆发。殷纣王不得人心，牧野之战中参战的奴隶倒戈相向，最后纣王自焚身死。武王克商后分兵控制了商朝的旧地，定都镐京，建立周朝。

从周文王的臣服到周武王的反抗，体现的是民心所向，也就是时机。这段时间内，整整一代人成长起来，他们接受的更多的是欣欣向荣的新朝"教育"，成为新朝代的支持者。从先前的准备到战争，再到战后的与民休息，中国古代每一个王朝都遵循着这种一张一弛的"文武之道"。

大事件	年号	帝王	公元前 单位：年
商、周大战于牧野，纣战败，逃往鹿台自杀，商朝灭亡。		武王	1046 —— 1043
自丰邑迁都于镐（陕西西安）。			
武王封先王后裔，并封弟叔鲜于管（河南郑州）、叔度于蔡（河南上蔡）、叔处于霍（山西平阳），立纣子禄父（武庚）治殷，让管、蔡、霍监视武庚。			
封军师尚父姜尚于营丘（山东临淄），封周公旦于鲁（山东曲阜）。			
封箕子于朝鲜。修缮并封比干之墓，武王拜访箕子，箕子作《洪范》，不臣服于周。			

公元前 单位：年	帝王	年号	大事件
1042	成王	元年	周成王继位，年纪还小，周公摄政。管叔、蔡叔联合武庚作乱，史称"管蔡之乱"。周公率军东征。
1040		三年	周公平定管、蔡之乱，诛武庚、管叔，放逐蔡叔。
1039		四年	封纣庶兄微子启于宋（河南商丘），治殷遗民。封武王弟康叔于卫（河南淇县）。
1036		七年	周公还政于成王。建成东都洛邑（洛阳）。

普天之下，莫非王土；率土之滨，莫非王臣：奴隶社会的巅峰时期

周武王在建立周朝两年后，因病去世，年仅14岁的周成王继位，朝政落到武王弟弟周公旦手中。周初年，新的中央根本无力控制地方，交通和经济条件也不允许中央实际控制地方，于是用分封制来实现对广大的东方地区实行军事控制。

之前的周武王和之后的周公，大封同姓贵族、功勋卓著的异姓贵族和远古帝王的后代为诸侯，总共有71国，其中姬姓国有53个，广泛分布在南到汉水，东到山东，北到河北，西到甘肃的广大领域中，以周王朝的直属领地——从镐京到洛邑的千里成周之地为中央，实际上控制了商朝的故土。而那些殷商的前朝遗民发动一次叛乱，被周公击败后，被迫迁徙到陕西的西面。而各地的诸侯在到达新地方后，一方面通过和蛮夷的不断作战以扩充疆域，另一方面也大量分封自己的子侄和部下为卿大夫，让他们围绕自己的"都城"建立邑（村落）。经过不断地发展，一些贵族的封地缩小，另一些卿大夫强大起来。强大起来的卿大

夫再次进行分封，将土地分给下一级士大夫。这种层层分封的制度，使得周初的土地开垦面积迅速扩大。

虽然封君在内政上是独立的，但是周天子名义上是所有封君的封君，他占有全国的土地，所谓"普天之下，莫非王土；率土之滨，莫非王臣"，标志着奴隶制度推广到整个中华大地。

嫡长子继承制：中国政局稳定的一道保险

西周初年，分封制确立了对地方的控制，而完备的宗法制确立了嫡长子继承制，保证了中央的稳定。

根据这种方式，周天子是普天之下最高的统治者，同时也是所有姬姓诸侯国的大族长，也是其他诸侯国必须承认的"大长老"。他代表所有的贵族，举行祭祀、掌握国家政权，掌控族权，能和神沟通。而周天子只能由嫡长子来继承，"嫡"的意思是继承者的母亲必须是先代帝王的正妻，"长"的意思是正妻诸子中年龄最大的那个。在这种继承制度下，即使中央发生继承权动乱，那么新的继承者也必须是同一族内的，这样就保证了政治斗争被控

大事件	年号	帝王	公元前 单位：年
埃及新王国时期结束，国势渐衰。			
成王子。		康王	1020—996
康王子。		昭王	995—977
周昭王攻楚，大败而归，渡汉水时溺死。	十九年		977
昭王子。穆王在位期间曾四处征伐，虽扩大了疆域面积，但国力也因此过度损耗。制定《吕刑》。		穆王	976—922

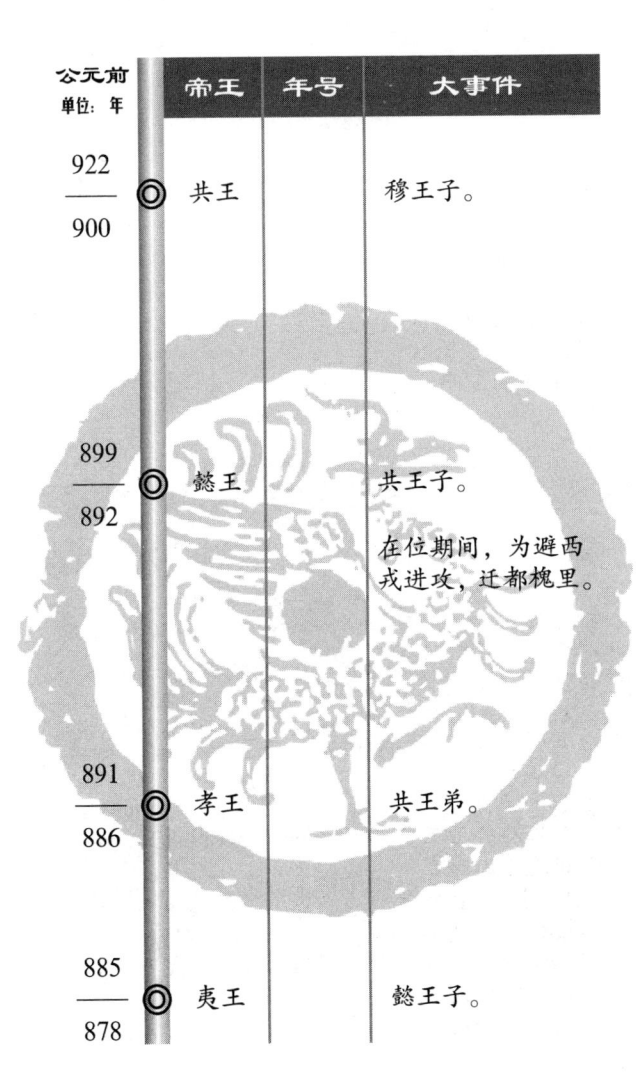

公元前 单位：年	帝王	年号	大事件
922—900	共王		穆王子。
899—892	懿王		共王子。在位期间，为避西戎进攻，迁都槐里。
891—886	孝王		共王弟。
885—878	夷王		懿王子。

制在拥有继承权的几个人中，不会影响到国家发展。

而此时的西方，还处于奴隶制度的探索时期，君主制度上还是贵族议会制度、双王制、多王制并存，并最终选择的是顺位继承制。这些继承方式使得政权交替的过程中往往伴随着流血事件。

文圣周公与武祖姜尚：从齐鲁发展看历史影像

周初，受封于东方的齐、鲁两国是最大的诸侯国。

姜太公到达封地营丘的齐国后，结合当地的风俗，大力发展手工业和贸易，利用海盐和海鱼获利，让百姓生活安定，因此附近的少数民族纷纷归化，齐国迅速发展起来。商朝遗民叛乱被平定之后，齐国更是成为一个政治大国。

鲁国最初受封时不仅得到丰厚的赏赐，而且得到了不少天子才能享有的特权。建国之地鲁国因处于殷商遗民势力最重的地区，所以周公姬旦之子伯禽把鲁国建成了西周的东方据点。他极力推行周朝礼乐，用文化礼仪来稳固民心，用各种制度来限制人民，力图把鲁国建设成东方强国。

不过，当时的贤人预测将来齐国一定会比鲁国强大，原因就在立国之初的国策：齐国自强，制度简单，不断发展实业；鲁国依靠中央支持，制度复杂，仅注重文化的发展。当来源于西周初年的制度已经落后的时候，曾经给鲁国以帮助的文化就成了枷锁，鲁国人也变得越来越守旧、自闭，鲁国自然也就成了其他诸侯国攻打的对象。

共和行政：确切历史纪年的开始

西周中期以后，奴隶主发生了分化，一部分贵族被兼并土地后沦为平民，他们和商贾、百工以及其他居住在城市中的下层民众，共同构成"国人"。这些国人对大贵族和王室越来越不满意，他们之间的矛盾逐渐成为最主要的社会矛盾。

周厉王时期（公元前877年？—公元前841年），矛盾更加激化。激愤的国人愤慨到"谤王"的地步，于是周厉王派人严密监视，用屠杀来回应民众的不满，最后在镐京形成政治恐怖，百姓只能"道路以目"。

大事件	年号	帝王	公元前 单位：年
厉王任用荣夷公为卿士，实行"专利"政策，国人对王有怨言，王用卫巫监视，杀害批评者。"国人莫敢言，道路以目。"召公进谏，厉王不听。		厉王	877—841
国人暴动，厉王逃到彘（山西霍州）。周公、召公二相行政，史称"共和行政"，这是我国有确切历史纪年的开始。	元年	共和	841

公元前 单位：年	帝王	年号	大事件
			迦太基建城。
828		十四年	周宣王即位，共和结束。宣王以周、召二公为辅，征讨玁狁、淮夷等，四方安定，史称"宣王中兴"。
824	宣王	四年	秦仲攻伐西戎，战败而死。周宣王召其子庄，统兵七千人，击破西戎。
806		二十二年	宣王封弟友于郑，是为郑桓公。

公元前841年，镐京内的民众再也无法忍受周厉王的残暴统治，于是爆发了我国历史上第一次平民起义。起义民众驱逐了周厉王，紧接着又发生天灾。在一片混乱下，召公、周公（官职名）被推选出来联合执政，这被称之为"共和行政"。共和行政虽然维持着周王朝表面上的稳定，但是无法解决根本矛盾，西周的统治危机并没有得到缓解。

公元前841年因此被称为"共和元年"，是我国有确切历史纪年的开始。

宣王中兴：改革带来的辉煌和危机

公元前827年，被放逐的周厉王驾崩，其子在大臣的拥立下继位，是为周宣王。

周宣王即位时，周政权面临的局势非常恶劣：大量的自由民破产，而大贵族势力急剧膨胀，阶级矛盾尖锐；地方上诸侯势力逐渐脱离中央的掌控，而四方的蛮夷势力更是对中央构成严重的威胁；经过国人之乱，王室对下层统治的掌控力下降。这些都促使统治者必须进行改革。

周宣王继位后，任用尹吉甫、周定公等人进行改革。改革措施主要集中在几个方面：颁布新法律，限制官员和贵族作为；巩固对土地的控制，分封王室近支为新诸侯；取消籍田之地，承认土地私有化的事实；统计隐藏人口，增加赋税对象；进行军事改革，对外四处征伐，维护周统治权威。

这些改革措施，为周王室赢得了最后的辉煌：直属中央地区的农业生产恢复并得到发展；国内贵族势力受到抑制，阶级矛盾有所缓和；对西夷、淮夷的战争连连获得胜利，周王室的安全重新获得了保障。

然而，和所有的改革一样，这些措施触动了既得利益集团，因此遭到了原有大贵族的疯狂反扑，再加上周军队在千亩之战中战败，周宣王迫于压力，放弃改革。宣王中兴结束，西周进入灭亡阶段。

烽火戏诸侯：西周内外危机的同时爆发

公元前782年，周幽王继位。当时社会更加动荡，中央对周边少数民族的威慑力再也无法保持。常年的对外战

大事件	年号	帝王	公元前 单位：年
宣王派兵攻打太原戎，没有攻下。	三十一年	宣王	797
宣王攻伐申戎，破之。	三十九年		789
宣王与姜戎交战，王师战败。			
幽王纳褒姒，并宠之，以烽火戏诸侯，博其一笑。之后诸侯不信，因而不至。	三年	幽王	779

公元前 单位：年	帝王	年号	大事件
776	幽王	六年	古希腊首届奥林匹克运动会在奥林匹亚山举行。每四年一次，成为当时计算古希腊年代的方式，称"奥林匹亚纪年"（约至罗马帝国狄奥多西一世皇帝在位时被禁）。
774		八年	幽王废申后与太子宜臼，立褒姒为后、褒姒的儿子伯服为太子。

争导致生产凋敝，国力极为虚弱。由于周幽王任用虢石父秉政，引起国人的愤怒。周幽王因宠爱美女褒姒和她的儿子，废掉太子的继承权，这种违背嫡长继承制的做法引起了诸侯的不满。

传说，褒姒很美，但是从来不笑，周幽王为了博她一笑，不惜导演了一出烽火戏诸侯的闹剧。要知道，烽火是古边防传达军情的一种重要手段。一旦烽火燃起，则表示有敌情。周幽王为博得褒姒一笑，便下令点燃镐京周边的烽火告急，附近的诸侯纷纷引兵前来帮助中央，可是到了京城后却发现是天子开的一场玩笑。而褒姒则看着忙忙碌碌、无功而返的诸侯哈哈大笑，周幽王在终于博得美人一笑的时候，深感被欺骗的诸侯则更加离心了。

公元前771年，被废的太子联合自己的外公申侯和犬戎攻破镐京，周幽王被杀死时也没有诸侯来援。镐京被掠夺一空，整个宗周地区被犬戎摧毁，西周灭亡。

文王拘而演《周易》：八卦的源流

随着社会的发展，在原始宗教依然是思想主流的情况下，一些简单的哲学思想和朴素唯物主义观念开始出现。传说，夏代有名叫《连山》的占卜书，商代有名叫《归藏》的占卜书，周文王在古代占卜术（也可以看成是综合百科书）的基础上，创作了《周易》。

《周易》选择天、地、雷、火、风、泽、水、山八种自然现象作为八卦，推演出天地万物。《周易》从纷繁复杂的现象逆向推演，将所有物质分为阴、阳两大范畴，认为整个世界就是这两大既对立又统一的范畴不断运动、相互转化的结果。"易"的本意是虫子，在这本书里指的是变化。

《周易》代表着我国哲学萌芽的出现，影响着我国几千年的文化发展，形成几个分流：一是从阴阳五行八卦出发，发展为与占卜、算命相关的神秘主义学问；二是如孔子一样对《周易》进行注释，阐发里面的道理，同时与自己的思想相结合；三是用《周易》中的哲学思想来指导世人的行为，形成新的哲学流派。

从孔子晚年喜好《周易》，"韦编三绝"，到《射雕英雄传》中以《周易》中名词为招数武技；从经久不衰的《周易》研究，到生活中随处可见的八卦文化，可以说《周易》已经深深烙进中国人的精神文化中了。

大事件	年号	帝王	公元前 单位：年
申侯（宜臼外祖父）联合犬戎攻破镐京，杀幽王，掳走褒姒。	十一年	幽王	771
诸侯立太子宜臼为平王。			
周平王即位后，在晋文侯、秦襄公、郑武公、卫武公等诸侯的卫护下东迁洛邑。西周结束，东周开始。	元年	平王	770

东周：春秋与战国

从周平王元年（公元前770年），周室东迁洛邑，到周敬王四十四年（公元前476年），这一阶段的历史时期大体上和孔子所编修的史书《春秋》的记录年代（公元前722年～公元前481年）相当，所以史学上将这一段时期称之为春秋；从公元前475年到公元前221年秦统一，这段时期在历史上被称为战国。春秋战国时期，周天子还是名义上的"共主"，不过此时周天子的直属领地迁移到东方的洛邑，所以这一段历史又被称之为东周时期。

春秋时期，社会急剧变革：

政治上，各种改革、变法接连不断，而成功进行变法的国家则强大起来。通过这种政治变革，奴隶制度最终消亡，新兴的封建制度逐渐确立起来。

经济上，铁制农具和牛耕大量使用，农耕从黄河流域扩大到整个中国。随着井田制被取代，"农民——地租——地主"这一生产方式使农业生产获得了巨大的发展，政府还大量兴修水利工程。商业也获得长足的发展，手工业种类增多，采矿、冶铸也获得迅速发展，同时还出现了墨翟、鲁班等工匠大家。

思想文化上，更是出现了百家争鸣的繁荣景象。这一时期代表各个阶层、各种势力的哲学思想百花齐放，使得中国进入思想、文化发展的黄金时期。以《诗经》《离骚》为代表的文学成就非凡，而且从孔子开始，教育开始向各地、各个阶层普及，"文化人"的数量和层次都是同时代世界其他地区所不能比及的。

总之，春秋战国时期是我国文明大飞跃的时期。

战国·曾侯乙编钟

平王东迁：中央衰弱下的乱世开始

周幽王死后，太子宜臼即位，是为周平王。当时镐京一片废墟，而且时刻处于戎人的威胁之下，因此公元前770年，平王在秦、郑、晋三国诸侯护送下，被迫东迁到洛邑，建立东周王朝。

周平王东迁，等于放弃了将近一半的"宗周之地"，对在东迁过程中驱逐戎狄的功臣一番赏赐之后，周王室也就剩下了洛邑周边一两百里（今河南省西部地区）的土地。另外，周天子能够直接控制和威慑诸侯的力量也在此次动乱中彻底消失，只剩下一个"共主"的名义以压制诸侯。

随着王权的衰落，诸侯对天子的朝见次数、贡赋数量都大为减少，东周王室的财政越来越困难，不得不在经济上寻求诸侯的帮助，同时政治上，也成为"挟天子以令诸侯"的傀儡和工具。此后，长达500年的乱世开始。

尊王攘夷：齐桓公的霸业策略

周平王元年（公元前770年），王室东迁后，失去千

大事件	时间	帝王	公元前 单位：年
周平王东迁洛邑，由秦襄公、晋文侯、郑武公等护送。	元年	平王	770
周平王将岐以西之地赐给秦，秦列为诸侯。			
周东迁仰赖晋、郑二国，以郑伯为王卿士。			
晋国发生曲沃之乱。	四十七年		724
鲁隐公元年，《春秋》记载的第一年。春秋时代开始。	四十九年		722
亚述帝国击败以色列王国。			
周、郑长葛之战，天子周桓王肩膀被射中。	十三年	桓王	707
齐国内乱后，公子小白出逃。	十一年	庄王	686

公元前 单位：年	帝王	时间	大事件
685	庄王	十二年	公子小白回国即位，任用管仲为相，开始改革。
679	釐王	三年	齐、宋、郑、陈、卫在鄄地会盟，齐桓公霸业开始。
672	惠王	五年	晋献公攻打戎狄，得到了骊姬，晋国内乱根源埋下。
659		十八年	秦穆公时代开始，任用百里奚等为相，秦国逐渐强大起来。
658		十九年	晋献公开始实行假虞灭虢之计。
655		二十三年	虞、虢被灭，晋国疆域扩大。

里肥沃的宗周之地作为经济基础，直属军队又在犬戎的攻击中消耗殆尽。迁徙到东方洛邑建立的东周，再也无法保持对各方诸侯的威慑力，"礼乐征伐"开始出自于各地强大的诸侯，而此时华夏文明争霸内斗和衰弱的时候，周边少数民族趁势兴起，犬戎、荆楚、百濮、东夷等少数民族，开始涌向中原争夺生存空间。

周庄王十二年（公元前685年），齐公子小白继国君位，是为齐桓公。当时的齐国虽然有"渔盐之利"，采矿、丝织、冶铸都很发达，但是在老牌的大国郑国面前还是比较落后的。齐桓公即位后，任命自己曾经的敌人管仲为国相，进行内政改革。

管仲的改革以"富国强兵"为目的，最主要的措施就是在原有的法律政策上加以改进，"则其善者而业用之"，在政治、军事、经济上进行创新、改进。在管仲十多年的改革下，齐国的国力迅速增强，先后灭掉了谭、遂等山东小国。鉴于天子暗弱、夷狄强盛的状况，齐桓公提出"尊王攘夷"的策略，即在天子的旗帜下，号召其他诸侯国抗击夷狄，保卫华夏文明。齐桓公率领众多盟国，先向北击败了戎狄，后又征讨南方的楚国，让楚国不得不暂时"低头"。

宋襄公的仁义之战：仁义需要变通，更需要变质

齐桓公去世，齐国陷入内乱，宋襄公自认为应该接过"尊王攘夷"的大旗。

周襄王十三年（公元前639年），帮助齐国平定了内乱的宋襄公认为自己已有足够的威望，于是召集各国国君举行盟会，最后楚、陈应邀前来。可是楚国在会议上暗藏兵刃，劫持了宋襄公，这让宋襄公的谋划落空，还差点导致宋亡国。

周襄王十四年（公元前638年）夏，做了几个月俘虏后被放回的宋襄公不顾大臣反对，出兵讨伐楚的盟国郑。战争扩大后，宋、楚在泓水对峙。两军对峙时，宋国将领建议宋襄公趁楚军立足未稳之时趁机攻击，宋襄公却说："不义之兵（偷袭）怎能胜过仁义之师呢？"他还特意做了一面绣着"仁义"的大旗，并带着它来到最前线。第二天，宋襄公高举仁义大旗等楚军渡过河，列完阵后才开战。可是实力相比较之下，楚强宋弱，结果宋军大败，宋

大事件	时间	帝王	公元前 单位：年
齐、鲁等国在葵丘会盟，周天子派人参加。	元年	襄王	651
晋献公去世，晋国发生内乱，大臣里克弑君，重耳出奔。			
秦护送公子夷吾归晋，是为晋惠公。			
管仲去世。齐桓公任用易牙、开方、竖刁，齐国渐衰。	七年		645
宋襄公在泓水之战中被击败，称霸之梦破灭。	十四年		638
晋公子重耳流亡各国，最后由秦穆公护送回国，是为晋文公。	十六年		636

公元前 单位：年	帝王	时间	大事件
635	襄王	十七年	晋文公迎周襄王于王城，杀王子带。
632		二十年	楚成王攻宋，晋、秦联军救宋，城濮之战爆发。
			晋、齐等国在践土会盟，确立晋文公霸主地位。
627		二十五年	秦军偷袭郑国，被郑国商人弦高识破，退军途中，在崤山被晋军偷袭，大部被歼灭。
			秦将孟明视攻打晋国复仇，反被晋国打败。
626		二十六年	那波帕拉萨建立新巴比伦王国。

襄公大腿中箭，不久死去，仁义的旗帜从此成了笑柄。

宋襄公仁义之战的败亡，表明了军事改革的趋势不可阻挡，此后几百年的战争史中出现了一系列军事变革。晋魏绛改车兵为骑兵，魏国的精锐魏武卒，军事名著《孙子兵法》的出现，这些都表明，当时我国的冷兵器作战军事水平在理念、武器、实战上完全领先世界。

晋楚百年争霸：西方人无法想象的历史

周襄王十六年（公元前636年），在外流亡长达19年的公子重耳继国君位，是为晋文公。晋文公稳定权力后，开始着手改革，励精图治，迅速强大起来。此时，楚国也日益强盛，力压中原，两国的争斗不可避免。同为万乘之国的晋、楚，争斗不能一两次战斗就决定，于是长达150年的晋楚争霸，就成了春秋时期的主旋律。

公元前632年，城濮之战爆发，晋军退避三舍，诱敌深入，大败楚军，楚军被迫转入防御。周定王十年（公元前597年），晋、秦殽之战爆发，楚国乘机入侵，晋接着和楚国发生邲之战，结果晋国战败，楚庄王问鼎中原。

周简王十一年（公元前575年），晋国联和楚国后方的吴国，压制了东方的齐国，势力重新稳固，和楚国爆发了鄢陵之战，最后迫使楚国彻底放弃中原争霸。公元前546年，晋国和楚国都在争霸战中国力下降，无法维持大规模战争，争霸结束。

晋楚争霸，每次参战的国家都多达二三十个，是名副其实的"世界大战"。以鄢陵之战为例，晋国的战争动员口号是："尽徒羡，悉余夫，竭赋役"，也就是全民总动员。当时晋国有四军，每军约有2.5万人，再加上超编的额度，总共有15万士兵，再加上晋国方面的盟军士兵5万人，这么多的兵力，在史书上记载还比楚军的人数少，所以最终可以得出这场战斗的参加人数在43万人以上。

80年后的温泉关之战，参战人数远不及此，却被西方史学家记载为"铺天盖地"。很显然，在春秋时期，从军事看文明，华夏大地上发生的一切是西方人无法想象的。

华元主持下的弭兵大会：春秋时期的战争与和平

在晋楚争霸战中，位于两国之间的郑、宋等小国人

大事件	时间	帝王	公元前 单位：年
秦穆公用由余之计，向西方开拓戎狄的土地。	二十九年	襄王	623
楚庄王令使者问周室"鼎之轻重"，意在称霸中原。	元年	周定王	606
亚述帝国被新巴比伦帝国灭掉。			
楚国攻郑国，郑伯投降。	十年		597
晋、楚邲之战爆发，楚国大获全胜。			
梭伦开始在雅典进行政治改革，雅典民主时代开始。	十三年		594

公元前 单位：年	帝王	时间	大事件
			鲁国开始实行初税亩，土地私有合法化。
586	周定王	二十一年	新巴比伦王国击败希伯来王国，强迫犹太人移居巴比伦，是为"巴比伦之囚"。从此以后，犹太人流散世界各地。
584	简王	二年	晋使申公巫出使吴国，吴国渐兴，开始攻打楚国。楚国疲于奔命。
582		四年	郑成公出使晋国，因为被怀疑与楚国勾结，被扣押。

民的日子更加悲惨。比如，老是投降的郑国平均每年遭受2次入侵，从不投降的宋国则因抵抗入侵而消耗到"易子而食"、"折骨而炊"的地步。周简王七年（公元前579年），和晋、楚两国执政者都有交情的宋国大夫华元努力奔走于晋、楚之间，促成了两国之间的和约，史称第一次弭兵大会。

然而不久，鄢陵之战爆发，和约失效，宣告第一次弭兵大会失败。鄢陵之战后，战败国楚国的处境非常艰难，而战胜国晋国则陷入了士大夫之间的内斗，秦国又趁势崛起，于是晋、楚双方都有和平的意愿。周灵王二十六年（公元前546年），在宋国的斡旋下，晋、楚、齐、秦等14国国君（或使者）在宋国国都西门外结成和平盟约。晋、楚的盟约规定，双方的仆从国向两国同时进贡，也就是说，因为晋、楚双方无法最终击败对方，晋、楚两国决定共享霸主利益。

此后，中原维持了大约50年的平静，直到战争规模更大的战国时代来临。

伍子胥破楚鞭王尸：贵族法则的终结

晋、楚争霸后，兴起的是南方霸主吴国，其中最重要的人物就是楚国人伍子胥。

伍员，字子胥，出身于楚国贵族，祖父伍举曾进谏楚庄王，让楚庄王"一鸣惊人"。周景王二十三年（公元前522年），楚平王驱逐太子，并杀死伍子胥的父亲和兄长，伍子胥只身逃往吴国，矢志复仇。

伍子胥逃到吴国后，推荐专诸给公子光，刺杀了吴国国君，辅助公子光成了吴王阖闾。吴王阖闾即位后，任用伍子胥进行改革：制定法律，将先进的成文法引入吴国；选任贤能，推荐军事家孙武来改革军事；奖励农商，开发太湖流域，使吴国仓廪丰实；修筑城郭，其修建的姑苏城千年不倒。周敬王八年（公元前512年），吴军开始大举进攻楚国，此后几年间，已在晋楚争霸中被拖垮的楚国无力应对。周敬王十四年（公元前506年），伍子胥与孙武等协助吴王阖闾率领大军沿淮水攻入楚国，在柏举之战中大败楚国，占领楚国的都城郢（今安徽寿春附近）。当时楚平王已死，伍子胥于是掘开平王墓，鞭尸三百以复仇。

大事件	时间	帝王	公元前 单位：年
宋大夫华元主持第一次弭兵大会。	七年	简王	579
罗马王政时代第六王塞尔维乌斯·图利乌斯开始改革。使罗马完成由氏族制度到国家的过渡。标志着罗马国家的诞生。	八年		578
晋、楚发生鄢陵之战，晋国获胜，楚退出争霸行列。	十一年		575
孔子出生，被古人认为是文明的真正开始。	二十一年	灵王	551

公元前 单位：年	帝王	时间	大事件
550	灵王	二十二年	居鲁士帝国吞并米提王国，波斯帝国建立。
546		二十六年	在宋国大夫向戍主持下，第二次弭兵大会召开。
538	景王	七年	波斯帝国击败新巴比伦王国，统一两河流域，"巴比伦之囚"结束。
530		十五年	以斯巴达为首的伯罗奔尼撒同盟形成。
525		二十年	波斯帝国征服古埃及。

春秋时代君权至上，贵族可以用赎金的形式让自己保持"礼"。对贵族而言，是不能伤害国君的，也不能在俘虏后虐待别的贵族。可是伍子胥疯狂的行为宣告了最终极的个人主义，贵族法则受到践踏，这些也宣告了比春秋时代更疯狂的战国时代即将到来。

百家争鸣：中国思想史上的"黄金时代"

春秋末期，各国纷乱不休，一切以"强大"为目标。为争夺有限的资源，各诸侯国纷纷鼓励每个人创新，发展学派，以便更好地获取资源，吸引他国人才；另一方面哲人们都在努力地探索如何治理国家，如何更有效地生产、分配、利用有限资源，并且互相借鉴吸收他人的经验，同时也免不了相互指责以抬高自己的学说。于是在思想文化上，百家争鸣的黄金时代来临。

春秋战国时期，百家争鸣主要的参加者有儒、墨、道、法、阴阳、兵、农、纵横、杂、小说等流派——在后世被称为九流十家。

以老子、庄子为代表的道家，更关注个人的生活方式，主张"小国寡民""无为而治"，统治者能自我控制欲望就可以让世界没有纷争了；儒家以孔子、孟子为代表，他们主张恢复西周的"礼"制，通过复古的制度约束各个阶层和势力；以墨翟为代表的墨家，代表中下层人民和手工业者的利益，希望统治者能公平对待各个阶层（兼爱），同时反对一切战争；以孙武、司马穰苴为代表的兵家，则关注军事，希望通过统一战争来带来和平；以商鞅、吴起和战国末期的李斯、韩非子为代表的法家，主张确立各项制度，通过法律的约束作用带来国家的安定并完成统一，结束战争；其他各个学派都就社会问题或者某个领域提出自己的主张。

这些流派之间互相争斗，比如孟子就经常和其他学派的人辩论，《庄子》一书中孔子成了反面大教材，墨子和他的门人则是"非儒即墨"。同时，思想家们也相互印证，比如李斯、韩非子的老师是大儒荀子，他们的学说则趋向于法家。不仅仅是学派间辩论激烈，学派内部、老师弟子之间思想观念也不同，比如商鞅的变法思想主张"王在法下"，而韩非子则主张"王在法上"，儒分为八，墨分为三，这些既有利益出发点的不同，更多的则是思想观点的不一样。

大事件	时间	帝王	公元前 单位：年
专诸刺杀吴王僚，公子光继位，是为吴王阖闾。	五年	敬王	515
罗马王国被推翻，罗马进入共和时代。	十一年		509
雅典克利斯提尼改革。	十二年		508
伍子胥为军师，孙武为将，吴军在柏举击败楚军，攻入楚国都城。	十四年		506

公元前 单位：年	帝王	时间	大事件
500	敬王	二十年	齐、鲁夹谷会盟，孔子担任鲁相，斥退齐的无礼举动。
			佛教在此前后形成，由释迦牟尼提倡传播。
497		二十三年	孔子离开鲁国，开始周游列国。
496		二十四年	吴王阖闾攻打越国，战败去世，吴王夫差继位。

以齐国的稷下学宫为代表，哲人们之间的"嘴皮子战争"，大大丰富了中国的思想。

子贡游春秋："原始之儒"不是手无缚鸡之力的书生

鲁襄公二十二年（公元前551年）9月28日（农历8月27日），思想家、文学家、教育家孔丘降生在今山东省曲阜的一个没落贵族家庭。孔丘年少好学，周游列国，结合当时的贵族思想，提倡"仁"之大道，有教无类，其亲手建立的儒家学派对中国乃至世界的历史产生了巨大的影响，被后人尊称为圣人。孔子建立的儒家学派，主张学习君子六艺（礼、乐、射、御、书、数），也即全方位人才。那时的儒生都是出将入相的人物，绝对不是现代人认为的腐儒、书生。子贡出使便是其中一例。

端木赐，字子贡，孔子的得意弟子之一，大商人，曾官至鲁国、卫国的国相。当时，齐国的大臣田常为了树立权威，想要攻打鲁国，于是子贡自告奋勇，出使他国，为祖国奔走。子贡先后出使齐国、吴国、越国、晋国，对各国的掌权者都进行一番不同的说辞，最后成功地转移了齐国田常的注意力，保住了鲁国。《史记》评价说："故子贡一出，存鲁，乱齐，破吴，强晋而霸越。子贡一出，使势相破，十年之中，五国各有变。"

子贡到越国时，越王勾践屈尊下位以表示尊敬，最后双方"分庭抗礼"，既表现出东周乱世统治者对人才和思想家的尊重，也表现出儒学的巨大影响力。

鲁国"初税亩"改革：封建生产关系的萌芽

春秋时期，随着牛耕和铁制工具的大量应用，农业的生产力比"金石并用"时代有了显著提高。这个时候，大量的荒地被开垦后，掌握在各个贵族和大量的平民（国人）手中，成为不受国君控制的私有财产，同时国与国之间、国家内部士大夫之间、士大夫和士之间，通过转让、战争、继承、赏赐等各种途径，被侵占的公田（国有财产）急剧增加。而此时各国都是按照几百年前的井田制征收田赋，所有的私田都不向国家缴纳税收，国家税赋流失严重，井田制面临瓦解。

大事件	时间	帝王	公元前 单位：年
吴王夫差攻打越国，越王勾践被围困。	二十六年	敬王	494
勾践被迫求和，任用文种、范蠡主持国政，卧薪尝胆。			
波、希战争爆发，波斯帝国被击败。	三十年		490
吴国开凿邗沟，沟通长江、淮河水道。	三十六年		486
吴王夫差逼迫伍子胥自杀。伍子胥死前预言吴将被越国所灭。	三十六年		484

公元前 单位：年	帝王	时间	大事件
			西方"史学之父"希罗多德出生。他创作的《历史》《希波战争史》是史学名著。
482	敬王	三十八年	吴王夫差和北方诸侯在黄池会盟，吴国称霸。
			越王勾践趁吴国国内空虚，引兵攻入吴国都城，吴国被迫求和。
481		三十九年	《春秋》所载事件至此年结束。

这种情形下，各国纷纷进行赋税制度的改革，其中进行最早的是鲁国的"初税亩"改革。

鲁宣公十五年（公元前594年），鲁国发布政令，"公田之法，十足其一；今又履其余亩，复十取一"，也就是对私田核实土地面积，在征收传统的"什一税"后，根据实际的土地统一收取收成的十分之一作为国家税收。

初税亩从法律角度承认私田，也即承认了封建生产关系的存在，对奴隶制给予致命一击。

三家分晋和田氏代齐：更残酷的战国乱世来临

在晋楚争霸的末期，晋国定下了三军疲楚之计，将国家军队交给士大夫，让他们轮流出征，来吸引楚国的主力。这种做法让晋国靠"点数"赢得了晋楚争霸的优势，但也让权力从国君手中转移到士大夫手中。晋哀公时期，国君能够直接掌控的土地只剩下绛和曲沃两个城市，而大贵族经过激烈斗争，只剩下了智、赵、韩、魏四家，其中智家最为强大。

周贞定王十四年（公元前455年），智伯瑶率领自家军队为中军，命令魏军、韩军为左右翼，攻打赵襄子，晋阳之战爆发。然而赵氏岌岌可危时，韩、魏倒戈，联合赵军夜袭智伯瑶，智伯瑶大败，最后身死族灭。周威烈王二十三年（公元前403年），彻底瓜分晋国的韩、赵、魏被天子封为诸侯，百年霸主晋国因内部分裂而灭亡。

而此时的齐国国政在国内士大夫田氏七代的努力下，最终被田氏掌握。周安王十六年（公元前386年），田和被任命为齐侯。

西周初年多达两百多个诸侯国，此时只剩下十几个，其中齐、楚、燕、赵、秦、魏、韩七国为一流大国，被称为"战国七雄"。历史进入烽火连天的战国时期。

齐魏马陵之战：魏国霸业的兴起衰落

公元前445年，魏文侯即位，任用李悝为相，进行变法，使得位于山西南部、河南北部地区的魏国首先强大起来。

周威烈王十八年（公元前408年），魏国夺取了秦国的西河地区；周威烈王二十年（公元前406年），魏国灭

大事件	时间	帝王	公元前 单位：年
齐国田常弑杀国君，田氏掌握齐国大权。	三十九年	敬王	481
希、波战争再一次爆发，波斯再一次被击败。	四十年		480
孔子卒，享年73岁。	四十一年		479
以雅典为首的希腊各城邦组成了提洛同盟。	四十二年		478

公元前 单位：年	帝王	时间	大事件
473	元王	三年	勾践攻入吴国国都，吴王夫差自杀，吴国灭亡。 越王勾践和北方诸侯在徐州会盟，越国称霸。 越大臣范蠡隐退，后来成巨富陶朱公。
469		七年	西方大哲学家苏格拉底出生。
461	贞定王	八年	雅典著名政治家伯里克利开始执政，进行民主改革。其在位期间把雅典奴隶主民主政治推至高峰。

中山；此后，魏国又向南攻击楚国，向东压制齐国，在赵国、韩国的协助下，战国初期，魏国独霸中原。

公元前342年，害怕魏国继续强大威胁本国生存的韩国背叛魏国，投向魏国的敌对国齐国。魏惠王于是命令大将庞涓率军十多万直指韩国首都。韩向齐求救，于是齐国以田忌为主将、孙膑为军师，率领十多万军队来救韩，双方对峙将近一年。

公元前341年，孙膑利用魏军多年来战无不胜的骄横心理，用减灶计制造出齐军因害怕而逃亡的假象，诱魏军深入，并在马陵地区设伏。最后，十多万魏军在马陵险要地区被歼灭，庞涓自杀。此后实力大减的魏国无力抵御齐、韩、楚、秦的联合攻击，只能求和退缩。

和春秋时期不同，战国的战争规模巨大，一国一旦战败，没有百年的休养是无法恢复的。所以从此魏国便一蹶不振，退出了统一天下的选手名单。

商鞅变法：换取国家发展的自我牺牲

李悝通过国变法让魏国强大的效果使其他诸侯不能坐

视，于是纷纷效仿变法。吴起在楚国变法，韩昭侯改革，齐威王改革，燕昭王改革，在这一股改革浪潮中，效果最明显、改革最彻底的是秦国的商鞅变法。

商鞅，姓公孙，名鞅，是卫国的没落贵族，在秦孝公的求贤令号召下，来到当时被认为是蛮荒之地的秦国。后被秦孝公赏识任命为左庶长，对秦国进行全方位的改革。周显王十三年（公元前356年）和十九年（公元前350年），公孙鞅在秦国先后两次实行变法，变法的主要内容有：废除井田制，"开阡陌"，确立地主经济和小农经济；确立十八级军功制，打破贵族世袭的限制，对下层地主和士兵有强烈的调动作用；重农抑商，要求"父别居"，稳定户口和租税；推行县（国君直接掌管的土地），加强中央集权；统一度量衡，引进山东各国的各项文明制度；实行连坐，让法律深入到社会生活的各个角落。

为了树立国人对变法的信心，商鞅一方面在国都门前设立一根木头，奖励搬木头的人千金来彰显变法的诚信；另一方面对变法的阻碍者举起屠刀。当时太子犯法，商鞅下令割掉他师傅的鼻子，以示告诫。这些做法让秦国变法措施迅速得以落实，并转化为巨大的国力。

大事件	时间	帝王	公元前 单位：年
智伯和韩、赵、魏瓜分范氏和中行氏的土地。	十一年	贞定王	458
罗马制定《十二铜表法》，此为罗马第一部成文法典。	十九年		450
魏文侯即位，以李悝为相，开始变法。	二十四年		445
罗马立法，贵族可与平民通婚。			
晋幽公继位，赵、魏、韩彻底瓜分晋国。	二年	考王	439

公元前 单位：年	帝王	时间	大事件
431	考王	十年	伯罗奔尼撒战争爆发，希腊内乱。
427		十四年	希腊大哲学家柏拉图降生。
403	威烈王	二十三年	赵、魏、韩被周王封为诸侯，史称"三家分晋"。战国时代开始。
390	安王	十二年	吴起逃亡楚国，开始在楚国进行变法。
386		十六年	周王封田和为诸侯，田氏彻底取代姜氏齐国。
384		十八年	希腊大哲学家亚里士多德降生。

公元前338年，支持商鞅变法的秦孝公去世，太子即位，是为秦惠王，商鞅被车裂而死。不过，"商君虽死，秦法不灭"，商鞅的自我牺牲更是为秦朝的法律做出了最好的注释。在秦法的支持下，秦的壮大和崛起就成为不可阻挡的趋势。

范雎远交近攻：秦国的崛起

公元前266年，秦昭襄王驱逐外戚，彻底控制了秦国大权，并开始图谋削弱六国，独霸天下。来自魏国的秦相范雎针对秦昭襄王的目标献上"远交近攻"策略，阻止秦国攻打齐国。他劝阻说："齐国是一流大国，而且和秦国一东一西，攻打齐国，即使战胜了也无法占据其土地。不如先攻打势力弱小的邻国韩、魏，逐步吞食，即使有一点的收获也能让秦壮大。"

于是，秦昭襄王派使者主动和齐国结盟，然后尊齐国为帝，同时派名将白起等人攻打三晋地区。其后的一段的时期内，一直到秦完成全国统一，秦国始终坚持"远交近攻"的策略，联合齐、楚，攻打韩、魏、赵，自身不断强大。

秦国先是变法，采用最先进的制度，彻底解放了生产力，让"内力"增强；然后远交近攻，用正确的方法逐步蚕食东方各国。而且难能可贵的是，从商鞅开始，秦国的政策不因政局变动而改变，没有出现"人亡政息"的局面。总之，制定正确的国策，并一直持续下去，这才是秦国能完成统一大业的根本原因。

长平之战：大规模杀戮战争的巅峰

战国时期，武器更加多样化，更加先进；兵源也更广，为了争雄，各国都大力发展军事力量，即使是最疲弱的韩国都有兵卒30万，而秦国则有"百万带甲"；野战和包围战逐渐取代了车战，战争方式更加多样，战争持续的时间也更长。这些因素都造成战国时期的战争规模更加巨大，所造成的杀戮也更为严重。其中，发生于周赧王五十三年（公元前262年）的秦、赵长平之战，可以说是大规模杀戮战争的巅峰。

先是，秦军切断了上党郡和韩国的联系，可是上党

大事件	时间	帝王	公元前 单位：年
韩、赵、魏废晋静公，晋国灭亡。	二十六年	安王	376
周王室分裂，分为东周、西周两个小国。	二年	显王	367
罗马制定新法，规定两位执政官中必须有一个是平民。			
在秦孝公支持下，商鞅开始在秦国变法。	十年		359
魏国攻破赵邯郸，齐国出兵救赵。桂陵之战爆发，魏国被打败。	十六年		353
马陵之战爆发，齐军师孙膑围魏救赵，最后魏军十多万人被杀死。	二十八年		341

公元前 单位：年	帝王	时间	大事件
338	显王	三十一年	马其顿击败希腊联军，希腊联邦时代结束。
336		三十三年	亚历山大继承马其顿王位，开始亚历山大帝国的远征。
334		三十五年	魏惠王和齐威王在徐州会盟，互相尊称为王。
328		四十一年	张仪被任命为秦相，推动连横。
323		四十六年	亚历山大大帝去世，其帝国随后陷入崩溃瓦解。

郡人不愿意投降秦国，反而投降赵国，赵王不顾反对派兵收取上党郡。秦王大怒，派将领王龁攻打赵军，当时秦军远离本土作战，所以赵国名将廉颇在初战失利后就坚壁清野。久战之下，两军进入对峙状态。

后来，秦人在暗中散播流言，赵王中了反间计，派从无实战经验的名将赵奢之子赵括代替廉颇为帅，而秦人则在暗中偷偷地调来"杀神"武安君白起，代替王龁为帅，并严令士卒谁也不许泄露消息。

只会纸上谈兵的赵括根本不是白起的对手，不久赵军落败，四十万士兵被俘虏。白起认为，这些赵兵不会真心投降，而且人数太多，容易反叛，于是便将四十万赵军坑杀活埋，只放了240人回国报信。此后，长平之战的疯狂杀戮让赵国（今山西北部）人痛恨不已，他们管吃豆腐叫作吃"白起肉"。

合纵连横：纵横家巧舌摆布下的战国

战国中后期，围绕着天下最强大的国家出现了两种外交思想，一种是合纵，韩、魏、赵、燕、楚、齐六国合力西向，共同抵抗暴秦，代表者苏秦；另一种是连横，秦、齐确立联盟关系，然后秦攻击三晋、楚国，齐国攻击燕国、赵国，代表者张仪。

苏秦出身贫寒，曾经和张仪一起在鬼谷子门下学习纵横捭阖之术，后来出师前去游说秦王，失利后发奋苦读。苏秦再次出山后，游说山东六国，联合抗秦，最终结成六国联盟，让秦人日夜惊恐，而此时苏秦佩六国相印，衣锦还乡。家人谄媚无比，苏秦感叹说："富贵则亲戚畏惧之，贫贱则轻易之！"但是六国毕竟人心不齐，合纵国都是各有所图，不久六国就相互攻伐。而此时苏秦的同学张仪获得秦王信任，在六国之间实行"远交近攻"的连横策略。他说破齐、楚联盟，建立齐、秦联盟，然后极力削弱楚国，为秦的统一做出很大贡献，最后官至秦相。

从苏秦、张仪的经历来看，他们游说君主的根本目的是博取个人富贵，完全没有立场而言，这些纵横家在通过游说为自己取得利益的同时，也不断地挑动各国的纷争，可以说，战国大势，在他们的嘴中摇摆不定。

大事件	时间	帝王	公元前 单位：年
科学家欧几里得出生。他曾著作《几何原本》一书。			
公孙衍发动六国合纵攻秦，最终失败。燕王哙将王位让给相国子之，力图进行改革。	三年	慎靓王	318
燕国相子之被杀，燕国内乱。齐乘机入侵。赵国护送公子职归燕，是为燕昭王。	元年	赧王	314
赵武灵王开始"胡服骑射"改革。	八年		307
楚怀王被骗入秦，遭扣押。太子横继位，是为楚顷襄王。	十六年		299
赵公子胜被封为平原君，权倾赵国。	十七年		298

公元前 单位：年	帝王	时间	大事件
288	赧王	二十七年	苏秦游说六国合纵，协同抗秦，秦被迫放弃王的称号。
287		二十八年	罗马通过《霍腾西阿法案》，罗马平民争取政治权利的斗争胜利结束。
284		三十一年	燕昭王以乐毅为将军，组成燕、秦、赵、魏四国联军伐齐。

《诗经》和《离骚》：中国诗歌文学的两大源头

《诗经》是中国最早的诗歌总集，原名叫《诗》，共收录了古代诗歌305首，因此又称"诗三百"。分为"风""雅""颂"三种体裁，风是民歌，雅是士大夫所作的正统的宫廷乐歌，颂是宗庙祭祀的乐歌，各有自己的特色。可以说，《诗经》就是一部大型的时代史诗。

楚辞又叫楚词，是楚国诗人屈原创造的一种诗体，其中的代表篇目就是《离骚》。屈原是楚国的贵族，因为不受重用，而且目睹楚国的沉沦，因此悲愤抑郁，并不断在自己的诗作中表现出这种情怀来。在《离骚》中，屈原用离奇的想象力，各种各样的美好意象，浓烈的情感和奇特的楚辞体，构造了一幅幅的绚丽画面，是古代抒情诗的最经典作品。

《诗经》关注民生、社会，《离骚》关注内心；《诗经》写实，《离骚》玄幻；《诗经》平实厚重，《离骚》华丽深沉……从这个时代开始，取自《诗经》中的"风"和取自《离骚》中的"骚"并列，此为中国诗歌文学的两大源头。

集法家学说大成的《韩非子》：中央集权和君王专制的理论基础

到战国末年，秦一统天下的趋势越来越明显，因此更多的人开始思考统一以后的事情了，即如何维持统一后的国家。这个思考，结出的最绚烂的果实就是《韩非子》一书。

当时韩国是七国中最弱小的国家，到了秦王嬴政时期，韩国更是处于亡国边缘。韩非子是韩国的公子，曾经和李斯一起跟随大儒荀子求学。后来归国，见国家衰弱，因此多次献计上书，但是始终不被韩王采纳。韩非子的著作流传到秦国后，秦王嬴政大为赞赏，后来通过战争获得了韩非子。韩非子到达秦国后，嬴政非常赞赏他，但遭到了李斯的嫉妒，后者诽谤韩非子，最后韩非子被迫在狱中自杀。

韩非子死后，人们把他的作品集结成书，命名为《韩非子》。《韩非子》的理论框架反映了新兴封建势力的要求，适应了统一的需要，在秦王嬴政一统六国后成为建设国家的指导思想，这也是我国两千多年封建社会政治制度构建的基础。

大事件	时间	帝王	公元前 单位：年
秦将白起攻破楚国都城。屈原投汨罗江。	三十七年	赧王	278
印度阿育王继位。他在位期间大力推行佛教，佛教走向世界。	四十二年		273
第一次布匿克战争爆发，罗马战胜迦太基，从而获得西西里岛。	五十一年		264
长平之战爆发，秦军获胜后坑埋40万赵卒。	五十五年		260
秦攻打赵都邯郸，信陵君窃符救赵。	五十七年		258

郑国渠和都江堰：奠定秦统一六国的经济基础

公元前单位:年	帝王	时间	大事件
256	赧王	五十九年	秦灭西周王室，西周百姓向东流亡。
251	秦昭襄王	五十六年	秦蜀守李冰兴修都江堰水利工程。秦昭襄王薨。
249	秦庄襄王	元年	秦庄襄王（异人）以吕不韦为相国。秦灭东周。
246	秦王政	元年	韩国人郑国开始为秦筑水渠竣工后，渠长三百余里，灌溉农田四万余顷，叫作郑国渠。

秦昭襄王五十一年（公元前256年），李冰被任命为刚占领不久的蜀郡的太守。他到任后，鼓励农耕，大兴水利。他在前人治水的经验上，在岷江流入平原的出山口，用分流法建成了都江堰。这让成都平原的水患消失，一下子开拓了几万亩良田，一直到今天，都江堰还在发挥着巨大的灌溉作用。

相比之下，位于关中腹地的泾河水利工程郑国渠的修建更具有传奇色彩，其作用和意义也更大。

秦始皇元年（公元前246年），韩王采纳计策，派出著名的水利大师郑国作为间谍，前往秦国，游说秦王在泾水流域开凿一条大型水利灌溉渠道，目的是想要通过建设损耗秦国的人力、物力，拖慢秦发展的脚步。

郑国在修建渠道的过程中，"疲秦"的计策暴露，秦始皇大怒。郑国辩解说："我虽然是疲秦间谍，但实际上是为秦国立下了万世之功啊！"具有雄才大略的秦始皇听信了他的辩解，让他继续修渠。十多年后，郑国渠修成，关中地区一下子多出28 000多顷良田。而这些良田全部位于秦都城周边，相比都江堰，郑国渠的灌溉面积更大，对粮食的运输作用也更大，对秦作战来说，非常有助益。

荆轲刺秦王：个人对权势的最后抗争

荆轲本是没落贵族，从小就胆气非凡，精通剑术。曾经和当时最著名的剑术大师盖聂论剑，后来在他人的推荐下投入燕太子丹门下。公元前228年，秦军灭亡赵国，兵锋直指燕国都城。太子丹恐惧异常，于是派荆轲作为使者，假借献上秦叛将樊於期头颅和燕国地图的机会，刺杀秦王。

《史记》记载，荆轲出行，场面悲壮，他高歌："风萧萧兮易水寒，壮士一去兮不复还！"最后，荆轲在朝会上"图穷匕见"，刺杀秦始皇，却没有成功，被碎尸。两年后，燕国灭亡；七年后，天下一统。

荆轲刺秦的故事，广为流传。在古代，这被看成是个人对权势的抗争，"掌中利"的刺客对"天下权"的君王的刺杀，代表着弱势、正义和英雄主义。

大事件	时间	帝王	公元前 单位：年
印度阿育王召集佛教大会于华氏城，解决宗教争论。	七年	秦王政	240
韩国公子韩非入秦，李斯害其自杀。	十四年		233
阿育王去世，孔雀王朝衰亡。	十五年		232

公元前 单位：年	帝王	时间	大事件
230	秦王政	十七年	秦灭韩。
228		十九年	秦将王翦破赵军，灭赵。
227		二十年	燕太子丹派荆轲刺秦王，失败。
226		二十一年	秦将王翦破燕国都城蓟，逼迫燕国杀死太子丹。燕王喜迁往辽东。

天下一统时机的到来以及原因分析

经济上，从春秋时代开始出现的牛耕和铁质农具，在战国时代得到了进一步的普及，生产力水平得到巨大的提高，极大地促进了农业发展。在农业发展的基础上，各地的商贸进一步发展，齐国的盐、秦国的粮食、吴越的布匹、韩魏的武器都是当时重要的商品。商业活动的发展加强了各国的联系，并且壮大了渴望统一的商人阶层力量。

政治上，各国都进行了封建改革，解放了生产关系。一是从井田制下面解放出来了大量的小贵族和自由民，这些小生产者更加渴望统一，希望有和平的生产环境；二是大量的没落贵族变为"士"，这些士的国家观念更弱，他们希望有更多的表现自己的机会，所以也希望大一统的环境；第三是各国之间的政治交往趋于频繁紧密，联系加强，为统一提供了上层基础。

军事上，经历了几百年的战争，战争规模越来越大，动辄到灭国的地步，这样既形成了统一的可能，也造成了人民对战争的厌倦。

可以说，到战国末期，天下一统的时机已经成熟。

秦灭六国的步骤和过程

公元前238年，秦王嬴政采取"远交近攻，先弱后强，各个击破"的战略方针，于公元前230年发动对韩的战争。就在同一年，秦军攻破韩国首都郑（今河南新郑），韩国灭亡。公元前229年，秦国借赵国发生特大旱灾的机会，调动大军再次攻打赵国，赵军奋力抵抗，作战双方一度陷入僵持，后来秦军使用离间计破赵军。公元前228年，赵为秦所灭。公元前225年，秦军攻打魏国首都大梁，经过三个月短暂的战争，魏王被杀，魏被纳入秦国的版图。紧接着，秦王嬴政命将军李信领兵20万攻楚，结果大败而归。秦王重新起用老将王翦，经过两年多的对峙后，楚军撤退，秦军趁机迅速出击，大败楚军，王翦率兵直捣楚国首都寿春。公元前223年，楚王被俘，楚国灭亡。公元前226年，秦王派王翦率兵攻打燕国，燕都蓟（今北京西南）随即陷落，燕王北逃，四年后被俘，燕国灭亡。公元前221年，秦将王贲率兵从齐国北部进攻，直抵齐都临淄（今山东淄博北），齐王不战而降，齐国顷刻间土崩瓦解。

至此，秦王嬴政终于扫平六国，一统天下，建立起中国历史上第一个大一统中央集权制国家。

大事件	时间	帝王	公元前 单位：年
秦将王贲引河水灌魏都大梁，灭魏。	二十二年	秦王政	225
秦将王翦攻入楚都寿春，灭楚。	二十四年		223
秦将王贲攻辽东，俘虏燕王喜，灭燕、代。	二十五年		222
秦将王贲带兵从燕南突入齐境，齐王建投降，齐国遂灭。	二十六年		221

秦朝

　　公元前3世纪初，秦国逐个击败其他诸侯国，结束了春秋以来的纷乱局面，建立起我国历史上第一个大一统的中央集权制国家。

　　秦朝建立后，继续沿用法家的治国思想，利用强大的军队和严酷的法律严密控制整个国家。然而，秦国的强力统治并没得到东方各国百姓的支持，而对北方胡人和南方越人的战争，则极大地消耗了秦国的实力。

　　秦始皇去世后，中央政权动乱，秦对地方的控制力削弱。不久，陈胜、吴广起义爆发，而其他东方各国的残存势力纷纷趁机起兵，攻击秦朝。不久，刘邦拥兵进入关中，攻占了秦国的都城咸阳，秦朝灭亡。

　　秦虽然存在的时间很短，但是对我国的历史产生了深远的影响。秦朝的疆域大致为：东起辽东，西至甘肃、四川，北抵阴山，南达越南北部及中部，西南到云南、广西，基本上奠定了中华民族版图的核心区域。而且还通过统一文字、度量衡，修建驿道，设置郡县等措施，实施了对这一广大区域的真正统治。

　　可以说，中国历史在日后不断分裂的战争中，大部分人对统一国家有着强大的向心力，其起因就在秦朝。

秦朝·始皇陵兵马俑

秦国崛起："金角银边中腹草"的争霸模式

列国争雄，为什么最后秦国能胜出？

秦的祖先是周王的马夫，后来被周王封在西方，不过一直都是小势力。平王东迁的时候，秦首领率领部族"救驾有功"，获得了一小块宗周之地的赏赐，并且获得了征伐西戎的名义和支持。此后历代秦人不断向西拓展实力，统治区域也不断扩大。

秦穆公（前659年～前621年）继位后，大力吸纳东方各国的人才，并任用百里奚等贤人进行改革，提升秦国的文明程度。秦穆公在外交上支持晋文公登位，结下秦晋之好。他还制定往西拓展的方针，打败了十二个西戎部落，并教化他们，使得秦的实力飞速发展。

不过，秦穆公错误地估计了秦的实力，晚年曾越过函谷关攻打晋国，反而被晋国打败，被迫继续在国内休养生息。不过到弭兵大会时期，晋和楚的力量在连绵不断的战争中消耗殆尽，晋此后又陷入了内部分裂，而楚则被新兴的吴国攻破了首都，同样衰落了下去。也就是说，到春秋时代末期，东方各国已经没有能够单独抗衡

大事件	年号	帝王	公元前 单位：年
秦王嬴政改称皇帝，是为秦始皇。	二十六年	秦始皇	221
分天下为三十六郡。			
没收民间兵器，铸成铜人置于宫门外。			
统一度量衡，车同轨，书同文。			
迁徙天下十二万富豪至咸阳。			

公元前 单位：年	帝王	年号	大事件
220	秦始皇	二十七年	始皇巡视陇西，修筑驰道。
219		二十八年	始皇东巡，在泰山封禅，刻石颂德。
			派遣方士徐福与童男童女入海求仙药。
218		二十九年	始皇东巡。张良在博浪沙（河南原阳）狙击始皇，未中。
			罗马与迦太基展开第二次"布匿战争"（至公元前201年结束），结果罗马再胜。

秦国的势力了。

秦国的崛起体现了我国古代诸侯割据的"金角银边中腹草"的发展模式，位于腹地的国家一次失败就丧失了重新崛起的机会，比如晋、魏，而位于边陲的国家战败后还可以凭借地理位置重新崛起。所以古人评价秦的战略优势时说，"秦胜则横扫中原，败则避于函谷"，具有天然的争霸优势。

秦始皇功过论（上）：延续两千年的政治制度

公元前221年，秦王嬴政统一六国，结束了长达五百多年的割据局面，建立起中国历史上第一个中央集权制的封建国家。

天下一统后，秦始皇接受李斯提出的废除分封制和全面推行郡县制度的建议，把全国分为三十六个郡（后又增至四十余郡）。和分封制相比，郡县制的长官由中央任免，而不是世袭，这保证了地方对中央的服从，为中国成为一个密不可分的整体提供了保障。

在中央官制上，秦始皇确立了至高无上的皇权，皇帝总揽全国的行政、军事、经济、文化等一切大权。秦始皇建立了三公九卿制，三公分别为丞相、太尉、御史大夫，他们之间互相没有统属关系，由皇帝掌管最终决断权；九卿分别是卫尉、郎中令、太仆、廷尉、典客、奉常、宗正、少府、治粟内史。将行政权、监督权和司法权统一在君权之下，既保证了一个强有力的中央，又确保权力的平衡，从而保证了国家政局的稳定。三公九卿制虽然在名称上有所变化，但是事实上，此后两千多年的封建社会都遵循着这种中央权力格局。

秦朝建立后所做的这些改革，都为中国的大一统提供了保障，比西方成熟的政治制度早上千年。秦始皇既统一了天下，又维护了天下统一，功不可没。

秦始皇功过论（下）：对民众的残酷压迫和剥削

秦始皇是一个备受诟病的帝王，主要原因有以下几点：大兴土木，大量征用民夫，向普通百姓征收过重的徭役；以法为教，以吏为师，使用严刑峻法镇压人民；为了适应秦朝专制主义政治体系的需要，钳制思

大事件	年号	帝王	公元前 单位：年
迦太基丧失海军，并进行赔款，名将汉尼拔自杀，丧失海外领地。			
令黔首（百姓）自行陈报土地。	三十一年	秦始皇	216
令将军蒙恬率军三十万北击匈奴。	三十二年		215
秦开始在全国修建八条驿道。	三十三年		214

公元前 单位：年	帝王	年号	大事件
214	秦始皇	三十三年	进兵夺取岭南，设置南海（广东广州）、桂林（广西桂平）、象（广西崇左）三郡。
			蒙恬击败匈奴，收河南地（黄河河套），置九原郡。
			为了防止匈奴南下，建造长城，连接原秦、赵、燕三国长城，西起临洮（甘肃岷县），东至辽东，世称"万里长城"。

想自由，制造了"焚书坑儒"这一残酷暴戾的事件。

秦始皇在位期间大兴土木，生活奢华糜烂，不顾人民死活。即位不久，他就派人设计建造秦始皇陵，统一六国之后开始修建万里长城、阿房宫和骊山墓等。这些工程都需要投入巨大的人力、财力和物力，沉重的负担使百姓生活艰难。

为了对不满的百姓加以震慑，稳固其统治，秦始皇以韩非子的法家理论为基础，制定了严酷的刑罚。当时仅死刑处罚就有弃市、腰斩、车裂等名目繁多的刑罚。罪名较重的犯人，连他们的亲属也要被一并处死。当时被施以刑罚的民众数量惊人，仅修建阿房宫和骊山陵墓所征用的刑徒就有70万人。

最终，秦始皇实施的各项暴政超出了人民能忍受的限度。公元前210年，秦始皇驾崩。四年后（公元前206年），秦始皇一手建立的秦帝国灭亡。

秦直道的修建：条条大道通咸阳

秦始皇二十五年（公元前222年），闽越和东瓯被征服，设置闽中郡（今福建全省及浙江东南部地区）；三十三年（公元前214年），五岭和五岭以南地区的南越被征服，设置桂林郡、南海郡、象郡（今广东、广西地区）；蒙恬击败匈奴后，在河套地区设置了九原郡，同时修筑了"起临洮至辽东，延袤万余里"的长城。秦朝的疆域"东至海暨朝鲜，西至临洮、羌中，南至北向户，北据河为塞，并阴山至辽东"。这个面积是西周王朝无法想象的，更比东周时期的任何万乘之国大得多。很显然，如何确立对庞大帝国的有效统治，是首先要解决的问题。

秦始皇统一六国后，采用各种方法维持统治，其中重要的一项制度就是修建秦直道，加强对地方控制。

秦直道共有八条，分别是：高陵通上郡后延伸到东北的上郡道；出商洛向南延伸至长沙后再到南海的武关道；咸阳到今宁波地区的滨海道；咸阳到乐山的秦栈道；咸阳到临洮的西方道；咸阳到朔方郡的秦直道；黎阳到保定的临晋道；咸阳到临淄的东方道。

这八条"高速公路"在历史上是联系中国版图的重要纽带，直到今天还可以使用。

大事件	年号	帝王	公元前 单位：年
秦始皇禁私学，下焚书令，烧毁秦纪以外的列国史籍，焚毁儒家经典与诸子百家著述；《诗》、《书》、百家语限博士官保有，医药、卜筮、种树之书不烧。	三十四年	秦始皇	213
派遣太监、刑徒的人七十多万建造阿房宫与骊山陵。	三十五年		212

公元前 单位：年	帝王	年号	大事件
212	秦始皇	三十五年	在咸阳活埋儒生四百六十余人。长子扶苏劝谏，秦始皇大怒，派他到上郡做蒙恬军队的监军。
211		三十六年	刘邦做沛县亭长，被送到骊山，途中带领壮士逃亡山泽之间。

始皇仙游：压制六国残余和长生神话的结合

秦始皇在位末期，主要做了两方面的工作：一是四处巡游，封禅泰山；二是宠养方士，寻找长生不老药。

公元前220年，始皇帝开始举行了大规模的巡游，先后巡游达六次，平均两年多一次，直到公元前210年他死于第六次巡游途中。始皇帝二十八年（公元前219年），秦始皇帝亲自制定礼制，在泰山顶上封禅，并立碑纪念。

公元前218年，始皇帝的巡游车队经过古博浪沙的时候，受到原韩国贵族张良雇佣的刺客刺杀，副车被击碎。始皇帝的巡游过程并不简单，它承担着联系山东各国和关中秦旧地的任务，和迁徙各国贵族到关中定居的政策结合，具有"天家威仪"的车队很显然对各地百姓有很大的震慑作用，比如，项羽、刘邦的传记中都有对始皇巡游景象的惊叹。

为了长生不老，秦始皇多次派出使团寻求仙药。传说始皇帝派出去的使者，最终找到了"长生药"，名为"肉灵芝"。

万里长城的修筑：秦帝国的辉煌和暴政

秦将蒙恬率领士兵三十万顺利击败匈奴后，秦始皇帝命令在北部边境修筑长城，是为我国最大的军事防御建筑。蒙恬在秦、赵、燕三国长城的基础上，修筑了一条东起辽东，西到临洮的万里长城。长城的修建开始于始皇三十年（公元前217年），到始皇三十七年（公元前210年）结束，每年动用民夫多达四十多万。

很显然，在那个生产技术水平低下的时代，工程量巨大的长城修筑是对国力不可轻忽的损伤，除了财力不算之外，仅每年征发的民夫就会有很多死在建筑工地上。孟姜女哭倒长城的故事，也从侧面反映了修筑长城的残酷。从某个意义上讲，本来意在保护秦统治的万里长城，在修筑的过程中却不断地积累着人民的反抗情绪，最终成为秦灭亡的诱因。

"焚书坑儒"：君权压制一切的噩梦

秦始皇统一六国后，全国只需要一个学术声音来维护

大事件	年号	帝王	公元前 单位：年
始皇南巡，西还途中，在沙丘（河北广宗）病死。	三十七年	秦始皇	210
赵高、李斯秘不发丧，矫诏立少子胡亥为太子，赐死扶苏、蒙恬。至咸阳发丧，胡亥即位，为秦二世。			
此年，始皇渡钱塘江时，项羽前往观看，说："彼可取而代之也。"			
陈胜（涉）、吴广在大泽乡（安徽宿县）起义，攻占陈，号"张楚"。	元年	秦二世	209

公元前 单位：年	帝王	年号	大事件
209	秦二世	元年	项梁、项羽在吴（江苏苏州）起义。
			刘邦起兵于沛（江苏沛县），称"沛公"。
208		二年	吴广、陈胜被杀，秦军收复陈。
			项羽、刘邦等拥立楚怀王的孙子熊心为王，仍号怀王。
			赵高诬李斯谋反，后者被腰斩灭族。赵高为丞相。

大一统和皇权，不久就发生了"焚书坑儒"事件。

秦政权先是焚烧《诗》、《书》等学术著作，来打击其他学派，当然这个过程中那些顺带被焚烧的各种典籍不计其数。

公元前212年，秦始皇身边豢养的术士潜逃，还散播谣言说秦始皇"暴戾无德"，肯定不能长生。深感被欺骗和侮辱的秦始皇暴怒，便下令将牵连到这件事中的460多个术士活埋坑杀！当时，"术士"、"儒士"和"方士"三个词语是近义词，而且这次的坑杀事件可能也牵连了部分儒生，所以被讹传为"坑儒"。

焚书坑儒事件开始了一个恶劣的先例，那就是拿刀的当权者用暴力对付握笔的思想者。从此中国古代历史上的思想自由消失了，这些思想家要么在思想上依附君权，要么被君权消灭。这个噩梦至明、清时期代的文字狱，发展到了巅峰。

指鹿为马：绝对君权滋生的怪胎——宦官专权

公元前210年，秦始皇在沙丘病死，遗诏太子扶苏即位。但是，当时在旁的皇子胡亥勾结秦始皇的亲信宦官赵高和丞相李斯，篡改了遗诏，逼迫扶苏自杀，自立为帝。这件事，史称"沙丘之谋"。胡亥登基后，重用宦官赵高，使得秦朝的中央统治陷入混乱。

早在秦刚统一，始皇需要大量的阉人来管理自己的后宫，宦官的数量和机构也变得复杂起来，并且出现了宦官干政的现象，其中最突出的事例便是赵高指鹿为马。

公元前208年，替秦二世处理大小政务的赵高设计杀死了丞相李斯，彻底控制了秦中央。赵高在掌握大权后，阴谋篡位，于是在上朝时牵来一只鹿，告诉胡亥说是马，其他臣子则有的赞成，有的反对，有的沉默。事后，赵高杀死了不肯附和他的人，清除了一切反对派。声威赫赫的秦，成为宦官手中的第一个牺牲品。

"王侯将相，宁有种乎"：能力对血统的第一声质疑

秦二世元年秋（公元前209年），两个军官押送900多个民夫前往渔阳（今北京市密云县）戍守边关，其中民夫的两个领头人名字叫作陈胜、吴广。

大事件	年号	帝王	公元前 单位：年
怀王立宋义为上将军，项羽为次将、范增为末将；派遣刘邦伐秦，与诸将约定"先入关中者王之"。	二年	秦二世	208
项羽杀宋义，为上将军，领兵渡河，破釜沉舟，在巨鹿（河北平乡）大破秦将章邯所率领的秦军主力。	三年		207
秦丞相赵高杀秦二世，立子婴。			
子婴杀赵高。			

公元前 单位：年	帝王	年号	大事件
207	秦二世	三年	刘邦入武关，进击秦兵至蓝田，秦兵败。
206	秦王子婴		沛公刘邦入关，秦王子婴投降，秦亡。
206	楚霸王项羽	元年	刘邦还军霸上，与关中父老约法三章。项羽破函谷关，至鸿门，设宴与刘邦相会，未听军师范增建议而放走刘邦。

陈胜、吴广等人行走到大泽乡（今安徽宿州市附近）时，天降大雨，无法前行。于是他们商议，秦法苛刻，反正已经误了期限会被杀头，不如奋力一搏！于是他们杀了两个军官，并召集其他民夫，说："王侯将相，宁有种乎？"

这句简单的话，在早先时代是不可思议的。先秦时期，所有的官员全部来源于血统，而不是能力，即使有一些"贫寒"之士被提拔，其实也是没落贵族出身，比如五羖大夫的故事中，百里奚在奴隶中被选拔，但其本身原来也是虞国的贵族。

陈胜、吴广的起义口号，第一次让世人认识到平民的势力，是中国人第一次依靠能力对血统发出的质疑声。

秦朝迅速灭亡的原因分析

短短的十多年间，强大的秦帝国便土崩瓦解，是有深刻原因的。

政治方面，绝对君权和中央集权建立，实行郡县制和其他维护大一统的制度，对生产力的发展肯定是起着解放作用的。但是，秦统一后，原来的秦国人并没有得利，同时，其他各国的平民和贵族也被强制纳入秦法的管理，很显然，秦的统一除了给始皇帝戴上千古一帝的冠冕外，并没有为社会其他阶层带来利益：各种工役不断，全国百姓负担沉重；秦原有贵族在赵高当政后被清洗，六国贵族也完全被摒除在权力高层之外。一个被国内所有阶层都排斥的政权，很显然是不能长久的。

军事方面，虽然秦国的军事力量依然强大，但是开发岭南占去了50万秦卒，北击匈奴又占据了30万精锐，中央王朝空虚，以至于陈胜、吴广起义声势扩大后，秦朝无兵可派，只能依靠章邯带领的20万刑徒（修筑骊山宫殿的罪犯）。刘邦入关时，"好战"的关中人不采取任何的对抗措施，就是秦中央政权极为空虚的证明。总之，"仁义不施，而攻守之势异也"，秦统一后没有给全国百姓带来利益，最后当然避免不了被抛弃的命运。

楚汉之争：平民对贵族的胜利

陈胜、吴广发动起义后，群雄并起，整个关东地区很

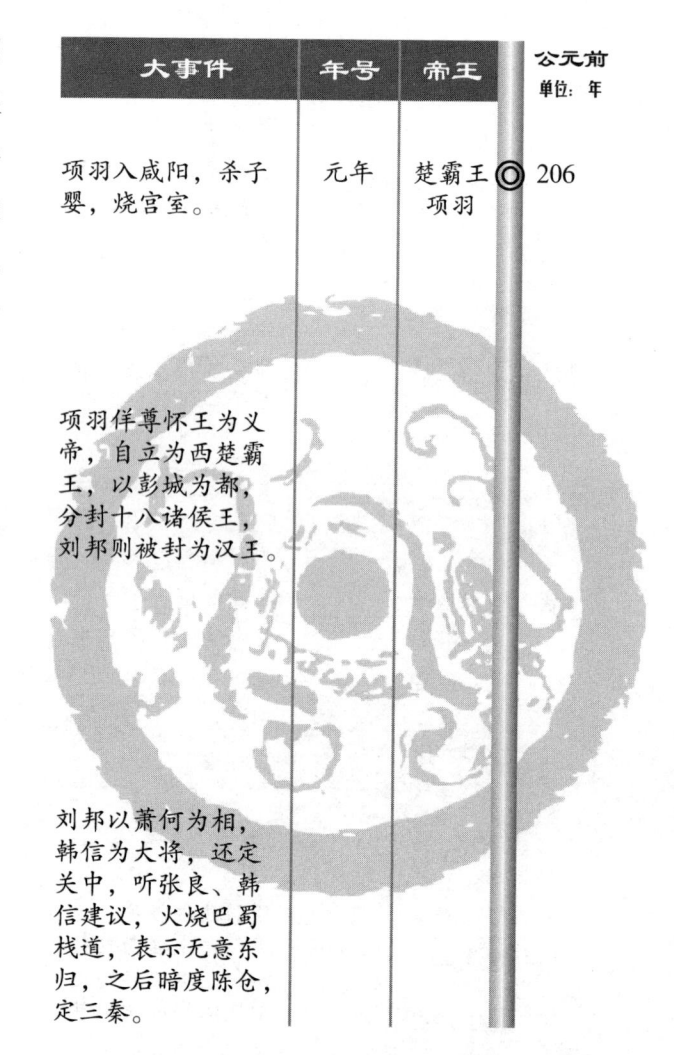

大事件	年号	帝王	公元前 单位：年
项羽入咸阳，杀子婴，烧宫室。	元年	楚霸王 项羽	206
项羽佯尊怀王为义帝，自立为西楚霸王，以彭城为都，分封十八诸侯王，刘邦则被封为汉王。			
刘邦以萧何为相，韩信为大将，还定关中，听张良、韩信建议，火烧巴蜀栈道，表示无意东归，之后暗度陈仓，定三秦。			

公元前单位：年	帝王	年号	大事件
206	楚霸王项羽	元年	田荣自立为齐王。
			冒顿单于击东胡、月氏、楼烦。
			赵佗自立为南越武王。
202		五年	项羽在垓下被围，最后自刎乌江。

快形成群雄割据的局面。

公元前207前，巨鹿之战爆发，章邯率领的秦帝国最后主力，被坚守的赵国贵族军队和项羽率领的起义军联合击败，二十万秦卒被坑杀。此时，刘邦趁势进入关中，灭亡了秦朝。秦亡后，项羽自称西楚霸王，分封诸侯。从汉元年（公元前206年）八月到汉五年（公元前202年）十二月，历史进入了以项羽为首的楚和以刘邦为首的汉争夺天下的过程。最终，持续五年的楚汉相争落幕，开局占有绝对优势的项羽在垓下被围，被迫在乌江自刎，刘邦成功夺取天下。

比较一下楚、汉双方的人员，可以发现，项羽身边的人多是族人和六国贵族残余，而刘邦阵营的多是屠夫、流民、小吏等下层百姓，而刘邦本人也不过是一个四十多岁还一无所有的下层官吏。可以说，相对于楚，汉政权是平民政权。楚汉相争，楚的失败使得先秦诸侯彻底退出历史舞台，血统贵族开始没落。

两 汉

公元前202年刘邦称皇帝，建立汉朝，史称西汉。

西汉初期，统治者吸取了秦朝灭亡的教训，采取安民措施以恢复国家力量。建国之初，刘邦沿用了许多秦朝的制度，但对一些地方进行了改革。这些措施使得国家实力很快得到恢复，社会得以向前发展。"文景之治"，休养生息，积累了大量财富。汉武帝时期，对内推行"推恩令"，进一步削弱诸侯的力量，禁止诸侯国自己制造钱币，改革了选择官僚的制度，提倡儒学，将制盐和制铁的事业收为国有；对外攻击匈奴，解决了匈奴的威胁，开辟了通往西域的丝绸之路。西汉晚期官吏腐败，加之天灾人祸以及皇室内部的混乱，所有这些为外戚王莽篡权提供了机会。

公元8年，王莽称帝，改国号为新，西汉灭亡，一共210年。

西汉时期牛耕和铁器的使用已经非常普遍。同时手工业也获得了巨大的发展。纺织业和瓷器制造业尤其发达。手工业和农业的进步带来了商业的繁荣，西汉国内外贸易非常发达，甚至通过丝绸之路西汉，与古罗马、印度等国家有间接的贸易关系。西汉文化对东亚和东南亚国家影响深刻，越南、朝鲜、日本等国家，都一定程度上受到西汉文化的熏陶。

新朝建立后不久，汉宗室刘秀在绿林军的协助下推翻了王莽所建立起的新朝，夺回帝位。刘秀建都洛阳，年号建武，重新恢复了由刘氏统治的汉朝，史家称为东汉。

公元220年，曹操次子曹丕逼迫汉献帝让位，东汉灭亡。

东汉·马踏飞燕

刘邦定都关中：平民帝王的传奇

汉二年二月初三（公元前202年2月28日），汉王刘邦即皇帝位，定都洛邑。5月，刘邦采纳张良等人的计策后，改都城为长安。此后，刘邦持续开展削平四方割据的工作，一直到公元前195年去世。谥号高皇帝，史称汉高祖。

汉高祖刘邦出身于农民家庭，青年时因不喜欢下地干活，经常受到父亲和兄长的责骂，但是他依然我行我素地在乡间胡混。在家乡的时候，刘邦做过一段时间的亭长，因为人慷慨和交游广泛，结识了如萧何、曹参、樊哙等豪杰，并成功地混入县令的朋友——吕公的宴会，引起吕公的注意，最后得以娶其女吕雉为妻。

公元前208年，大泽乡起义之后，刘邦也在家乡拉起了一支一千多人的队伍，占据了沛县附近的地方，并且受楚怀王之命西征入关灭秦。相传，在此期间，他和项羽结下深厚的友谊，约为"异姓兄弟"。

最后，刘邦靠着灭秦的功劳和过人的眼光，击败了项羽，成了平民帝王。有一次，他在冬至日的酒宴上对父亲夸耀说："我年轻时你总说我好吃懒做，没有二哥的产业

大事件	年号	帝王	公元前 单位：年
汉王刘邦即帝位，是为汉高祖，定都洛阳。不久，迁都长安。	五年	高祖	202
楚王韩信被捕，降为淮阴侯。	六年		201
韩王信降匈奴，匈奴南下晋阳。			
叔孙通为高祖制定朝仪。			
韩王信逃入匈奴。	七年		200
刘邦亲率大军攻打匈奴，反被匈奴围困于白登。			
匈奴侵扰北方，刘邦采用刘敬的和亲建议。	八年		199

公元前 单位：年	帝王	年号	大事件
198	高祖	九年	以萧何为相国。
196		十一年	陈豨造反，自立为代王。高祖破陈豨。
			吕后、萧何以谋反罪，杀韩信。高祖杀彭越。封赵佗为南越王。
195		十二年	高祖卒，太子刘盈即位，是为汉惠帝，吕后掌政。
194	惠帝	元年	高祖曾拟立戚夫人子如意为太子，吕后怀恨，毒杀赵王如意，残害戚夫人为"人彘"。

多，那么现在和他比，谁的产业大啊？"

即便身为皇帝，刘邦依然脱不去平民本色。

成也萧何，败也萧何：汉初三杰的不同命运结局

在汉建立的过程中，萧何、张良、韩信三人功劳最大，史称"汉初三杰"。

萧何是刘邦的同乡，原是县中的狱吏，在刘邦起事初就开始追随刘邦，主管政务工作。汉建立后，因为他举族追随刘邦，治理关中，输送粮草和新的士兵，在楚汉相争中获胜，论功劳第一，担任丞相，封为酂侯。刘邦在建国后清除异己时，曾有人对萧何说，你大祸临头了，还这么兢兢业业，名声太好是不能让皇帝心安的。于是萧何故意贪污，欺压百姓，这种"自污"的做法让刘邦很高兴，而萧何也得以寿终正寝。

张良本是韩国贵族，韩灭亡后，他一直寻找机会为韩报仇。秦末群雄割据浪潮中，张良虽然名义上辅佐韩王，但是实际上一心帮助刘邦，多次为刘邦出谋划策，纵横捭阖，汉建立后，张良因为功劳大而被封为留侯。

不过，张良本身是道家出身，因此汉建立后立即飘然隐退，得以善终。

韩信是淮阴人，少时家境窘迫，以乞讨为生，一直不得志。后来受到萧何的赏识，并在萧何的极力推荐下，被刘邦拜为大将军，率领少数兵卒攻略东方，从此开始他战无不胜的人生。楚汉相争最激烈的时候，韩信自立为齐王，但依然听从刘邦的号令，最终指挥五十万士兵打败项羽。汉建立后，韩信被封为楚王，但是实际上他兵精粮足，成为新兴的地方割据势力。高祖六年（公元前201年），韩信中计被擒，降为淮阴侯，领地和部队被剥夺。第二年，在萧何的计策下，军神韩信被宫女用竹枪捅死在未央宫。

汉初三杰的结局，代表了以后两千多年封建社会功臣的三种选择：自污求生、功成身退、震主被杀。

吕后专权和吕氏族灭：皇权下的外戚执政

高祖十二年(公元前195年)，皇帝驾崩，太子刘盈即位，是为汉孝惠帝，吕雉被尊为皇太后，掌握了朝

大事件	年号	帝王	公元前 单位：年
萧何卒，曹参继为相国。曹参任相国后，谨遵以前的制度，史称"萧规曹随"。	二年	惠帝	193
匈奴冒顿致书羞辱吕后，吕后忍辱，再度与其和亲。	三年		192
任用王陵为右丞相，陈平任左丞相。	六年		189
惠帝卒，吕后立养子刘恭为少帝，临朝称制。	七年		188
王陵因为反对封吕氏为王，遭罢黜。	元年	高后吕雉	187

公元前 单位：年	帝王	年号	大事件
184	高后 吕雉	四年	吕后杀少帝，立常山王刘义。
180		八年	吕后卒，周勃、陈平等尽杀诸吕。 大臣迎立代王刘恒为帝，是为汉文帝。
179	文帝	前元元年	陆贾出使南越，赵佗称臣。
157		后元七年	文帝卒，太子刘启即位，是为景帝。文帝临终嘱太子："即有缓急，周亚夫真可任将兵。"

政大权。

公元前188年，孝惠帝去世，吕后彻底掌握权力，先后拥立了两位少帝，自己临朝称制。吕后元年（公元前187年），吕后公开违背刘邦与群臣的誓约"非刘氏而王者，天下共击之"，分封吕产、吕禄等为王，彻底排挤功臣和刘氏宗族。

吕后八年（公元前180年），吕后病逝，吕姓诸侯王试图武力夺取天下，而齐王等刘姓王则公开发起反抗。太尉周勃和陈平等人合谋，周勃骗取了吕产的印信，奔入南军中，高喊"为刘氏者左袒"，士兵一下子哗变，倒向刘氏。大臣随即与各诸侯王合作，杀尽吕氏，并拥立刘邦之子代王刘恒为帝，是为汉文帝，皇权重新回到刘氏手中。

不过，皇权对外戚的胜利是暂时的，因为并没有从制度上限制外戚的权力，而皇帝在失去足够判断力的时候，肯定更容易相信自己的母族而不是大臣，以至于汉朝的历史，大部分的时间都由外戚把握着。

文景之治：王朝初期的休养生息

西汉初年，民生凋敝，人口大量减少，就连皇帝出行，都凑不出六匹颜色一样的马来。汉建立后，采用黄老学说中无为而治的做法，与民休息。

汉初的休养生息政策主要有以下几点：重农轻商，大力鼓励农业发展；编户齐民，鼓励各种生产，扩大税收基础；从上而下，厉行节约，禁止浪费；轻徭薄赋，减轻人民负担；对外采取守势，停止战争和扩张行为。

其中，最重要的措施就是减免赋税。文帝二年（公元前178年）和十二年（公元前168年），刘恒先后两次下旨"除田租税之半"，将地租率降为三十税一。文帝十三年（公元前167年），还彻底免除当年田租。

经过文帝、景帝先后41年的无为而治，西汉迎来了早期的盛世。此时，人民负担轻，国家财政充裕，"太仓有不食之粟，都内有朽贯之钱"。

汉初的休养生息政策，是经济发展的需要。经过半个多世纪的发展，此时汉的实力已经远超匈奴，对匈奴的战争也逐渐成为主旋律，与民休息的政策开始改变了。

大事件	年号	帝王	公元前 单位：年
晁错建议削藩，吴、楚等七国以"诛晁错，清君侧"为名，举兵叛乱，史称"七国之乱"。	前元三年	景帝	154
景帝杀晁错，派遣太尉周亚夫率兵平定叛乱，吴王刘濞被杀。			
罗马与迦太基展开第三次"布匿战争"，至公元前146年结束，结果罗马全胜，迦太基亡。	中元元年		149
景帝卒，太子刘彻即位，是为武帝。	后元三年		141
武帝使用"建元"年号，是首位采用年号的皇帝。	建元元年	武帝	140

公元前 单位：年	帝王	年号	大事件
140	武帝	建元元年	诏举"贤良方正、直言极谏"之士。
			窦婴等"隆推儒术，贬道家言"。
139		建元二年	窦太后不喜儒术。窦婴、田蚡被免官，赵绾、王臧下狱自杀。
138		建元三年	闽越国受东瓯入侵，向汉廷求救，汉派遣严助救援。
			张骞首次出使西域，欲招大月氏，中途被匈奴扣留。

七国之乱和推恩令：统一与分裂、郡县制和分封制的斗争

最初，汉名义上统一了全国，可是境内分布着韩信、英布等大大小小的割据诸侯势力。此后刘邦致力于削平诸侯，但是因为目睹秦王朝不分封诸侯最后二世而亡（当时人们认为这是秦灭亡的重要原因），刘邦又重新在全国各地分封自己的同族为王。

在汉初无为而治的国策指导下，失去了中央约束的地方分裂势力日益膨胀，有识之士纷纷提出各种办法企图对此加以抑制，其中以晁错的削藩政策最为激烈。汉景帝三年（公元前154年），害怕被削藩的吴王刘濞等七国诸侯王以"诛晁错，清君侧"的名义发动叛乱。汉景帝慌忙杀死晁错以平诸侯之怒，希望叛军收兵，但是他的这一举动反而让吴王认为中央政权软弱，从而气焰大涨。

经过长达3个月的艰苦战斗，中央政权最终赢得了胜利，吴王刘濞等先后被杀。战乱虽被平息，但是中央统一和地方分裂势力之间的矛盾不可调和，如何维护国家统一，成了当时社会精英们所苦苦求索的问题。

汉武帝登基后，采取文帝时期的大政治家、大文学家贾谊在《治安策》中建议的办法，颁布推恩令：每个诸侯国的继承者都获得相同的继承权。此后，诸侯国越分越小，郡县制则最终成为主流。

不过，分封制并没有退出历史舞台，历朝历代都会分封诸侯王，而因为分封而引起的叛乱也层出不穷。

建元元年：年号纪元的开始

在汉武帝之前，所有的帝王都没有年号，各国的纪元大部分是以一、二、三……来计数，比如始皇十年、鲁桓公三年。"建元元年"，是用年号纪元这一方式来记载历史的开始。

公元前140年，汉武帝刘彻刚即位，钦天监官员上奏，皇帝即位就是"新时代"的开始，应当采用"天瑞"，不能用一、二这种数字来计算。汉武帝当时没有采纳这个建议，六年后（公元前135年），汉武帝狩猎捕获一只"白麟"（可能是得了白化病的麋鹿），大臣都来庆贺这个天瑞，于是汉武帝下诏改公元前134年为元光元

大事件	年号	帝王	公元前 单位：年
窦太后卒。武帝以田蚡为丞相，排斥黄老、刑名等百家言论。	建元六年	武帝	135
闽越击南越，汉派王恢等攻闽越，最后平定闽越。			
董仲舒上"天人三策"，建议独尊儒术。	元光元年		134
罗马平民官格拉古兄弟进行改革，后在政治斗争中被杀。	元光二年		133
武帝命卫青等四位将军分道出击匈奴。李广兵败，而卫青获胜。	元光六年		129

公元前 单位：年	帝王	年号	大事件
127	武帝	元朔二年	颁布推恩令，藩国势力日益削弱。匈奴入寇，派遣卫青、李息领兵出击，取河南地（黄河河套一带），设置朔方、五原郡。
126		元朔三年	张骞首次出使西域后归国。
124		元朔五年	公孙弘建议为博士官设置五十名弟子员。
123		元朔六年	大将军卫青出定襄郡（内蒙古和林格尔）击匈奴。

年，并追认公元前140年为建元元年。

从此，中国历史进入皇帝年号纪元时代，每一任新皇登基都会改元，而且在明代以前，皇帝可以用多个年号，比如汉武帝就有11个年号。到明清时，皇帝则一生只用一个年号，比如崇祯、乾隆就是年号。这种做法一直延续到清朝灭亡。

年号纪元虽然表面上看来是一个改名的小问题，但是这也说明，历史进入了君权时代，我国封建社会秩序最终得以确立。

匈奴族的兴盛及与汉的对抗

匈奴本来是北方游牧民族的一支，在公元前3世纪末期完成了向奴隶社会的转变，并且击败了强大的西方游牧民族大月氏，统一了草原。匈奴族所建立的帝国在公元前209年、公元前128年，及冒顿、老上、军臣三位单于在位期间，势力曾一度发展到顶峰。他们依靠着强大的骑兵不断袭扰中原王朝的北部边境，给中原百姓的生活带来了巨大的灾难。

公元前201年，韩信（和淮阴侯韩信同名的诸侯王）向匈奴投降，并引导匈奴攻入汉地。第二年，汉高祖刘邦亲自率领32万历经百战的老兵进行反击，征讨匈奴。但因实力不足，最后被40万匈奴骑兵围困在白登山（今山西大同附近）而不能脱身。当时汉军缺少粮食，士兵不习惯北方的寒冷，情势十分危急。

突围失败后，刘邦不得已采用计策贿赂冒顿身边的人，骗匈奴军放开一个缺口，趁机逃脱。之后，汉朝对匈奴实行"和亲政策"，把汉室宗女嫁给匈奴单于，并赠送大量财物，开放边境市场，允许贸易，以图换取和平。

卫青、霍去病出击匈奴：不屈的强汉梦

汉武帝时，实力强大的汉朝迫切希望展开对匈奴的战争，名将卫青、霍去病此时登上舞台。

卫青本是私生子，少年时为人牧马，后来因为姐姐卫子夫被汉武帝看中，他也由此而成了汉武帝的亲信。元光六年（公元前129年），匈奴在秋季兴兵南下。汉武帝大胆地任命卫青为车骑将军，率军迎击匈奴，汉朝反击匈奴

大事件	年号	帝王	公元前 单位：年
霍去病功封冠军侯；张骞封博望侯。	元朔六年	武帝	123
张骞派使者访身毒国（印度），使者到达滇国。	元狩元年		122
骠骑将军霍去病出击匈奴，至祁连山，大胜。	元狩二年		121
匈奴昆邪王杀休屠王，率众降汉。			
设置武威、酒泉郡。			
实行盐铁专卖。卫青、霍去病出击匈奴。	元狩四年		119

公元前 单位：年	帝王	年号	大事件
119	武帝	元狩四年	卫青破单于兵；霍去病出代、右北平郡二千余里，封狼居胥山。
			张骞奉旨出使乌孙（伊犁河流域），为第二次出使西域。
118		元狩五年	行五铢钱。
115		元鼎二年	张骞第二次出使归来，"丝绸之路"开通。
112		元鼎五年	南越相吕嘉发动政变，杀南越王、太后与汉使。

的战争大幕拉开。元狩四年（公元前119年），卫青西出定襄郡，漠北战役爆发，最后卫青以少胜多，击败匈奴主力，迫使匈奴西迁，彻底清除了汉边境的北部威胁。

霍去病是卫青的外甥，从小就表现出非凡的军事才能。从元朔六年（公元前123年）17岁随卫青出塞作战开始，到元狩六年（公元前117年）23岁英年早逝，霍去病每次都是率领少量精兵，长驱直入。他虽然因为出身富贵而不能像卫青那样和士兵同甘共苦，但是以作战勇猛、战无不克、以少胜多而深受士兵崇拜。霍去病曾经推辞汉武帝安排的婚约，说："匈奴未灭，何以家为？"

大将军卫青和冠军侯霍去病开启的汉朝对匈奴大反击，彰显了汉朝的赫赫声威，让当时的草原民族闻风丧胆。对于这种强悍作风，东汉名将陈汤总结为"犯强汉者，虽远必诛"，即使到了东汉末期，依然是保持着对草原势力的威慑，所以，史书上有"汉以强亡"之说。

"罢黜百家，独尊儒术"：统治者的另一种思想钳制开始

汉武帝时期，经过半个多世纪的休养生息，汉朝高度集中的专制制度在政治和经济上得到了进一步的发展，而汉初遗留下来的弊病也日益明显（比如藩国割据）。汉初的清静无为学说，已经不符合时代的需求了，而儒学的仁义思想和君臣伦理观念，则日渐进入了汉武帝的视野。

汉武帝刚登基时就有重用儒生的试验，但是被窦太后阻拦了。公元前134年，彻底掌握大权的武帝下诏全国各地的"贤良方材文学"之士到长安觐见。大儒董仲舒上书认为，百家之言各不相同，造成了统治思想的混乱，不适合"大一统"局面需要，更使百姓无所适从，应该将"诸不在六艺之科、孔子之术者"，悉数罢黜，提出罢黜百家。

董仲舒还提出"天人感应"学说。他认为皇帝是上天在人间的代言人，其所作所为会引起上天的变化。这一思想，表面上是儒学对君权的限制（胡作非为会引来惩罚），但是实际上为君权至高无上提供了理论依据。因

大事件	年号	帝王	公元前 单位：年
武帝派遣路博德、杨仆等兵分五路出击南越。	元鼎五年	武帝	112
从武威、酒泉两郡划出张掖、敦煌郡，为"河西四郡"。			
南越降，至番禺（广州），俘吕嘉等，置南海等九郡。	元鼎六年		111
东越王馀善反叛。			
东越人杀馀善降汉，武帝下令迁徙人民至江淮一带。	元封元年		110
朝鲜王卫右渠攻杀辽东都尉，武帝招募天下的罪人充军，派遣杨仆、荀彘进攻朝鲜。	元封二年		109

公元前 单位：年	帝王	年号	大事件
108	武帝	元封三年	朝鲜人杀卫右渠后降汉，设置乐浪、临屯、玄菟、真番等四郡。
102		太初三年	李广利率兵（包括有罪者、亡命者、被释囚徒、恶少年等）出击大宛，大宛人杀死其王毋寡降汉。
100		天汉元年	苏武出使匈奴被扣留。

而，也迎合了汉武帝加强中央集权和君权的需要。

汉武帝统一思想的做法增强了民族的凝聚力，儒学正统地位的确立，保证了即使国家灭亡，文明（道统）也不会断绝。但是，这一做法也彻底结束了百家争鸣的局面，思想自由受到限制，任何不同于儒学的观点要么在夹缝中生存（比如道家学说），要么消失（比如墨家学说），要么假借儒学外衣存世（董仲舒的儒学，以及后来的道学、心学，某种程度上属于这一类），要么被视为异端受到打击（比如明末的李贽）。

司马迁写《史记》：史家之绝唱，无韵之离骚

汉武帝时期，我国史学巨著《史记》完成。

司马迁家族世代都担任着太史令一职。司马迁刻苦学习，知识渊博，青年时代便已走遍中原、西南各地。公元前108年，司马迁接替父亲成为太史令。太初元年（公元前104年），已经积累了将近20年素材的他开始动手编写《史记》（原名《太史公书》）。天汉二年（公元前99年），司马迁为投降匈奴的将军李陵辩护，惹得汉武帝暴

怒，被判处以腐刑（阉割）。怀着"人固有一死，或重于泰山，或轻于鸿毛"的念头，司马迁忍辱发愤，一门心思写作《史记》。汉武帝征和二年（公元前91年），《史记》完成，而司马迁则在第二年去世（此说不确定）。

《史记》是中国第一部纪传体通史，共记载了从传说中的黄帝时代到元狩元年（公元前122年）长达3 000多年间的历史，全书共130篇，526 500多字，如果按照一根竹简写15字计算，那么整部《史记》的成书重量超过2 500斤，这在当时是不可想象的鸿篇巨著。

司马迁记述历史文情并茂，立场公允，且事件翔实，人物栩栩如生。这部巨著既是历史大作，也是文学名著，被鲁迅赞为"史家之绝唱，无韵之离骚"。

张骞"凿空"西域：流淌财富的丝绸之路

建元元年（公元前140年），汉武帝想要联合匈奴之前的草原霸主大月氏共同出击匈奴，张骞应募担任使者，率领一百多人的使团西行。建元二年（公元前139年），

大事件	年号	帝王	公元前 单位：年
贰师将军李广利击匈奴右贤王，败还。太史令司马迁为李陵辩护，被处以腐刑。	天汉二年	武帝	99
榷酒酤（禁止民间酿酒，由政府官酿且专卖）。	天汉三年		98
丞相公孙贺逮捕阳陵大侠朱安世。	征和元年		92
朱安世上书挖告公孙敬声与阳石公主私通并诅咒皇帝，巫蛊案起。			
武帝命江充办理巫蛊狱一案，被冤杀者数万人。	征和二年		91
江充诬陷太子刘据诅咒武帝。			

公元前 单位：年	帝王	年号	大事件
91	武帝	征和二年	太子发兵诛杀江充，丞相刘屈氂发兵击太子，太子兵败自杀。
90		征和三年	匈奴入五原、酒泉。汉武帝遣李广利等人分道出击。 李广利兵败降匈奴。 巫蛊案多为虚构，真相渐白，武帝知太子蒙冤，灭江充三族。
89		征和四年	武帝下《轮台罪己诏》。

张骞刚走出汉实际控制的陇西，就被匈奴扣留。张骞被匈奴扣留了十多年，甚至在单于的命令下娶妻生子，但是他依然保持汉节，一心逃离。

后来张骞逃到大宛地区，经过康居，抵达大月氏西迁后的聚居地，并继续西行到大夏地区。不过此时，西域各国在匈奴的压迫下势力弱小，大月氏也早就放弃了和匈奴一争长短的雄心。一年多后，张骞改道从天山南麓返回汉朝，但再度被匈奴俘获，又被扣留了一年多。元朔三年（公元前126），匈奴发生内乱，张骞乘机逃回汉朝，此时他的使团只剩下了13人。

回到汉朝后，张骞因功被封为博望侯，并且在元狩四年（公元前119年），再次出使西域。此时，汉对匈奴的优势已经很明显，因此张骞顺利地抵达西域，传达了中原王朝的善意，为西域各族和中原人民的友好往来做出了贡献。

张骞对西域的出使，开启了繁华无比的传奇商路——丝绸之路，也为中西方文学艺术交流提供了通道。

巫盗之祸：最可怕的宫廷阴谋

汉武帝晚期，连年战争削弱了国家力量，政局开始动乱起来。

征和二年（公元前91年），汉武帝在午睡的时候，忽然梦见几千个手持木棒的小人朝他打来。他受惊吓醒来后记忆力大减，便认为这是有人在诅咒他，于是便立即派近臣江充去追查此事。

江充趁此时机兴风作浪，率领胡人巫师到四处掘地寻找木头人，严刑逼问相关人等，百姓、官吏纷纷相互指供，前后牵连三万多人。最后，事情牵连到卫皇后（此时大将军卫青已经去世）和太子刘据身上。太子刘据被诬陷无法辩白后，不得已兴兵杀死江充，但是在汉武帝的反击之下，刘据很快失败被杀，卫皇后也含冤自杀。

事情平息后，汉武帝终于醒悟，为太子平反，修建了一座思子台，但是这个阴谋酿成的悲剧却让汉朝的危机加重了。不得已，征和四年（公元前89年），汉武帝下《罪己诏》，承认自己一生的错误，以挽回民心。

大事件	年号	帝王	公元前 单位：年
武帝病重，立年仅8岁的弗陵为太子（母钩弋夫人被武帝赐死）。霍光、金日䃅、上官桀受诏辅政。	后元二年	武帝	87
武帝卒，弗陵即位，是为昭帝。			
诏有司问民疾苦，皆请罢盐、铁、酒榷、均输官。桑弘羊认为不可废，而有盐铁之议，桓宽集之为《盐铁论》。	始元六年	昭帝	81
斯巴达克领导奴隶起义。	元平元年		74

公元前 单位：年	帝王	年号	大事件
66	宣帝	地节四年	大司马霍禹等人阴谋废宣帝，事败，霍氏被族诛。
49		黄龙元年	宣帝卒，太子刘奭即位，是为元帝。
33	元帝	竟宁元年	呼韩邪单于朝汉，愿为汉婿，元帝把王嫱（字昭君）赐给他，单于封昭君为胡阏氏。
			元帝卒，太子刘骜即位，是为成帝。以舅父王凤为大司马等职辅政，外戚王氏得权由此开始。
27		河平二年	屋大维接受罗马元老院奉"奥古斯都"尊号。

巫蛊案的影响很大，是我国宫廷阴谋的"典型"案例：强势而又垂垂老矣的皇帝、深得人心的太子、年老色衰的皇后、得志跋扈的小人……而且，这些宫廷之乱有着相似的结果：大量官员被清洗，继任的皇帝年幼或懦弱，百姓受到迫害，国家走向衰落。

昭君和亲：中原王朝的"悲剧"

汉武帝后，汉朝的实力开始下降，而草原上的匈奴则渐渐恢复。汉朝不再对匈奴保有绝对的优势，因此，汉王朝急需寻求对北方民族的另外一种政策。

元帝竟宁元年（公元前33年），第三次朝觐的呼韩邪单于提出希望娶汉室公主为妻子，结为翁婿之好。汉元帝于是把宫女王嫱封为公主，并嫁给呼韩邪单于。王嫱，字昭君。她自幼入选为宫女，听说汉廷选拔宫女下嫁匈奴，便主动应召，表示愿意远嫁匈奴。王昭君美丽大方，知书达理，所以深受呼韩邪单于的宠爱，后来又遵照匈奴的习惯，嫁给了呼韩邪单于的大儿子为妻。昭君和亲后，匈奴和汉朝维持了长达四十多年的和平，为汉和匈奴的和平交往，以及双方人民生活的安定做出了巨大的贡献。

和亲政策历来褒贬不一，赞成者认为维护了和平，而反对者认为是外交的屈辱，再加上中原民众对少数民族生活习惯的不了解，所以文学家总是对此加以悲惨的想象，而王昭君则成为这一类悲剧文学的主人公。

王莽篡汉：外戚专权的必然结果

巫蛊案爆发后四年，武帝刘彻没有等到新继承人就去世了。继位的汉昭帝年幼，汉武帝以霍光（霍去病的弟弟）为辅政大臣，从此汉朝开始长达二十多年的霍光秉政的历史。汉宣帝在霍光死后重用宦官，使得朝堂上形成了儒臣、宦官、外戚三方势力角逐的场面。后来势力平衡局面被打破，外戚把持了朝廷大权。

王莽是汉成帝之母王政君的侄子，年轻时为人谦恭，生活简朴，喜欢和读书人交往，因此声名远播，非常受叔伯辈喜爱，而且甚得世人好评。绥和二年（公元前7年），汉成帝驾崩，汉哀帝登基，王氏家族被迫让位给汉哀帝的母族，王莽隐居新野。此时他的儿子杀死家奴，王

大事件	年号	帝王	公元前 单位：年
成帝封王氏五侯。	河平二年	元帝	27
成帝宠赵飞燕，废许后。	鸿嘉三年	成帝	18
封王太后的侄子王莽为新都侯，王莽当时30岁。	永始元年		16
立赵飞燕为皇后。			
成帝卒，太子刘欣即位，是为哀帝。	绥和二年		7
耶稣诞生（现在的《圣经》学家认定）。	建平三年	哀帝	4
哀帝卒，中山王刘衎即位，是为平帝。太皇太后王政君临朝听政。	元寿二年		1

公元 单位：年	帝王	年号	大事件
1	哀帝	元寿二年	王莽为大司马，兼任尚书职务，执掌大权。
2	平帝	元始二年	郡国大旱，发生蝗灾，王莽上书愿献钱百万、田三十顷，捐助给贫民。公卿仿效。
5		元始五年	王莽加九锡。王莽毒死汉平帝。
6	孺子婴（王莽摄政）	居摄元年	立宣帝玄孙刘婴为太子，号孺子，年仅二岁。太皇太后命王莽代天子管理朝政，称"假皇帝"或"摄皇帝"。

莽铁面无私，逼迫其子自杀，为家奴偿命，这种做法让王莽获得了更高的声望。

第二年，汉哀帝去世，汉平帝登基，王氏重新掌权，王莽担任大司马。元始三年（公元3年），王莽将自己的女儿嫁给了汉平帝，势力更加强大，一手把持了汉朝的大权。公元6年，王莽渐渐感到长大的平帝对自己不满，便毒杀了平帝，改立两岁的孺子婴为皇帝，自己代行天子职位，成为"假皇帝"。

初始元年（公元8年），王莽扫除了一切反对势力后，谄媚小人趁机献上各种祥瑞，太皇太后被迫交出玉玺。王莽接受年仅4岁的孺子婴禅让，登上帝位，建国号为新，改长安为常安，第二年就是建始元年（公元9年）。

王莽改制与新朝崩溃：不当改革的失败收场

西汉末年，政治黑暗腐败，贵族穷奢极欲，地方官贪婪搜刮；豪强地主经过百年兼并，实际控制了地方，普通百姓生活困苦，经济凋敝；边境上乌桓、鲜卑等少数民族兴起，羌族始终威胁着西汉都城。

王莽一登基，就开始改革，主要的措施有：将天下的田地改名为"王田"，恢复西周时期的井田制；奴婢改名称为"私属"，不允许买卖；改革币制，废除五铢钱，将盐、铁、铸钱及山林川泽等全部收归国有；改革官制和官员职位名称；改革对四方少数民族的称谓。

王莽改制的指导思想是恢复上古礼制社会，实现政通人和。很显然，随着时代的发展，西周的制度早就不切实际，而且王莽的改革政策多数只是集中在名称上，而且在推行时没有得到很好地执行，法令经常变动，手段激烈，所以让百姓、官吏、豪强都无所适从。比如经济上，为了挽救经济危机，王莽发行各种新货币，最后发行大面额的钱币，命名为"错"。这种做法实际上是在掠夺百姓财产，所以有人写文讽刺说："聚九州之铁，难铸此错。"

王莽改制失败，全国爆发了绿林、赤眉大起义，地方豪强乘机起兵。地皇四年（公元23年），绿林军攻入长安，王莽在率领百官向神灵哭死起义军的做法失败后，被乱军杀死。

大事件	年号	帝王	公元 单位：年
改货币，错刀、契刀、大钱与五铢钱并行。	居摄二年	孺子婴（王莽摄政）	7
西汉被外戚王莽篡权，改国号为新。	居摄三年		8
废孺子婴，封为定安公。	始建国元年	新帝（王莽）	9
王莽开始大规模改革，主要集中在名义更改上。			
设五均六筦。第三次改革货币，总称"宝货"（金、银、龟、贝、钱、布）。	始建国二年		10
以洛阳为东都，长安为西都。	始建国四年		12
废除王田私属制。			

公元 单位：年	帝王	年号	大事件
17	新帝（王莽）	天凤四年	绿林起义爆发。
21		地皇二年	荆州牧发兵攻绿林兵，大败。
22	王莽	地皇三年	樊崇等用红色涂眉以为区别，而有"赤眉军"称号。
			绿林军因疾疫分路活动。
23	更始帝（刘玄）	更始元年	新市、平林等起义军拥立汉宗室刘玄为皇帝，号更始。
			刘秀、王匡在昆阳（河南叶县）大破王莽军。
			长安城被汉军攻破，王莽被杀，新朝宣告灭亡。

赤眉绿林大起义：底层人民反抗的威力

王莽的改革让政治更加混乱，再加上天灾不断，百姓无法忍受，纷纷揭竿起义。其中规模最大的，就是绿林军和赤眉军两支起义队伍。

天凤四年（公元17年），南方荆州一带（现在湖北及周边地区）发生饥荒，百姓被迫流亡在大山沼泽中挖野菜为生。此时王匡、王凤兄弟因为经常平息百姓争夺野菜的纷争而深得饥民信任，被推为首领。王氏兄弟带领几百人起义后，队伍迅速扩大，几个月之内就发展到几千人，并占据了湖北绿林地区。后来，绿林起义军在大败两万官军后扩大到五万多人。

天凤五年（公元18年）樊崇带领一百多人在莒县起义，以泰山为根据地，转战黄河南北，受到各地的饥民欢迎，并多次大败新朝的地方守卫势力。地皇三年（公元22年），新朝太师王匡（此王匡与上述绿林军头领并非同一人）等带领十万大军从长安出发，前往剿灭樊崇势力，双方在今山东平西地区发生激战，最后官军因为轻敌冒进，被打得大败。因当时起义军将士都把眉毛染红，因此这支队伍被称为"赤眉军"。

绿林、赤眉大起义彻底动摇了新朝的根基，击溃了新朝的军事主力，极大地动摇了新王朝的统治根基。

南阳刘秀起兵：汉王室地方势力的反扑

王莽政权失去对地方的控制后，各地群雄并起，其中不乏代表着汉王室地方势力的人物，最有代表性的是刘秀。

刘秀是汉高祖的九世孙，不过此时刘邦的子孙已经有十多万人，而且刘秀这一支族人世代生活在南阳，地位不高。刘秀则完全是一个庄稼汉，有时做点为人牧牛的"兼职"，不过他胸怀大志，深藏不露。

地皇三年（公元22年），刘秀随兄长刘縯在南阳起兵，不久加入了下江、平陵等起义军。地皇四年（公元23年），刘秀所在的这支军队拥立刘玄为皇帝，建立更始政权，刘秀因功受封为偏将军，刘縯则担任大司马的高职。

更始政权建立后，王莽大为震惊，集合42万大军（号称百万大军），直接攻打刘秀戍守的昆阳。结果昆阳一

大事件	年号	帝王	公元 单位：年
刘玄至洛阳迁都长安，封诸侯十余人为王。	更始二年	更始帝（刘玄）	24
刘秀收降铜马等部族。			
赤眉军大破更始丞相李松的军队。	更始三年	更始帝	25
汉朝宗室刘秀即位为帝，是为东汉光武帝，定都洛阳，史称"光武中兴"。	建武元年	光武帝	25
赤眉军为刘秀的部将所破。	建武二年		26

公元 单位：年	帝王	年号	大事件
29	光武帝	建武五年	秦丰降汉，之后被杀，守黎丘拒汉将近二年。
30		建武六年	恢复西汉田租三十税一制。
35		建武十一年	诏令不得虐待奴婢。之后又多次下令释放奴婢。
37		建武十三年	全国平定，受封功臣365人，但多封赏而不用。
39		建武十五年	诏令州郡度田。

战，刘秀以少胜多，几千人大败王莽军。刘秀一战成名，为日后夺取政权奠定了基础。

此后，新朝末年的动乱由反对暴政的起义进入群雄割据的阶段。

光武中兴：中国重新归为统一

昆阳大捷后，刘秀兄弟威名远扬，却被更始政权所嫉恨，不久精明强干又位高权重的刘縯被杀，刘秀则被迫韬光养晦。

更始元年（公元23年），刘秀再度以破虏将军的身份掌管大司马职权，奉命去平定北方。刘秀"持节北渡河"的时候，身份虽然很高，但是身边仅有几千士兵，而当时河北的王朗、西北的窦融、蜀中的公孙述等人都坐拥雄兵几万，其他铜马军、赤眉军的数目则多达几十万。

刘秀重用邓禹、耿弇等人，经过艰苦的斗争才平定河北，著名的王莽撵刘秀的民间故事，原型就是刘秀在河北时被王朗四处追杀。更始三年（公元25年）六月，已经在河北地区站稳脚跟的刘秀在将领的拥戴下，在河北鄗城的千秋亭上宣告即皇帝位,国号沿用汉,史称后汉、东汉,改元建武。刘秀是为光武帝。

建武元年十月,刘秀迁都洛阳,随即开展削平四方割据势力的工作。他先击败长安附近的三十万赤眉军,然后平定关东,降服了割据今陕西、甘肃一带的窦融,最后大军入蜀,杀死公孙述,重新统一了中国,当时是为建武十二年。

察举制:士族把持地方的开始

汉光武帝建国后厚待功臣,这些大臣及其子孙则在地方兼并土地,建立地方庄园,成立独立王国。

除了对土地和人口的控制外,这些地方豪强还掌握国家对人才选拔的控制权,他们利用察举制,将自家的子弟送入社会上层,最后形成了很多延续多代,几万人的大家族,甚至形成了有几百人在政府中担任职务的大世家,东汉政权特别是地方控制权渐被世家把持。

汉代察举制度,最先开始于汉文帝时期,当时诏令地方官员"举贤良方正能直言极谏"者进京策对。公元前

大事件	年号	帝王	公元 单位:年
莎车王贤请设西域都护,汉赐印绶予贤,却又索还,改给大将军印绶。	建武十七年	光武帝	41
伏波将军马援破交趾军,岭南平定。	建武十八年		42
匈奴日逐王自立为南单于,遣使至汉称臣。南、北匈奴分裂。	建武二十四年		48
北匈奴求和亲,后又再求,光武帝赐以缯帛。	建武二十七年		51
倭奴国派遣使者来汉,光武帝赠"汉委奴国王"印,为中日国际往来之始。	中元二年		57

公元 单位：年	帝王	年号	大事件
57	光武帝	中元二年	光武帝卒，太子刘庄即位，是为明帝。
60	明帝	永平三年	明帝令画工在南宫云台画功臣二十八将画像，史称"云台二十八将"。
64		永平七年	明帝约在此年派遣蔡愔等人前往天竺（印度）求访佛学。 罗马皇帝尼禄在位期间，罗马城发生大火。一说为尼禄下令放火，但宣称为基督徒放火，对之实施迫害。

134年，汉武帝设立孝廉科。渐渐地，这种地方选拔、皇帝考核的制度确立起来。东汉初年，光武帝颁布"光禄四行"法令，将察举制度发展到人才选择的各个方面。

此时，地方选拔的人才很多，皇帝不可能一一过问，所以人才选择的权力逐渐被地方大家族掌握，世家大族往往相互推荐子弟，而寒门子弟则没有改变身份的机会。发展到后来，世家子弟一出生就确定会被当作"人才"推举，所以尸位素餐的人很多，以至于有人作诗讥讽说：选拔的孝廉，不和父亲住在一起；那些茂才（即秀才，避光武帝讳后改为茂才）连《尚书》都没读过；名义上品德高尚的人，实则行为龌龊；挂着名将称号的人，上战场后却和鸡一样怯懦。

天竺取经，白马寺传道：佛教传入中国

永平七年（公元64年）的一天晚上，汉明帝刘庄梦见一位金色的神仙，周围祥光环绕，轻盈地从西方飘来，降落在宫殿的台阶上。在第二天的朝会上，他把自己的美梦告诉各位大臣，让大臣为自己解梦，并询问这金色神人是何方神圣。太史令傅毅见闻广博，他说："西方天竺（印度）有金色得道的神，名字叫作佛，能够在虚幻中幻化，只有大德之人才能见到，陛下您梦见的大概是这位佛吧！"于是，满心欢喜的明帝派13位使者去西域求佛。

永平十年（公元67年），汉使者陪同两位来自印度的僧人迦叶摩腾和竺法兰回到洛阳，并带回一大批经书和佛像。汉明帝非常高兴，于是命人在洛阳建造了中国第一座佛教寺院——白马寺，作为两个印度僧人的住所，还组织其他饱学鸿儒之士共同翻译了佛经。

佛教虽然在东汉时期流行范围比较小，但是已经开始对中国的文化思想产生影响，到最后彻底成为中国文化不可分割的一部分。到今天，因果轮回学说、积德行善之报等已经是中国文化不可分割的一部分。

班超定西域：个人英雄主义的光辉一页

经过东汉初年的休养，汉朝的国力逐渐恢复起来，对外扩张重新被提上了议事日程，而在汉对外关系中，最光辉的一页就是班超定西域。

大事件	年号	帝王	公元 单位：年
蔡愔与天竺的两位僧侣回到洛阳，之后另建住所，称白马寺。	永平十年	明帝	67
犹太人反抗罗马统治，但遭到镇压；耶路撒冷的犹太圣殿也被摧毁，仅剩下"哭墙"。	永平十三年		70
明帝派兵击败北匈奴，窦固击败呼衍王。班超出使西域。	永平十六年		73
设置西域都护。	永平十七年		74
明帝卒，太子刘炟即位，是为章帝。	永平十八年		75
章帝召集儒者在白虎观议《五经》异同，并亲临裁决。班固奉命将结果编为《白虎通义》。	建初四年	章帝	79

公元 单位:年	帝王	年号	大事件
79	章帝	建初四年	维苏威火山爆发,埋没庞贝城。
88		章和二年	章帝卒,太子刘肇即位,是为和帝。
89	和帝	永元元年	和帝即位时年仅十岁,窦太后临朝,侍中窦宪执政。是为东汉外戚专权的开始。窦宪、耿秉与南匈奴大破北匈奴。
90		永元四年	和帝与宦官郑众定议,收窦宪大将军印绶,改封冠军侯,待其到封国后,迫其自杀。

班超字仲升,家境窘迫,所以30岁的班超不得不替官府抄写公文,做一名小吏(那时代吏的地位很低)来维持生计。班超每天奋力工作,但是依然不能让自己的家人生活得更好,所以他把笔一扔,叹息道:"大丈夫无它志略,犹当效傅介子、张骞立功异域,以取封侯,安能久事笔研间乎?"永平十六年(公元73年),班超作为副使被派往西域。

当时匈奴在汉的打击下,压力颇大,因此也急于寻求西域各国的帮助。当班超到达鄯善(西域大国,今罗布泊附近)后,匈奴的使者也到来了。感受到鄯善国内对自己使团态度的变化,班超当机立断,在诈问出匈奴使者的住处和人数后,班超当晚就率领自己的36名随从夜袭匈奴营地,将匈奴使团全部斩杀烧死。第二天,看到匈奴使者首级的鄯善王不得不投降汉朝。

班超再次出使西域,用各种手段威逼利诱西域各国,开始平定西域。一直到汉和帝永元六年(94年),班超在宴会上斩下了焉耆王的人头,才彻底平定西域,当时班超已经62岁了。

班超平定西域的做法,反映了汉朝在对外交往上的坚定和自信。班超出使西域加强了边疆与内地的沟通与交流，是中国历史上极为辉煌的一页。

窦宪勒石燕然山：汉出击匈奴造成的连锁反应

东汉时期，中原王朝开始强盛起来，于是便驱赶匈奴，最后匈奴人被迫西迁。在西迁的连锁反应下，匈奴人灭掉了罗马帝国。这一段狂飙猛进的历史，起点就是窦宪勒石燕然山。

永元元年（公元89年），国舅爷窦宪行事飞扬跋扈，派遣刺客杀了太后的宠臣，为了躲避惩罚，自己请求出塞北击匈奴以赎罪，而刚好这个时候南匈奴单于请求朝廷合力攻打北匈奴。于是窦宪就被升任为车骑将军，带领八千大汉北军（最精锐的中央军），会合南匈奴、乌桓、羌三族的胡人骑兵三万多出征。窦宪率领汉军深入沙漠一千五百多公里，和其他友军在涿邪山会师，大败北匈奴于稽落山，抵达和渠北醍海（今屠申海）地区，总共杀死一万三千多人，俘虏无数，北单于最终一个人逃脱。

汉军登上燕然山（今蒙古杭爱山）庆功，班固当时就

大事件	年号	帝王	公元单位：年
班超率领龟兹、鄯善等国军队，攻杀焉耆、尉梨二王。西域五十余国尽入东汉版图。	永元六年	和帝	94
罗马帝国进入"五贤帝"时期（至公元180年结束）。	永元八年		96
窦太后卒，追尊梁贵人为太后，梁氏始盛。	永元九年		97
西域都护定远侯班超派遣甘英出使大秦（罗马）、条支（伊拉克），到安息（伊朗），临大海（波斯湾）而返。			

110

公元 单位：年	帝王	年号	大事件
102	和帝	永元十四年	班超自西域返回洛阳，不久后过世。
			和帝封郑众为侯，宦官封侯始于此。
104		永元十六年	王充去世，曾著有《论衡》，反对谶纬之学。
105		元兴元年	和帝卒，立百日少子隆为太子，邓太后临朝。
			宦官蔡伦改进造纸术，造"蔡侯纸"。

写下《封燕然山铭》，里面高歌说："精锐的汉军啊远征北方，剿杀凶残的敌人啊直抵瀚海外，来到如此遥远的地方啊来确定地界，向上帝祷告啊建石碑记载，煌煌大汉的威名啊万古传扬。"

两年后，窦宪再次率领精兵五千人深入大漠，一场大战后，北匈奴单于逃得不知所踪。而后北匈奴不得不开始长达300年的西迁历史，最终到达黑海北岸，逼迫当地的原住居民西哥特人向西迁移到多瑙河上游地区，而居住在多瑙河的原住民汪达尔部落则被迫继续向西迁徙。西边是居住在荒原和丛林中的日耳曼人、高卢人等，他们被迫向南迁徙，并最终导致古罗马帝国的灭亡。

这些都是一桩刺杀案所引发的蝴蝶效应，如此看来，历史的精彩应该不亚于小说和传奇。

蔡侯纸：造纸术的突破，对文明的作用不可估量

东汉时期，科学技术得到了很大的发展，其中最具有代表性的就是蔡侯纸的出现。

元兴元年（公元105年），太监首领蔡伦在总结前人造纸经验的基础上，结合丝织品的工艺程序，开始用树皮、破渔网、破布、麻头等作为原料，在洛阳工坊里制造出了更合适书写的纸张。

这种新式的植物纤维纸，原料来源很广，造价低廉，而且不容易破碎，制造的时候对人工和时间的要求很低，所以逐渐地流行起来。因为蔡伦当时被封为龙亭侯，所以大家就把这种新纸称为"蔡侯纸"。

不过蔡伦本人品格卑劣，而且是一名宦官，汉安帝即位后，蔡伦被迫服毒自杀。其实，除了耳熟能详的蔡侯纸外，蔡伦还改进了纺织工艺，他督造的兵甲弓箭等在当时也全部是一流的名器。

蔡伦造纸术是书写材料史上的一次革命，它能让文化的记载和传播更加容易，贫苦的百姓也能接触文明。相比之下，此时的西方用的是昂贵厚重的羊皮纸，埃及人用的是易碎的莎草纸，这些都限制了他们文化的传播。

天文学家张衡：地动仪所代表的科学水平

张衡，字平子，我国著名的天文学家、数学家、发明

大事件	年号	帝王	公元 单位：年
殇帝卒，立清河王庆之子祜为帝，是为安帝。	延平元年	殇帝	106
邓太后任虞诩为武都太守。	元初二年	安帝	115
虞诩击退羌军，招回流亡在外的人。图拉真皇帝时代，罗马帝国领土扩张到最大。	元初四年		117
邓太后卒，安帝亲政。诸宦官与安帝乳母王圣及她的女儿伯荣乱政。	建光元年		121
安帝卒，阎后等立北乡侯刘懿为嗣，阎太后临朝。阎显为车骑将军，	延光四年	安帝	125

公元 单位：年	帝王	年号	大事件
125	安帝	延光四年	宦官孙程、王康、王国等逼李闰立济阴王刘保为帝，是为顺帝。
132	顺帝	阳嘉元年	太史令张衡制造地动仪，能准确测验地震。
144		建康元年	顺帝卒，太子刘炳即位，是为冲帝，年仅2岁。梁太后临朝。
145	冲帝	永嘉元年	冲帝卒，桓帝即位，年15岁，梁太后仍临朝听制。
150	桓帝	和平元年	桓帝始亲政；梁太后卒。

家。他一生对很多科学现象提出很多先进的见解，代表着我国汉代科学技术发展的最高水平。

张衡出身贫苦，但是从小聪明好学，在绘画、数学、文学、天文学方面都表现出非凡的才能，现在留下来的作品主要有《二京赋》、《灵宪》等。

张衡坚持浑天说，提出"天如鸡子，地若蛋黄"的浑天说。他认为宇宙是无限的，还指出月球本身并不能发光，并科学解释了月球成因，还对各大行星运动的快慢与地球远近距离之间的关系做了正确的论述。除了理论阐述外，张衡还是个大发明家，制作了世界上第一部能相对准确、直观反应星象变化的漏水转浑天仪。他还仿照历史记载制造了指南车，制造自动记录行驶里程的鼓车，而且还制造了飞行数里的大木鸟等。

其中，最具有代表性的是候风地动仪。地动仪形状像鼎，共有八个方位，每个方位上都有含着珠子的龙，龙嘴和下方的蟾蜍相对应。只要任何一个地方发生地震，代表该地方向的龙口中所含有的铜珠就会自动落入蟾蜍口中，告诉人们将会发生地震。这个仪器现在看来非常简陋，但是它曾经成功地测验了一次发生在几百里外的地震。

宦官、外戚卖官鬻爵：东汉末年的黑暗政治

章和二年（公元88年），年仅31岁的汉章帝刘炟驾崩，年仅10岁的和帝刘肇继位，窦太后垂帘听政，窦氏兄弟飞黄腾达，所接受的赏赐使得国库为之空虚。永元四年（公元92年），和帝依靠宦官郑众等一举铲除窦氏，宦官势力登上舞台。元兴元年（公元105年），27岁的汉和帝暴病而亡，邓太后掌握实权，立出生不满百日的婴儿为帝。不久殇帝病逝，邓太后又改立13岁的安帝继位。邓太后重用宦官，外戚势力与宦官结合，小皇帝彻底沦为傀儡，朝政更加腐败了。

外戚梁冀担任大将军，因为汉质帝说他跋扈，他就把汉质帝毒杀了。地方上缴的税赋要先进梁家挑选才能进入国家府库；他残暴贪婪，掠夺一千多人为奴隶，引起全国的公愤，到处流传"梁氏灭门驱驰"；最后梁冀被抄家，朝廷共获得三十多亿浮财，相当于汉半年的赋税。

建宁元年（公元168年），12岁的汉灵帝刘宏继位。不久外戚窦武等被太监杀死，朝政彻底被宦官把持。而汉灵帝自己也昏庸无能，在宦官的教唆下，明码标价，公开

大事件	年号	帝王	公元 单位：年
桓帝以梁冀有拥立之功，命朝臣商议给予殊礼。于是议定，允许梁冀入朝不趋，剑履上殿，赞拜不名。梁氏一族把持朝政，气焰熏天。	元嘉元年	桓帝	151
桓帝与宦官单超、唐衡等人定谋同盟，发兵围梁冀府第，收印绶。梁氏一门被诛，单超等五人同日封侯，世称"一日五侯"。	延熹二年		159
第一次党锢之祸爆发。杜密、李膺、陈蕃等遭贬。	延熹九年		166
桓帝卒，窦武等人立刘宏为嗣，是为灵帝。	延熹十年		167

公元 单位：年	帝王	年号	大事件
168	灵帝	建宁元年	刘宏即帝位，是为灵帝。
169		建宁二年	宦官大兴党狱，侯览、曹节等捕杀李膺、虞放、杜密等百余人。第二次党锢之祸爆发。
181		光和四年	鲜卑族的杰出首领檀石槐病逝，其子和连继位。从此后鲜卑各个部落开始确立世袭制，逐渐成长为一个强大的草原民族。

卖官鬻爵。

宦官、外戚轮流把持朝政，彻底把持东汉推入深渊。

两次"党锢之祸"：皇权对皇权基础的清洗

东汉晚期，以开明官僚和太学生为代表的地方势力，力求挽救统治危机，对宦官、外戚集团进行猛烈的抨击，形成清议党（志同道合的意思）。

清议党占据道德制高点，把持了舆论，品评各项政策和人物，这显然是当政者所不能接受的，因此受到宦官、外戚的疯狂打压。延熹九年（公元166年），宦官派人诬告李膺和太学生及各地郡国学生勾结为奸，并下令逮捕全国"党人"，捉拿李膺等两百多人，直到第二年才放回，但是这些人依然被圈禁，不能四处走动。建宁二年（公元169年），宦官再次下令逮捕"党人"，李膺、杜密等士大夫一百多人被杀死，还有六七百人受到牵连。

这两次政治迫害对象都是统治阶级的精英分子，遍布全国各地，代表着地方势力的利益，现在被宦官、外戚把持的皇权所打压。这一举措在建立绝对皇权威严的同时，也彻底孤立了皇权。

两次党锢之祸，忠臣（皇权的拥护者）被清洗，奸臣（宦官、外戚以及他们的门客）依然占据朝堂，孤臣（地方豪强）失去对汉朝廷的信心。至此，汉统治阶级已经分裂了。

黄巾起义（上）：借助宗教外衣的造反方法

东汉末年，政治腐败，各方豪强横行，官员横征暴敛，百姓的生活处于水深火热之中，民众最终再也无法忍受了。汉灵帝中平元年（公元184年），披着太平道外衣的黄巾起义爆发。

道家思想在西汉初年是国学，后来被儒学替代，但是依然在民间有广泛影响。到了东汉末年，开始逐渐形成原始的道教。此时，道教分为两支，一是流行在巴蜀、汉中地区的五斗米道，后来发展为张鲁割据势力；另一支是以《太平经》为理论基础的太平道，在整个中原河北地区流行。

灵帝时期，巨鹿人张角自称大贤良师，利用"符水"

大事件	年号	帝王	公元 单位：年
蔡邕等人刊刻熹平石经完成，确立了《诗》、《书》、《易》、《春秋》、《公羊传》、《仪礼》、《论语》七部经书的"教材"地位。	光和六年	灵帝	183
2月，张角领导的黄巾起义爆发。	中平元年		184
8月张角病死。			
12月，黄巾起义军主力被击溃。			

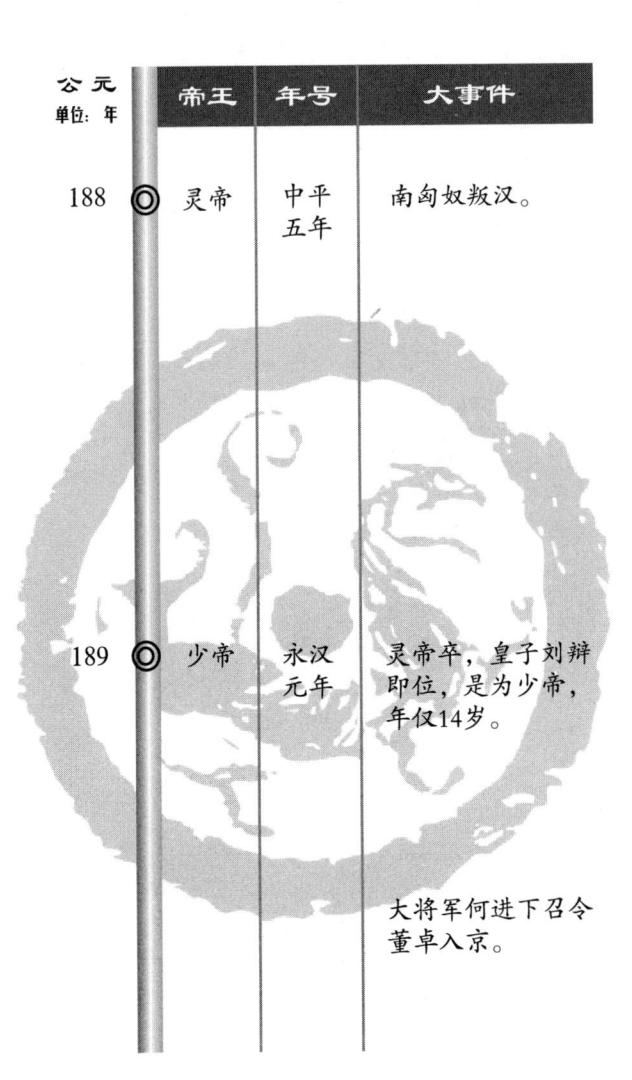

公元单位：年	帝王	年号	大事件
188	灵帝	中平五年	南匈奴叛汉。
189	少帝	永汉元年	灵帝卒，皇子刘辩即位，是为少帝，年仅14岁。大将军何进下召令董卓入京。

来救治百姓，宣扬《太平经》中的改造社会、平均财富的主张，逐渐聚集了几十万信徒。

经过张角十多年的努力，太平道在全国形成36方，大的方有几万人，小的也有几千人。虽然每个方都有统帅，但是全部奉张角为领导人，并以"苍天已死，黄天当道，岁在甲子，天下大吉"为口号，准备起义。二月，由于叛徒告密，起义提前爆发，起义者遍布中原河北，多达百万，席卷了大汉命脉所在地区。

黄巾起义（下）：乱世即将到来

黄巾起义爆发后，掌握实权的外戚大将军何进和宦官集团迅速达成一致，并派卢植、皇甫嵩等率领精锐的大汉北军出征平叛，同时下令各地方太守长官（地方豪强）自己组织团练武装，协助平叛。

黄巾军起义提前爆发，而且人员训练不足，根本不是大汉北军的对手，所以在初期的优势丧失后，很快被镇压：南阳黄巾军起义3个月后被反扑的宛城太守剿灭；波才领导的颍川黄巾被皇甫嵩、曹操所败；冀州黄巾军则在广宗大战中被官军打败，三万多精锐被杀，五万多人投河自杀，被官军俘获的老弱妇孺更是不计其数。

黄巾军大规模的起义虽然在起义9个月后就被彻底剿杀，但是"黄巾余孽"青州黄巾、黑山黄巾等继续坚持斗争，一直到汉献帝二年才彻底被剿灭。

黄巾起义期间，地方豪强武装在平叛过程中，比如曹操、孙坚、刘备等都崭露头角，特别是董卓在黄巾平叛作战中掌握了一部分北军精锐，彻底打破了汉朝时的军权平衡。

大事件	年号	帝王	公元 单位：年
宦官集团阴谋害死大将军何进。	永汉元年	少帝	189
董卓进京后，大权独揽，把持朝政，后来又废少帝，立陈留王刘协为帝，是为献帝，年9岁。	初平元年	献帝	190

三　国

　　东汉末年，国家分裂，历史进入群雄割据时期。最后，曹操、刘备、孙权在互相争斗的割据势力中脱颖而出，建立了属于他们（家族）的国家——曹魏、蜀汉和孙吴。分裂的三足鼎立局面一直到吴国灭亡，天下才重归统一。

　　这一时期的主旋律是战争，发生在各个军阀之间的战争、发生在三国之间的战争、发生在官军和起义军之间的一系列战争从来没有停止过。这些战争给人民带来深重的灾难。整个三国时期大约有2000万人死于战乱和因战乱带来的饥荒。

　　长期的战乱让黄河流域的人口不断南迁，这些南迁的北方民众，把北方先进的农业技术也一同带到了南方，从而促进了长江中下游地区的繁荣，也促进了南方地区的开发。而且在三个大政权建立后，三国内部相对稳定，社会生产有所恢复。

　　政治上，汉帝国固有的政治制度被打碎，而新的政治制度在各种势力不断的交锋中曲折发展，最后代表士族利益的九品中正制获得胜利，开启了几百年的士族把持朝政的历史。

　　严格说来，公元220年曹丕称帝建魏开启三国时代，但历史学家一般会把公元184年东汉丧失对地方的实际控制，视为三国历史的开端。

　　公元280年，孙吴政权被晋（在魏国基础上建立的政权）所灭，三国时期结束。

三国·卧狮形烛台

董卓率西凉军入洛阳：中央力量和威严的消失

董卓，字仲颖，原为边塞上的一个小军官，但勇猛非凡。在平定西部少数民族的叛乱中，逐步因功劳累迁至羽林郎，后来成为西北边疆重将，逐渐掌控了西凉精锐，拥有和中央对抗的资本。

中平六年（公元189年），汉灵帝刘宏去世，大将军何进（刘宏的大舅子）拥立12岁的汉少帝继位。何进为了诛除宫中宦官势力，下令让董卓带西凉军入京。但是何进随后被宦官杀死，朝中无人能制衡掌控军队的董卓。

董卓虽然进京后起用部分党人，并为他们恢复名誉，但是董卓的军阀本性很快便暴露无遗，他废立天子、欺凌大臣。初平元年（公元190年），董卓无力抵挡关东诸侯的合力进攻，只能撤往长安。在撤退之前先是抢掠一番，接着一把火将拥有二百年历史的都城烧成白地。

初平三年，董卓被部将吕布所杀，百姓将他的尸体点了天灯。董卓把持朝政期间，朝廷威仪尽丧，彻底变成了西凉军阀们的玩物。不过，关东诸侯则乘机扩充实力，群雄割据的态势形成。

大事件	年号	帝王	公元 单位：年
关东诸郡起兵讨伐董卓，共推袁绍为盟主。	初平元年	献帝	190
董卓逼献帝迁都长安，焚烧洛阳宫殿与官府等。			
司徒王允用计使吕布杀董卓。	初平三年		192
董卓部将李傕、郭汜攻进长安。			
徐州牧陶谦病死，刘备领有徐州。	兴平元年		194

群雄割据：地方豪强势力失去约束的恶果

群雄割据最开始的阶段，袁绍、袁术兄弟相争为最主要的矛盾。西凉军阀马腾、韩遂等盘踞关中，刘焉割据巴蜀，其他如孙策、曹操、孔融、刘表、公孙瓒、吕布等也各自占据州县，黄巾军余部继续转战在黄河中下游的大山、大泽中。

这些军阀势力是汉代坞堡庄园经济发展的必然结果，以占据徐州的陶谦为例。陶谦出身望族，年轻时名声就很响，后来为官"清静无为"，更加出名。中平五年（公元188年），陶谦担任徐州刺史，率领臧霸等剿灭黄巾军，战功卓著，逐渐变成一方诸侯。陶谦在徐州时"亲用名士"：陈登是官宦之后，糜竺是富商，曹豹是世代军官家族出身，笮融是寺庙代言人。这些地方豪强势力只顾自己的利益，等到陶谦年老，就迅速被地方豪强抛弃。

官军、军阀、黄巾余部、山贼、流民、宗贼之间的大小战役让百姓生活无以为继。而大部分的军阀往往穷兵黩武，根本不顾百姓死活，给人民带来巨大的灾难。

公元 单位：年	帝王	年号	大事件
195	献帝	兴平二年	献帝出长安，流亡至安邑。
			孙策渡江南下，孙氏自此始有江东。
196		建安元年	献帝归洛阳。
			曹操出兵迎献帝至许（河南许昌），挟天子以令诸侯并在许实行屯田制。
198		建安三年	曹操攻陷下邳，杀吕布。
199		建安四年	袁绍攻破易京，杀公孙瓒，占有幽、冀、青、并四州。
			袁绍谋攻许，曹操率兵迎绍，进至黎阳，分兵驻守官渡。

曹操的崛起：魏武军机

曹操，字孟德，被后世尊称为魏武帝，他父亲是花了一亿钱买太尉官职的曹嵩。曹操从小就表现出过人的机智和才能，在汉末影响力最大的评鉴人物会"月旦评"上，他被认为是"治世之能臣，乱世之枭雄"。后来曹操出仕，担任京城治安官，设立五色棒，不畏强权，就连当红宦官的叔叔都被他执法打死，由此使得整个京城治安好转，曹操更是闻名天下。

曹操精于兵法，著《孙子略解》、《孟德新书》等兵书，并且战功赫赫。公元184年，曹操率领自己的宗族部曲开始征讨黄巾军，后来董卓入京，他就参加了反董卓联盟，并逐步在陈留等地扩充自己的势力。随着群雄割据时代的来临，曹操充分展现了他过人的军事才华，十多年的南征北战中，他先后战胜了西凉军阀、徐州的陶谦、吕布、淮南称帝的袁术，还迫降了割据宛城的张绣。建安五年（公元200年），曹操以少胜多击败袁绍，统一了北方。

曹操统一北方的过程也是其不断走向辉煌胜利的过程，他的威名让所有的对手都惊心不已。

大事件	年号	帝王	公元 单位：年
曹操东进打败刘备，擒关羽。袁绍进兵黎阳，命颜良攻白马（河南滑县）。曹操救白马，关羽斩颜良。曹操复击斩袁绍部将文丑。	建安五年	献帝	200
曹操奇袭乌巢，突袭淳于琼，烧毁袁绍军粮草辎重，大败袁绍，奠定统一北方的基础，史称"官渡之战"。			
孙策遇刺身亡，弟孙权继承江东。			
曹操败刘备，刘备投荆州刘表。	建安六年		201
袁绍卒，幼子袁尚继位。袁谭、袁尚兄弟对立。	建安七年		202

公元单位：年	帝王	年号	大事件
202	献帝	建安七年	曹操令孙权以子为人质，孙权用周瑜之计拒绝。
203		建安八年	袁谭、袁尚互相攻击，袁谭兵败被袁尚围攻而向曹操求援。孙权平山越，安定东吴。
204		建安九年	曹操打败袁尚，袁尚走幽州。高幹以并州降曹操。
206		建安十一年	曹操杀高幹，取并州，冀、青、幽、并四州属曹操，北方统一。

官渡之战：最经典的冷兵器作战，北方重新统一

建安元年（公元196年），曹操拥戴汉献帝，从此"挟天子以令诸侯"，几年间占据了黄河以南、淮河以北的地区，势力逐渐强大起来。建安四年（公元199年），袁绍最终击败了公孙瓒，占据了整个黄河以北的大部分地区。实力雄厚，后顾无忧的袁绍决定出兵南下。建安五年（公元200年）1月，袁绍率领河北精锐10万南下，而在此之前，曹操已经击败了袁绍的盟军刘备，带领能够调动的2万士兵进驻易守难攻的官渡（今河南省许昌市北），双方在官渡对峙起来。当时，曹操势力开始屯田没有多久，而且几年的征战早就使得后勤补给难以维持，士兵疲惫，曹操一度想退兵许昌。但谋士荀彧则认为，退兵必然会被袁军追击；反之，袁绍士兵多，消耗更多，而且河北刚平定，内部派系斗争激烈，继续相持会找到机会的，应该出奇制胜。曹操接受荀彧的建议，烧了袁绍的粮草，又亲自率领精锐5000人长途奔袭袁军后勤基地乌巢，烧毁袁军的全部囤粮。消息传出，袁绍军士兵对长年累月征战的不满情绪爆发，纷纷投降。曹军乘势出击，共歼敌1万多，俘

虏7万多人，袁绍仅率800多骑兵逃回老巢，不久病死。此后，双方实力扭转，曹操逐步统一了北方。

官渡之战是我国古代最经典的以少胜多的冷兵器时代的战役之一，也是世界军事史上的经典战例。

屯田制、"唯才是举"：平定乱世的两把利器

魏军胜利，中原地区人民过上相对安定的生活，这得益于曹操对汉代政策的改进，其中最重要的是屯田制和"唯才是举"。

建安元年（公元196年），曹操在境内大规模开始实行屯田制，起初是军事编制屯田，后来改为自由应募屯田。这种方法是官府分给百姓土地，必要时还提供种子和耕牛，所得产出官六民四分成。虽然税收很重，但是让百姓有个相对安定的生产环境，则为百姓所喜，曹操击败青州百万黄巾军后的俘虏就是通过这种方式吸收的。屯田制保证了曹军源源不断的粮草和足够的兵源，为北方生产秩序的恢复和发展提供了条件。

曹操自己因出身在当时不被掌握舆论的士大夫们所接

大事件	年号	帝王	公元 单位：年
曹操击乌桓，在白狼山大胜。	建安十二年	献帝	207
袁氏兄弟奔辽东，太守公孙康斩袁尚首献曹操。			
刘备三顾茅庐访诸葛亮。亮陈隆中策，建议取荆、益，结盟孙权。			
曹操自任丞相。	建安十三年		208
荆州太守刘表卒，子刘琮继位，曹操征荆州，刘琮投降。孙权用鲁肃、周瑜之计，联合刘备；刘备遣诸葛亮见孙权，双方结盟，共同抵抗曹操。			

公元 单位：年	帝王	年号	大事件
208	献帝	建安十三年	孙、刘联军在赤壁与曹军展开激战，曹军大败。
			刘备推荐刘表长子刘琦为荆州刺史。
			刘备取荆州之武陵、长沙、桂阳、零陵四郡（今湖南境内）。
209		建安十四年	刘琦卒，刘备为荆州牧。
209		建安十四年	孙权将妹妹嫁给刘备。

受，因此他掌权后对人才使用也不再看重出身，而是"唯才是举"。他看重才能不看重出身，比如曹操的部下中典韦是逃犯，许褚是地方大地主，郭嘉是寒门，刘晔是汉宗室。他这种不拘一格的人才选拔方法让曹军"谋臣如云，猛将如雨"，改变了察举制在选拔人才方面的僵局，受到了中下层士人的广泛欢迎。

曹操除了在政治上声名显赫外，还是一位著名的诗人。曹操的诗作，大多会结合自己的经历、心境，苍凉大气，远超一般文人的境界，其作品是建安文学的代表。

赤壁之战：三国鼎立的关键战役

曹操击败袁绍，统一了北方之后，经过几年的休养生息，继续南下统一天下的大业。而当时剩下能与他对抗的，就只有三代割据在长江下游地区的孙权和盘踞在湖北一带的刘备了。

建安十三年（公元208年），曹操率20万大军(对外号称80万)南下。刘备退守湖北武昌，此时他只有军士2万多人。在军师诸葛亮的建议下，他决定与孙权联盟,共同抗曹。孙权也意识到自己无力单独对抗曹操,于是派大将周瑜带领3万军士与刘备一起抗曹。

曹军驻扎在赤壁(今湖北嘉鱼县东北),隔江和孙刘联军对峙。然而,孙吴部将周瑜派部下黄盖假装投降曹操,带着十艘战船,船上装着灌了油的柴草,趁东风大作的时候向曹军发起火攻。曹军战舰因为锁在一起,一时无法解开,水军顿时化为灰烬。而此时陆军则因为瘟疫流行,战斗力下降,曹操不得不退兵。

赤壁之战后,全国形势发生了变化,局势进入孙、曹、刘三足鼎立的状态。公元220年,曹操之子曹丕废掉汉献帝自立,国号为"魏",都城为洛阳。刘备乘机占据了荆州大部分地方,又向西发展,在公元221年,也自立为帝,国号为"蜀",建都成都。孙权则巩固了在长江中下游的势力,公元222年称王,国号"吴",都城为建业(今南京)。

刘备势力的发展和刘备称帝:代表着复兴汉室的希望

刘备,字玄德,自称为中山靖王之后,不过当时汉

大事件	年号	帝王	公元 单位:年
曹操颁布《求贤令》,唯才是举。	建安十五年	献帝	210
周瑜卒,鲁肃代领兵,孙权借荆州给刘备。			
曹操遣将出兵,欲分道攻击汉中张鲁。	建安十六年		211
曹操击败凉州的韩遂、马超。			
益州牧刘璋迎刘备入蜀。			
刘备在蜀据涪城,与刘璋发生冲突。	建安十七年		212
曹操为魏公,加九锡。	建安十八年		213

公元 单位：年	帝王	年号	大事件
214	献帝	建安 十九年	诸葛亮率兵攻益州，刘璋投降。 刘备领益州牧，据有巴蜀。 伏皇后曾写信请父伏完计划谋害曹操，事泄露，伏氏家族几乎被杀光。
215		建安 二十年	曹操取汉中，张鲁投降。 刘备得益州后，孙权欲取回荆州诸郡，双方定议以湘水为界，东属孙权，西属刘备。 孙权攻合肥，被曹将张辽击退。

宗室遍布各地，而刘备则是其中身份地位低下的一员——以编织贩卖草鞋为生。不过刘备从小胸怀大志，生具帝王之相——双臂过膝、双耳垂肩。黄巾军起义爆发后，刘备也拉起一支大约500人的队伍，且屡立战功，并结识了关羽、张飞等豪杰。

天下大乱后，刘备凭着自身过人的能力逐步建立起自己的势力：政治上，获得汉献帝对自己皇叔身份的承认，还被世人视为"英雄"；军事上，建立起白耳精兵，并在常年战争中吸取了足够的经验；人才上，获得荆州士人（诸葛亮、马良等）、徐州大族（糜竺等）和益州土著（张松等）的投效与支持。

建安十三年（公元208年），刘备在赤壁之战中获胜，获得了荆州南部作为立足点，并随后开始了对益州（今四川地区）的攻伐。建安二十四年（公元219年），刘备军已经攻占了益州、荆州、汉中等广大地区，势力达到鼎盛。

公元221年，刘备在成都称帝，改元章武，建国号汉，史称蜀汉。

孙吴政权的建立：长江流域和黄河流域的对峙

黄河流域战乱频繁时，长江流域相对安定。北方流民南下，带来了先进的工具和技术，长江流域迅速得到了开发。在这个过程中，孙吴政权获得了极大的发展。

孙坚，字文台，吴郡富春人，少有勇力，年轻时从商，后来因为讨贼有功逐步升官。黄巾起义后，孙坚因军事能力较强，迅速成为汉末群雄中的最重要的一支，其威名让董卓都退避三舍。初平三年（公元192年），孙坚在和刘表的战斗中死去。

孙策，字伯符，是孙坚的长子。在其17岁时，孙坚战死后，孙策不得不委身于袁术门下为将，且表现出色，让袁术感叹"生子如孙郎，死复何憾？"不久，孙策脱离袁术自立，在得到周瑜、鲁肃等江东豪杰的帮助下，率3000士兵在短期内就占领整个江东，并随后开始对刘表和山越的战争。不过因为在平定南方的过程中，孙策对士族的政策太过激烈，引起士族的反扑，最后孙策被刺杀，年仅26岁。

孙策死后，孙权继位，年仅19岁。不过孙权依然延续

大事件	年号	帝王	公元 单位：年
曹操晋爵为魏王，建立天子旌旗。	建安二十一年	献帝	216
刘备取汉中，自称汉中王。	建安二十四年		219
关羽取襄阳，围樊城，破曹将于禁、庞德军。			
孙权遣吕蒙破江陵，关羽退保麦城，被擒杀。			
孙权据有全部荆州。	建安二十五年		220
曹操卒。			

公元 单位：年	帝王	年号	大事件
220	献帝	建安二十五年	魏王曹丕篡东汉，改国号为魏，为魏文帝。 三国时代开始。
221	蜀汉昭烈帝	章武元年	汉中王刘备即帝位，国号仍为汉，是为蜀汉昭烈帝。 孙权向魏国称臣，被封为吴王。
222	蜀汉昭烈帝	章武二年	吴将陆逊在猇亭败蜀军，刘备退至白帝城，史称"猇亭（夷陵）之战"。
222	吴王	黄武元年	孙权建年号黄武，准备称帝。 魏遣曹休等击吴。

兄长的政策，并最终安定了南方。赤壁之战后，孙吴确立了对长江中下游及岭南地区的统治。公元229年，孙权称帝，建国号为吴。

三国对峙：百年战争的悲剧

三国时代来临后，全国陷入了三国对峙的局面。

建安二十三年（公元218年），蜀国荆州守将关羽攻打魏国，节节胜利。吴国为了拓展自己的战略空间，强烈要求夺回因为蜀国背信弃义而丢失的荆州，最后东吴将领吕蒙率军攻打关羽后方，关羽被杀。刘备大怒，兴兵攻打吴国，企图夺回荆州，最后被东吴统帅陆逊击败。

当时，魏国占据整个北方，东吴控制南方，而蜀汉占据巴蜀。而且，全国最重要的城市和人口较集中的地区多在北方，因此有"天下十分，魏得其八"之说。在这种情况下，虽然吴、蜀两国矛盾不可调和，但是依然结盟，共同抵御魏国，这种对峙态势一直维持了几十年。

三国对峙局面的形成，是因为各割据势力都没有完成统一的实力，但都有统一的意愿，所以战争不断，给人们带来深重的灾难。据史料记载，东汉末年，天下共计人口6000万左右，蜀国灭亡时，只有人口108万，吴国灭亡时，人口为226万，魏国的人口数为1000万左右，再加上隐瞒户口和少数民族的话，当时中国的人口应该在2000万左右。也就是说整个中国大地在三国乱世中人口锐减了三分之二。

九品中正制：僵化的士族政治制度

延康元年（公元220年），曹丕为了取得世家大族对自己篡汉的支持，采用尚书陈群制定的九品中正制来选拔官吏，这种制度主要是根据地方官员的评定来选拔人才。地方官员评定的依据主要有三个方面：家世、行状（能力、品德、外貌）、定品。这种选拔制度把人才从下下到上上分为九个品级，并相应地授予官位。这种做法实际上和曹操的"唯才是举"南辕北辙。

这种制度发展到晋代，定品就变成了完全依赖家世，最终形成了"上品无寒士，下品无世家"的局面，九品中正制彻底沦为世家大族垄断政治资源的手段，为国家选

大事件	年号	帝王	公元 单位：年
孙权派使者郑泉向刘备请和。	黄武元年	吴王	222
魏军攻濡须，被吴将朱桓打败。	黄初四年	魏文帝	223
蜀汉昭烈帝卒，太子刘禅即位，是为后主。	建兴元年	蜀汉后主	223
封丞相诸葛亮为武乡侯。			
诸葛亮派邓芝出使吴国，两国修好。			
诸葛亮平定南中之乱。	建兴三年		225
魏文帝卒，子曹叡继位，是为明帝。	黄初七年	魏文帝	226

公元 单位：年	帝王	年号	大事件
226	吴王	黄武五年	孙权攻魏江夏郡，又命诸葛瑾和张霸困襄阳，皆未成功。
227	蜀汉后主	建兴五年	诸葛亮屯兵汉中，上《出师表》请伐中原。
229	吴大帝	黄龙元年	吴王孙权正式称帝，改年号黄龙，为吴大帝，并迁都至建业。
229	蜀汉后主	建兴七年	蜀派陈震使吴，双方订立盟约。
230	魏明帝	太和四年	吴遣卫温航海求夷州（台湾）。
231	蜀汉后主	建兴九年	诸葛亮第四次北伐，用"木牛"（独轮车）运粮。

拔人才的本意早已丧失。在这种士族政治制度下，社会板结，无论中下层人才多么努力，都不能改变自身的政治地位，而世家子弟即使不学无术，依然可以担任地方官或者朝廷大臣。甚至出现了担任养马官的官员不认识马，以为是老虎的地步。

这种情形下，就连皇权也被士族门阀压制，东晋时的皇帝就是由几大士族联合拥立的。在门阀制度压制一切的情况下，下层的地主（寒门）都没有提升地位的希望，更别说平民，因此整个魏晋南朝时代，社会政治极其僵化，也是中国人才较匮乏的时代。

司马懿发动"高平陵事变"：阴谋的最高成就

景初三年（公元239年），魏明帝曹叡中年暴世，遗诏由自己八岁的皇太子曹芳继位，并让宗室、大将军曹爽和军功卓著的太尉司马懿共同辅政。曹爽因为身为宗室，受到太后和小皇帝的亲近，因此得以专权，重用亲信，不久使用明升暗降的手法，彻底剥夺了司马懿的权力。

面对猜忌，司马懿回家装病，并且在曹爽派来探视的人面前，装作一副耳聋眼花，不久就会死去的样子，让曹爽放松了对他的警惕。正始十年（公元249年）正月，小皇帝曹芳前去明帝墓祭祀，曹爽兄弟和他的亲信大臣全部随同前往。一直装病的司马懿突然发动政变，假借皇太后的命令封闭洛阳城，并任命高柔接管曹爽的军队，司马懿的其他亲信接管禁军。然后发出一份奏折给少帝曹芳，宣称奉郭太后之命罢免曹爽以及他的兄弟、亲信等大臣。

大司农桓范劝曹爽前往许昌，然后借皇帝的命令率四方精兵讨伐司马懿。可是曹爽依然犹豫不决，而司马懿派来的使者则允诺，只要曹爽投降就可以保全性命和爵位。曹爽最后投降，在被软禁一段时间后被杀，并被株连三族。

高平陵事变后，曹魏宗室衰微，司马氏专权。曹魏朝政基本上由司马氏所左右，为日后司马氏代魏立晋奠定了基础。

大事件	年号	帝王	公元 单位：年
诸葛亮第五次北伐，出祁山，以"流马"运输，屯武功五丈原。	建兴十二年	蜀汉后主	234
司马懿与蜀军对峙。诸葛亮病逝军中。	青龙二年	魏明帝	234
蜀以蒋琬为大将军、费祎为尚书令。	建兴十三年	蜀汉后主	235
魏司马懿攻辽东，杀公孙渊。	景初二年	魏明帝	238
魏明帝卒，太子齐王曹芳继位，年八岁，司马懿、曹爽辅政。	景初三年		239
曹爽用丁谧策，削司马懿实权。			
司马懿发动"高平陵之变"，杀曹爽，司马氏掌握魏国实际权力。	正始十年	齐王	249

两　晋

公元265年，长期把持曹魏政权的司马家族篡位自立，建立晋朝。此后，一直到公元420年，司马家族都保留着皇帝的头衔，维持着对中国（部分地区）的统治。这一时期被称为两晋时期。

两晋分为西晋和东晋。

司马家族建立政权后，在原有的积累基础上，结束了分裂局面，建立起一个大一统的帝国，定都洛阳。然而因为晋帝国本来是世家大族支撑起来的帝国，所以也就无力约束大世家，再加上生活在草原地区的少数民族南下，司马世家内部的剧烈争斗，这个帝国如昙花一现，很快便凋落了。

西晋灭亡后，部分高层势力南渡长江，继续支持司马家族。公元317年，东晋建立，定都建业。东晋政权是世家大族势力的联合体，不过在外敌入侵的背景下，这些世家得以维持脆弱的平衡，让政局能够稳定地延续下去。

两晋时期最大的特色是世家政治。这些家族以坞堡庄园制经济为基础，拥有独立的武装和特权，左右着国家的发展，同时也出于不同的自身利益而互相争斗。总之，世家大族的争斗、妥协构成了这个时代的一切——艺术、战争、哲学、经济等的主旋律。

两晋·青瓷谷仓罐

司马炎篡魏：司马家族的有样学样

公元265年，把持魏大权的司马昭病死，长子司马炎继承晋王、丞相位，掌握了魏国实权。此时，从高平陵事变开始，三代司马氏已经把持朝政接近30年，国内大部分官员都只知道晋王，不知道魏皇帝了，而且在司马氏的主导下，公元263年，蜀国灭亡，司马家族篡位的时机已经成熟。

经过依附于司马氏势力之下的贾充等人的精心准备，公元265年12月，司马炎开始了登基步伐。魏国最后一位皇帝曹奂在司马氏的逼迫下，不得不下诏书说："晋王，你家四代辅佐皇室，功勋比天还高，整个天下都享受着司马氏的恩泽。上天让我把天子之位传给你，请你顺应天命，绝对不要推辞！"按照封禅"三辞三让"的规矩，司马炎在假意推让三次后，司马氏的心腹亲信贾充、裴秀、何曾等人，率领满朝文武"坚持不懈"地"代表"上天和人民劝进，司马炎最后才接受魏元帝曹奂的禅让。

公元265年（魏咸熙二年，吴甘露元年），司马炎即皇帝位，改国号大晋，改元为泰始元年，封前朝皇帝曹奂

大事件	年号	帝王	公元 单位：年
司马懿卒，子司马师掌大权。	嘉平三年	齐王	251
吴大帝孙权卒，太子孙亮即位，是为废帝，年10岁，诸葛恪辅政。	建兴元年	废帝	252
吴诸葛恪攻魏，围合肥，久攻不下而退兵。孙峻利用民怨，刺杀诸葛恪，专吴国政权。	建兴二年		253
司马师杀魏国大臣，废魏帝曹芳，立高贵乡公曹髦为帝。	嘉平六年	齐王	254
魏将毌丘俭起兵被司马师镇压。	正元二年	高贵乡公	255
司马师卒，司马昭掌权。			

公元 单位：年	帝王	年号	大事件
255	蜀汉后主	延熙十八年	蜀将姜维攻魏，于洮水败魏军，进而围狄道，兵败而退。
256	蜀汉后主	延熙十九年	蜀将姜维攻魏，与邓艾在段谷交战，大败。
257	高贵乡公	甘露二年	魏诸葛诞起兵反司马昭，吴国出兵相助，失败。
258			姜维出兵攻魏，遭邓艾所阻。
258		甘露三年	司马昭平诸葛诞，入相国，被封为晋公。
258	景帝	永安元年	吴国孙綝废孙亮，立琅琊王孙休为帝，是为景帝。

为陈留王，司马炎就是晋武帝。

司马炎建晋国，用的是45年前曹丕篡汉时相同的方法，表现出历史惊人相似的一面，同时也宣告三国时代的正式落幕。

王濬攻破石头城：西晋完成三国一统的大业

早在公元263年（蜀炎兴元年，吴永安六年，魏景元四年），因为蜀国在连年的北伐和宦官专权下，国力早已油尽灯枯，魏国（实际是晋王司马昭掌控）派大将邓艾、钟会率兵攻入蜀中，蜀后主刘禅投降，蜀国灭亡。

两年后，司马炎篡魏国皇位，魏国灭亡。而此时的吴国，已经经过几次政治动乱，国力衰退，最后上台的是荒淫而残暴的国主孙皓，臣民离心，吴国离亡国也不远了，唯一能依靠的就是长江天险。

晋武帝司马炎的灭吴战略分为两步：一是泰始五年（公元269年），他派名将羊祜坐镇荆州，羊祜抵达荆州后，轻徭薄赋，安定民心，同时向隔江对峙的吴军大施恩惠，经常为缺衣少食的吴军排忧解难，这样让吴军的离心力大增，特别是中下层将士纷纷投降羊祜；另一方面在长江上游训练水军，做了足足10年准备。

咸宁五年（公元279年），20万晋军直扑吴国都城建业。吴军无力阻拦。最后王濬攻破吴都的最后一道防线，俘获了吴国的皇帝和众多的大臣，灭吴之战前后仅仅用了四个月。

晋灭吴，结束了中国长达百年的分裂局面，天下重归一统。

玄学兴起：儒、道、佛思想的融合

从东汉末年的党锢之祸开始，统治集团就对知识分子举起了屠刀。三国时期，国家分裂，大一统局面消失，曹丕篡汉、司马炎篡魏使得儒家正统学说的地位日益尴尬，再加上东汉以来的今文经学和谶纬神学越发显得空虚荒诞，传统的儒家价值体系开始崩溃。

在这种情形下，儒家思想和道家思想开始合流，而随着佛教的传播，佛教思想也慢慢地和儒家思想结合，政治上的分裂和混乱带来了玄学的兴起。

大事件	年号	帝王	公元 单位：年
孙休与丁奉等杀孙綝，夺回政权。	永安元年	景帝	258
姜维出兵攻魏，为邓艾所败。	景耀五年	蜀汉后主	262
后主刘禅宠信黄皓，姜维因曾劝帝杀黄皓，退往沓中避祸。			
魏遣邓艾、钟会伐蜀。	景元四年	元帝	263
蜀将诸葛瞻与邓艾战于绵竹，败死。			
邓艾入成都，刘禅投降，蜀汉灭亡。			
魏封司马昭为晋王。	咸熙元年	元帝	264
魏封刘禅为安乐公。			

公元 单位：年	帝王	年号	大事件
264	元帝	咸熙元年	孙休卒，孙皓继位，是为吴末帝。
265	晋武帝	泰始元年	司马昭卒，子司马炎继任晋王。司马炎篡魏，改国号为晋，是为晋武帝。魏国灭亡。
280		太康元年	晋将杜预、王濬率兵攻吴。王濬入建业，孙皓投降，吴亡。西晋灭吴，统一天下，三国结束。
284	武帝	太康五年	罗马皇帝戴克里先即位。在位期间试图重振皇权，尝试推行四帝共治以维持帝国，并且采取最后一次大规模迫害基督徒的措施。

"玄"取自于《老子》中的"玄之又玄，众妙之门"的意思，玄学的主要理论依据是用《老子》、《庄子》来注解《易经》，最开始的含义主要集中在"立言玄妙"与"行事不拘"两个方面，意思就是说话和现实不沾边，并且利用众多的优雅词汇让对方觉得自己有道理又听不懂，做事和常人不同，不拘一格（比如光着屁股在家里饮酒等）。到后来玄学的内容又有扩大，加入山（隐居、山水诗）、药（五石散，类似于摇头丸）、命、卜（占卜）、相（品评外貌气质）等各种新知识。而同时，僧人的世俗化和士人结交僧人在当时也成为流行的风气。

玄学的流行给中国的哲学带来了新鲜血液，也从侧面反映出当时人们思想的荒芜和空虚。

蜀汉灭亡：乐不思蜀的悲与喜

公元263年，魏国兴兵灭蜀。两国主力部队在蜀国边境对峙，而晋国名将邓艾率军绕过蜀国的边境大军，奇袭蜀国都城成都。面对"神兵天降"，蜀国皇帝大为惊恐，仓皇出降。蜀国被魏所灭。

刘禅投降后，魏帝曹奂封他一个食俸禄无实权的"安乐公"称号，并将他迁到魏国都城洛阳居住。魏帝自己也无实权，掌大权的是司马昭。在一次宴会上，司马昭当着刘禅的面故意安排表演蜀地的歌舞。刘禅随从人员想到灭亡的故国，都非常难过，刘禅却对司马昭说："此间乐，不思蜀。"

这种胜利者对失败者猜忌，失败者对胜利者屈膝的故事在我国历史上上演过多次，比如宋太宗和南唐后主。因为我国皇帝是天子，神权和君权合一，一旦皇帝失去权力，那么他身上的神权就是致命的隐患，所以往往上演胜利者对失败者屠戮的悲剧，而刘禅则因自己的机警而逃过一劫，对他人来说，就是一出喜剧了。

骈文和乐府诗：代表上层和代表下层的文学分流

三国魏晋时代，士族和下层百姓对立，整个社会的明显分层带来了文学的两个走向——骈文和乐府诗。

骈文也称作"骈体文"、"骈俪文"和"骈偶文"，原因就是它绝大部分都是采用四字、六字对偶句。骈体文起

大事件	年号	帝王	公元 单位：年
武帝卒，皇太子司马衷即位，是为惠帝。	太熙元年	武帝	290
杨骏（武帝杨皇后之父）辅政。			
皇后贾南风谋害大臣、太后与诸王，揭开"八王之乱"的序幕。	元康元年	惠帝	291
贾后矫旨废杀太子司马遹。赵王司马伦发兵入宫杀贾后，灭其亲党。			300

公元 单位：年	帝王	年号	大事件
301	惠帝	永宁元年	赵王司马伦废惠帝自立，齐王司马冏等起兵讨赵王。废帝复位。
302		太安元年	流民推李特、李流为起义首领，攻进成都。

源于东汉末年，到魏晋时期已经成为社会上最流行的文体，就连公文、家信都是用这种文体来写作。其代表作有庾信的《哀江南赋序》等。

骈文充分发挥了古代韵律文的特色，有着对仗工整的美感，但是在写作上需要有足够的文化积累，而且在抒发感情上特别受限制，因此对下层百姓来说，根本无法理解。此时在中下层流行的是乐府诗。

乐府本是秦时设置的、专门收集民间诗歌的音乐机构，到了汉代，成了一种写作的方式，代表作有《上邪》、《战城南》等。魏晋南北朝时期，乐府诗因为不受格式的拘束，更适合人们抒发感情，因此在下层文人的作品中极为常见，主要的内容题材是对爱情、战乱的描写，主要代表作是南朝的《孔雀东南飞》和北朝的《木兰诗》。这两首诗被宋郭茂倩编入《乐府诗集》，被称之为"乐府双璧"。

"八王之乱"（上）：分封制的巨大漏洞

泰始元年（公元265年），晋武帝分封27个同姓为王，改中央直辖的郡为王国。同时不断扩大各王的权力，任由诸王自行遴选官吏来管理领地，收取赋税。后来，晋武帝又将王国分为大、中、小三级，并允许他们各自依照级别自行控制军队。在分封同姓王的时候，晋武帝又分封支持司马氏夺权的世家大族为公、侯、伯、子、男等爵位，把他们也分为三等，且允许他们各自拥有封地。也就是说西晋的大一统，其实是司马氏家族将整个晋帝国分割成大大小小的独立王国。

太熙元年（公元290年），晋武帝司马炎去世，太子司马衷继位，是为晋惠帝。晋惠帝是个白痴皇帝，曾经有人向他报告说百姓没有粥吃造反了，他竟然诧异问道："何不食肉糜。"新皇帝的昏庸无能和缺乏威望使整个朝政混乱不已，有野心的官员纷纷起来企图攫取皇权。

先是晋惠帝外公杨骏，排挤汝南王司马亮，独掌大权，接着是皇后贾南风联合楚王司马玮，借皇帝命令带兵进京，诛杨骏九族。杨骏被杀后，辅政大臣司马亮又被楚王司马玮所杀，其他各王见中央动乱，也一个个野心膨胀，蠢蠢欲动起来……

大事件	年号	帝王	公元 单位：年
长沙王乂杀齐王司马冏。	太安元年	惠帝	302
成都王颖、河间王颙起兵反长沙王乂。	太安二年		303
李流卒，起义队伍由李特之子李雄接替领导。			
东海王越攻长沙王乂，乂兵败被杀。	永兴元年		304
李雄据成都，称成都王。			
匈奴左贤王刘渊先自称大单于，后改称汉王，建国号汉。北方十六国开始。	元熙元年	刘渊	304

公元 单位：年	帝王	年号	大事件
305	惠帝	永兴二年	东海王越起兵讨河间王颙。
306		永兴三年	成都王颖、河间王颙相继被杀。
			惠帝卒，惠帝弟司马炽即位，是为怀帝。八王之乱结束，共16年。
306	李雄	晏平元年	李雄称帝，改元晏平国号大成，后改为汉，史称成汉。
			罗马皇帝君士坦丁即位。

"八王之乱"（下）：每一个被野心所控制的人全部不得善终

八王之乱的最开始是统领洛阳城中禁军的赵王司马伦联合许昌地区的齐王司马冏同时起兵，杀死贾皇后，控制了都城。永宁元年（公元301年），赵王司马伦将晋惠帝司马衷软禁，自立为帝。齐王司马冏见有机可乘，于是起兵讨伐司马伦，镇守河北邺城的成都王司马颖与镇守长安地区的河间王司马颙也趁势起兵响应。讨伐军兵临城下后，禁军将领王舆杀死司马伦后重新迎立晋惠帝，而齐王司马冏掌握了国家权力。第二年（太安元年，公元302年）年底，司马冏被洛阳城内的司马乂杀死，政权被司马乂掌握。

此后，各王之间的争斗升级，河间王司马颙、成都王司马颖、东海王司马越、并州刺史司马腾、幽州刺史王浚等先后都率领各自的军队参与争皇权的斗争之中。最后，光熙元年（公元306年），东海王司马越最终赢得了胜利，拥立晋惠帝回洛阳，杀死其他夺权者。不久，晋惠帝被毒死，司马越掌控了晋朝实权。

八王之乱，是分封制失去控制的结果，让处于暗处的政治斗争转变为明面上的军事斗争，最后使得国力大损，本应成为晋王朝的中坚保卫者却最终成了晋王朝的埋葬者。

五胡乱华：民族融合过程中的血腥和暴力

"五胡"一般指的是从东汉末年到晋朝时期迁入中原地区居住的少数民族，不过当时的少数民族除了匈奴、鲜卑、羯、羌、氐这五大族外还有其别的少数民族，比如契丹、柔然等。

西晋时期，内迁的各个少数民族在宁夏、甘肃一带过着定居的生活，并受到晋统治者沉重的压迫、奴役和剥削，比如建立前赵的石勒就曾经被晋朝的官吏掳掠为奴隶。这种阶级矛盾和民族矛盾相结合的"怨气"让少数民族人民先后举起反旗，虽然最后被镇压，但是却给一些"有识之士"带来很大的震动。于是有人提议将这些已经定居的胡人驱逐出境并没收财产，这种做法很显然让少数民族更加震怒，反抗便愈发地激烈起来。

而此时，中原内地爆发了八王之乱，上层统治者根本

大事件	年号	帝王	公元 单位：年
琅琊王司马睿被任命为安东将军，都扬州，镇建邺（后改为建康）。	永嘉元年	怀帝	307
汉王刘渊称帝。	永嘉二年		308
刘渊卒，子刘和即位。刘聪杀兄和自立。	永嘉四年		310
洛阳城内饥荒。幽、并、司、冀、秦、雍六州发生严重蝗灾。			

公元 单位：年	帝王	年号	大事件
311	怀帝	永嘉五年	汉刘曜、王弥的军队攻陷洛阳，杀官吏、士民三万余人，晋怀帝被掳至平阳，史称"永嘉之祸"。
			刘聪将晋怀帝封为会稽公。
313		永嘉七年	汉主刘聪设宴会，命晋怀帝青衣行酒，晋臣见状多哭。
			刘聪杀死晋怀帝。
			司马邺在长安即位，是为愍帝。
			北方南渡大族祖逖请求出兵北伐。

不能对少数民族的反抗做出有效的反应，再加上晋王朝的力量已经内耗殆尽，再也无力控制边疆。各个胡人部族的上层乘机参与到反抗中来，公元304年，匈奴部落中的刘渊率先起兵，揭开了五胡乱华的大幕。

这个过程中，这些民族本身的文明程度不够，而且又不能妥善处理和其他民族间的关系，以至于在此后的百余年里，北方各族一直相互攻伐，没有任何妥协。在相互攻伐的过程中，这些少数民族先后建立了十几个强弱、大小相差悬殊的国家，开启了比三国更加混乱的乱世。这个时候，各民族之间虽不时发生战争，但也促进了民族间的交往与融合。持续的战乱和混战，使得人口锐减，大片土地荒芜。

永嘉之祸：皇帝被俘，国都沦陷，整个中原哀鸿遍野

西晋从晋武帝太康二年（公元282年）到晋惠帝元康二年（公元292年）的10年间，气候恰好处于小冰河期，几乎每年都会有关中大旱，发生"易子而食"的饥荒，北方草原民族也被逼南迁到甘肃一带，大批民众则四处流浪。

晋光熙元年(公元306年)，晋惠帝被毒杀，司马炽即位，是为晋怀帝，改元永嘉。当时已经建国称汉的匈奴族首领刘渊认为灭亡西晋的时机已到，于是命令石勒等率兵大举南侵，但是没能够攻下洛阳城。

永嘉五年（公元311年），刘曜的继承者刘聪派遣石勒、刘曜等再次率军攻打晋，和王衍率领的十多万晋军在平城发生激战。晋军被击败后，汉军攻入洛阳，俘获晋怀帝，同时屠城，共杀死王公大臣、士民百姓三万余人。建兴四年（公元316年），汉军围攻长安，晋愍帝被迫出降，西晋灭亡。

永嘉之祸不仅仅表现在国家灭亡上，从此以后整个北方成了胡人的舞台，很多百姓则在饥荒、战乱、迁徙的过程中死亡，整个中华大地哀鸿遍野。

为何西晋的统一迅速"流产"？

从公元265年司马炎篡位建立晋国，到公元316年晋愍帝出降，西晋仅仅经过半个世纪的统一后就迅速灭亡了。

大事件	年号	帝王	公元 单位：年
琅琊王司马睿任命祖逖为豫州刺史。祖逖率旧部渡江，中流击楫而誓。	永嘉七年	怀帝	313
罗马帝国君士坦丁大帝颁布《米兰诏书》，承认基督教为合法的宗教。			
张轨称凉州牧，史称前凉。	永安元年	张轨	314
张轨卒，子张寔继位。		张寔	
晋以司马睿为丞相。	建兴三年	愍帝	315
司马睿以王敦为镇东大将军。			

公元 单位：年	帝王	年号	大事件
315	愍帝	建兴三年	陶侃攻杜弢数年，杜弢战败而死。
316		建兴四年	晋朝西都长安遭到刘曜的军队围困，长安无粮，晋愍帝出城投降，被掳至平阳。西晋亡。
318	元帝	大兴元年	司马睿称帝于建康，史称东晋。
319		大兴二年	刘曜迁都长安。后改国号为赵，史称前赵。

后人常拿晋的短命和秦、隋的二世而亡相提并论，为什么一个完成统一伟业的西晋帝国迅速就灭亡了呢？

从阶级上分析，司马氏代表的是世家大族的利益，它的支持者也是门阀世家，而不是像其他新兴王朝那样获得了整个社会的认同。而对于门阀世家来说，家族利益永远高于国家利益，可以说，在所有的王朝中，整个西晋对地方和其他阶层的控制是最弱的，统治阶级中的其他成员对晋王室无任何忠心可言。

从经济上分析，晋帝国的经济支柱是富商大族和官员资产，这种经济制度让百姓怨恨不已。比如闻名天下的富翁石崇担任荆州刺史时，派人假装强盗，抢夺治下百姓的财产。这件事被公开后，石崇并没有受到惩罚，依然能担任高位。这在其他时代是无法想象的。

很显然，一个被腐朽堕落的集团统治的国家，在内乱不断、外敌的入侵的双重打击下，灭亡是必然的。

司马睿建康称帝：士族门阀操纵下的政权

公元318年，琅琊王司马睿在南渡过江的世家大族与江南士族的拥护下，在建康称帝，国号仍为晋，司马睿是为晋元帝。

司马氏皇族在以琅琊王氏为首的北方南渡士族的大力扶持下，终于在江南站稳脚跟，建立东晋政权，为了"感谢"王氏（以王导为代表）的"杰出贡献"，司马氏皇族表示愿意与王氏共治天下。从此，东晋开始了皇族与士族共治天下的局面。

王氏鼎盛时期，朝廷中75%的官员出自王氏。这也是东晋政治格局的一个缩影，司马氏往往作为一个傀儡政权存在，而实际的政治军事权力则操纵在各个世家大族手中。这使东晋出现了很多了畸形的政治现象：人才选拔以门第为最重要条件，官员全部由或者绝大部分由世家大族子弟担任；地方上豪强坞堡庄园占据了绝大多数土地，平民和自耕农非常少；社会矛盾尖锐；世家大族政权内部的斗争越发激烈；统治者腐朽堕落，不以国事为意，反而更加重视家族……

大事件	年号	帝王	公元 单位：年
石勒称王，以赵为国号，史称后赵。	大兴二年	元帝	319
印度笈多王朝开始，印度进入黄金时期。	大兴三年		320
拓跋郁律与晋断绝关系，自立为王。	大兴四年		321
晋元帝忧愤而卒，太子司马绍即位，是为明帝。	永昌元年		322
君士坦丁大帝再次统一罗马。	太宁元年	明帝	323

公元 单位：年	帝王	年号	大事件
324	明帝	太宁二年	明帝任王导为大都督，与文峤、郑鉴讨王敦。王敦之乱被平定。
325		太宁三年	明帝卒，太子司马衍即位，是为成帝，年5岁。
329	成帝	咸和四年	后赵攻杀前赵太子刘熙，前赵亡。

祖逖北征：铁血男儿的不屈斗志

东晋虽然偏安于江南，但历代帝王在位的时候都希望收复北方的国土。而一些有识之士也对北伐念念不忘，在东晋初期曾进行过多次北伐，其中最著名的是祖逖北伐。

建兴元年（313年），祖逖带着只够一千人吃的粮食和三千匹布作为北伐物资，带着随他南下的部曲百余家北渡长江，中流击楫宣誓："祖逖不能清中原而复济者，有如大江！"祖逖沿途扩充势力，进屯雍丘（今河南杞县）。当时，河南坞主各拥部曲自重，相互攻击，依附于石勒和晋朝之间，他派人招抚，共同抵御石勒。

但由于东晋内部出现纠纷，朝廷又担心他北伐成功后威望太高，就没有给予相应的支持，以致最后功败垂成。祖逖忧愤而死，曾收复的失地又被胡人重新占领。

相对于其他人的北伐，祖逖北伐是纯粹个人的理想，其行为和精神激励着一代代的中国人为完成祖国统一大业而抛头颅、洒热血。

坞堡庄园和土断：东晋门阀势力的兴起

东晋是南渡大士族和本土士族共同拥戴司马氏建立的政权，所以天然上就是由士族和皇族共同统治。东晋时期，士族势力失去了约束，成为真正左右国家政权的重要力量。

东晋实施魏晋以来的九品中正制来选官，士族保留着所有官员的选拔权和推荐权，中央政府只拥有名义上的赏罚权力——皇帝只可以让一个士族官员去取代另外一个身份地位相等的士族官员。政治上的垄断让"世胄蹑高位，英俊沉下僚"，有才之士被埋没，而一些重要的官职被纨绔子弟占据，国家政治效率较低。

西晋灭亡后的连年战乱，基本上摧毁了小生产者的生存空间。农业生产必须以庄园坞堡的集体生产方式进行，这个时候，世家大族以血缘为纽带的家族聚居生产保证了生产的发展，也让士族有了独立于国家组织生产之外的经济支柱。

士族门阀势力的扩张造成了东晋局面的混乱，一些实力强大的世家不断挑战司马氏的统治地位，比如王敦之

大事件	年号	帝王	公元 单位：年
石勒称帝，史称后赵。	咸和五年	成帝	330
面对经济恶化、日耳曼人入侵等危机，君士坦丁大帝择定希腊半岛上的拜占庭为帝国东都，并更名为君士坦丁堡（今伊斯坦布尔）。			
慕容皝自称燕王，史称前燕。	咸康三年		337

乱、桓玄之乱都是这种挑战。此外，士族的垄断行为激化了阶级矛盾，破产农民不断掀起起义，其中规模较大的有孙恩、卢循起义。

一些有识之士也针对这一状况进行了改革,其中最著名的是桓温主持的土断。兴宁二年（公元364年）三月庚戌日，执政的大司马桓温行土断法，史称"庚戌土断"。严厉清查户口，将一些隐匿的户口和土地编入国家户籍。这种做法有效地抑制了士族势力的扩张，但是也遭到士族的抵制，因为主持者本身就属于士族，所以改革最终就不了了之了。

桓温三次北伐：南方对北方的军事劣势

陶侃（陶渊明的叔叔）平定苏峻的叛乱以后，东晋王朝暂时获得了安定的局面，而此时北方的混乱加剧。公元352年，手握军权的桓温向晋穆帝上书，要求带兵北伐。然而出于对桓温的猜忌，晋穆帝没有同意，却另派殷浩带兵北伐。殷浩徒有虚名，是个没有军事才能的文人。他出兵到洛阳，被羌人打得大败，北伐将士死伤无数。

公元 单位：年	帝王	年号	大事件
342	成帝	咸康八年	晋成帝卒，弟司马岳即位为帝，是为康帝。
344	康帝	建元二年	晋康帝卒，子司马聃即位，是为穆帝，年2岁，褚太后临朝。
347	穆帝	永和三年	桓温率军入成都，李势投降，成汉亡。
350		永和六年	冉闵灭石氏，自立为帝，定国号大魏，史称冉魏。
			晋朝得知中原大乱，命扬州刺史殷浩督五州军，谋北伐。

桓温又上了道奏章,要求朝廷把殷浩撤职办罪。晋穆帝没办法,只好把殷浩查办了,同意桓温带兵北伐。公元354年,桓温统率晋军4万,从江陵出发,分兵三路,进攻长安。前秦国主将苻健派兵5万在峣关抵抗,被晋军打得落花流水。不过在前秦的拼命抵抗下,桓温的军队消耗过多,粮草不足,不久便退兵。

公元356年,桓温进行第二次北伐,不久收复洛阳。桓温在洛阳修复西晋历代皇帝的陵墓,又多次建议东晋迁都洛阳。东晋朝廷对桓温的北伐抱消极态度,只求苟安东南,无意北还,桓温只得退兵南归。桓温退兵后,凭着两次北伐的声望,一举掌握了东晋大权。

公元369年,桓温第三次北伐。但是被前燕名将慕容垂打得溃不成军,丧师3万。

桓温的三次北伐都因为内部原因而退兵,而同一时期的北方则陷入更大的分裂,这说明当时统一的时机并没有成熟。桓温第三次北伐失败后,东晋的军事力量开始处于劣势,无力再对北方发动攻击了。

大事件	年号	帝王	公元 单位:年
苻健自称大秦天王,国号秦,史称前秦。	永和七年	穆帝	351
殷浩北伐前秦,大败。	永和九年		353
桓温以殷浩北伐失败为由,上疏请罢黜殷浩,殷浩被废为庶人。 东晋大将桓温第一次北伐,率军讨苻健的前秦政权。 桓温与蓝田打败秦军,后因缺粮退兵。	永和十年		354
桓温第二次北伐打败羌族首领姚襄,收复洛阳。桓温建议迁都洛阳,而东晋偏安东南,桓温退兵南归。	永和十二年		356

公元 单位：年	帝王	年号	大事件
357	穆帝	升平元年	姚襄为前秦军所杀，弟姚苌投降。
361		升平五年	晋穆帝崩，成帝子司马丕即位，是为哀帝。
364	哀帝	兴宁二年	东晋在桓温的主持下进行土断，史称"庚戌土断"。
365		兴宁三年	哀帝卒，弟司马奕即位，是为废帝。
369	废帝	太和四年	桓温第三次北伐，讨前燕，燕大都尉慕容垂领兵抵抗。前燕与前秦联军，桓温败归。
370		太和五年	秦王苻坚遣兵灭前燕。

秦王苻坚访王猛：一个明君贤臣的故事

王猛，字景略，明帝太宁三年（325年）生于青州北海郡剧县（今山东昌乐西）。年少时家贫，但是勤奋好学，青年时就有了很大的名声。他被认为是澄清天下的人选，当时流传有"关中良相唯王猛，天下苍生望谢安"之说，他和东晋的高门子弟谢安齐名。

前秦苻坚即位后，就亲自去拜访王猛。两人一见如故，苻坚当时就将王猛带回都城，以王猛为谋主，并任用王猛掌管京城治安。

公元359年8月，苻坚以王猛为侍中、中书令，领京兆尹。王猛在任内即收杀酗酒横行的强太后弟强德，并与御史中丞邓羌弹劾审察豪强和官吏，在数十日内处死、判刑和罢免的权贵豪强、皇亲国戚达二十多人。苻坚也感叹道，至此才知道天下是有法治的。

在王猛的治理下，前秦国力强盛，迅速击败北方群雄，有了一统天下的希望，不过此时王猛病重死去。王猛在死前告诫苻坚要先完善内部问题，然后再谋求统一，否则会遭受大患，不过苻坚并未听从。不久，淝水之战爆发。

淝水之战：东晋和五胡之间最关键的一战

公元383年，王猛死后7年，苻坚放弃王猛"先安内，再平天下"的战略。他认为统一天下的时机成熟，便决定攻击东晋。苻坚亲率80万各族联军兵临淝水，并在河边宣称"投鞭断流"。

东晋方面，名将谢玄为先锋，率领经过7年训练，有较强战斗力的"北府兵"8万人沿淮河西上，迎击秦军主力。同时派胡彬率领水军5千士兵增援战略要地寿阳（今安徽寿县）。又任命桓冲为江州刺史，率10万晋军控制长江中游，阻止秦巴蜀军顺江东下。

由于秦军紧逼淝水西岸布阵，晋军无法渡河，只能隔岸对峙。谢玄就派使者去见苻坚，要求他后撤，来"正大光明"的交战。秦军诸将都表示反对，但苻坚认为可以将计就计，让军队稍向后退，待晋军半渡过河时，再以骑兵冲杀，这样就可以取得胜利。苻融对苻坚的计划也表示赞同，于是就答应了谢玄的请求，并指挥

大事件	年号	帝王	公元 单位：年
桓温废帝，立司马昱为简文帝。	咸安元年	简文帝	371
简文帝卒，子司马曜即位，是为孝武帝。	咸安二年		372
前秦统一北方，与东晋以淮水为界，南北对峙。	太元元年	孝武帝	376
前秦攻淮南，包围三阿，北府兵救援，一战告捷，秦兵北退。	太元四年		379

公元 单位：年	帝王	年号	大事件
380	孝武帝	太元五年	罗马帝国狄奥多西一世皇帝接受洗礼为基督宗教教徒，宣布基督教为国教。
382		太元七年	前秦命吕光西征。
383		太元八年	由谢玄、谢石等将领率领的晋朝军队，在淝水击败南下来犯的前秦军队，是为"淝水之战"。
384		太元九年	鲜卑将领慕容垂脱离苻坚，自称燕王，建立燕国，史称后燕。
			前秦北地长史慕容泓打败前秦将军，自称济北王，史称西燕。
385		太元十年	后秦俘苻坚，苻坚被杀。

秦军后撤。此时，秦兵士气低落，结果一后撤就失去控制，阵势大乱。谢玄率领8千多骑兵，趁势抢渡淝水，向秦军猛攻。有人则在秦军阵后大叫："秦兵败矣！秦兵败矣！"秦兵信以为真，于是转身竞相奔逃。秦军后卫溃败，引起整个部队的惊恐，大军随之溃逃。

最后，苻坚本人也中箭负伤，逃回洛阳时仅剩10余万士兵。

淝水之战的影响：北方陷入更大的混乱，东晋政权得以继续苟安

淝水之战后，中国南北对峙的局面得以继续维持。东晋乘胜北伐，收回黄河以南故土，但不久，因丞相谢安去世和前线主帅谢玄退隐而转为守势。前秦因淝水之战大败而元气大伤，苻坚于公元385年被羌族姚苌所杀，各族纷纷独立，北方重新陷入分裂混乱的局面，先后成立了十国。直到439年北魏重新统一北方。而东晋则延续了数十年，直至公元420年被刘裕篡位，改国号为宋。中国的南北朝时期开始。

此战的胜利者东晋王朝虽无力恢复对全中国的统治权，但却有效地遏制了北方少数民族的南下侵扰，为江南地区社会经济的恢复和发展创造了条件。淝水之战是我国古代史上以少胜多的著名战例，对后世兵家的战争观念和决战思想产生着深远的影响。

淝水之战的结果说明南北统一的时机并未成熟。

淝水之战后，东晋权力中心逐渐向军队倾斜，最终为北府兵首领刘裕篡夺。

王羲之和书法：混乱下蓬勃发展的书法

魏晋时期是中国书法作品艺术的一个迅速发展时期，魏晋书法笔端含情，崇尚自然而又飘逸狂放的风格，开创了清丽俊逸的书风。在中国历史上，魏晋时期是一个动荡多变的时期，政治上南北分裂，士大夫们彻底冲破了"独尊儒术"的思想束缚，摆脱礼教约束，重新找寻自我价值，追求人格之美，高扬自我生命意识。这些直接造就了魏晋书法师法自然、不拘礼法的飘逸书风。魏晋书风的代表应数行草。魏晋行草，线条飘洒，字体内含爽利风骨，

大事件	年号	帝王	公元 单位：年
拓跋珪称代王，重建代国，改称魏，史称北魏。	太元十一年	孝武帝	386
后燕慕容垂大破西燕军，西燕亡。	太元十九年		394
罗马帝国分裂成东、西两大帝国。	太元二十年		395
后燕慕容德称燕王，史称南燕。拓跋珪迁都平城（山西大同），即帝位，是为北魏道武帝。	隆安二年	安帝	398
桓玄举兵杀殷仲堪、杨佺期。	隆安三年		399
晋朝廷以桓玄都督八州、八郡，领二州刺史。	隆安四年		400

公元 单位：年	帝王	年号	大事件
402	安帝	元兴元年	桓玄举兵南下，刘牢之先倒戈，后又欲反桓玄，最后自杀。
403		元兴二年	桓玄废安帝，自称帝，国号楚。
404		元兴三年	刘裕起兵讨伐桓玄。桓玄挟帝奔走江陵，兵败被杀。安帝复位。
405		义熙元年	刘毅击灭桓玄弟桓振余部，迎帝还建康，桓玄之乱平定。
407		义熙三年	匈奴赫连勃勃自称大夏天王，夏始于此。 后燕慕容云自称天王，史称北燕。后燕亡。

气韵流荡，给人天高云淡、风清月明之感，备受后人推崇。魏晋时期著名的书法家颇多，最为后人称颂的当为王羲之父子。尽管二王书法在造诣上略有不同，但二人书风中流露出的精神内涵却是一脉相承的，那就是充溢着魏晋文人对自然崇尚和追求的神俊纵逸的魏晋风度。

除了儒家、道家思想外，佛家思想对中国书法的影响也是很深远的。佛教自东汉传入我国，经过约六百年时间的酝酿才基本成熟。在魏晋时期佛理借助"性空"思想，浸染玄理，给同期书法带来一片清淡。我国古代的一些著名书法家便是僧人，比如佛印、怀素等。

拓跋鲜卑的崛起：北方重新统一，创造了恢复和发展的条件

拓跋鲜卑本来是被前秦征服的少数民族的一支，但是在雄才大略的首领拓跋珪的率领下，趁淝水之战后的前秦势力真空期起兵反抗，并且在汉人谋士的帮助下，建立代国，并对有功之人进行奖励。不久，代国的中央机构和权力中枢基本形成，一个复兴的奴隶制国家在漠南草原重新崛起。

不久，代国势力扩大后，改国号为魏，史称北魏，拓跋珪是为道武帝。公元395年，后燕攻北魏，拓跋珪面对强大敌人的进攻，针对其恃强轻敌的特点，采取示弱远避、待疲而击的方针，同时注重瓦解对方军心，奋勇追击，在参合陂(今内蒙古左凉城东北)决战中歼灭四五万燕军。从此改变了两国力量对比，北魏势力进入中原。

公元396年，拓跋珪乘胜进击，亲率40余万大军南下，一举灭燕，统一了北方。拓跋珪击败后燕进入中原后，鼓励农业生产，其奴隶主贵族也逐渐汉化转化为封建地主。

统一北方后，拓跋珪实行了一系列的民族融合措施，这些民族融合的政策让南北朝时期重新有了统一的希望。

大事件	年号	帝王	公元 单位：年
北魏道武帝拓跋珪在政变中被杀，子拓跋嗣继位，是为明元帝。	义熙五年	安帝	409
刘裕破广固，灭南燕。	义熙六年		410
孙恩、卢循之乱被平定。			
刘裕军克长安，灭后秦。	义熙十三年		417
刘裕受相国、宋公、九锡之命。	义熙十四年		418
刘裕废杀安帝，另立恭帝。			

南北朝

由公元420年军事贵族刘裕篡东晋建立南朝宋开始，至公元589年隋灭南朝陈为止。该时期上承东晋、五胡十六国，下接隋朝。虽然各有朝代更迭，但长期维持对峙，所以称为南北朝。

南北朝是我国的大分裂时期，其最大的特色就是分裂。

政治分裂。其实从西晋灭亡开始，黄河中下游地区就由各种各样的割据势力把持着，这些势力都先后建立起自己的国家，史称十六国。而南方，则在南朝宋建立后，先后有宋、齐、梁、陈四个短命王朝。

经济分裂。无论在什么地区和哪个政权中，多种经济形态并存，坞堡庄园、农奴、自由民、原始部落等各种经济制度分布在整个统治地区。而畜牧业生产方式由传统的北方草原逐渐南传，南方得以深度开发。这些都让经济生产呈现不同的方式。

军事分裂。政治分裂的基础就是军事分裂，而军事分裂也加剧了政治分裂。

文化分裂。南北朝的对立对南北文化的交流产生了障碍，北方刚健的文风和南方玄远的哲理各具特色。

阶层分裂。自魏晋以来的九品中正制发展到顶峰，无论是在什么政权中，世家大族依然占据着最重要的地位，形成了七大高门，而寒门庶族则被排挤在政权之外。

但很显然，在中国这片大一统的土地上，分裂只是暂时的，是不可能长久存在的。

北魏·执号骑兵陶瓷雕像

刘裕篡晋：军阀势力和门阀势力的斗争

淝水之战中，中下层军阀刘裕的势力得以迅速崛起。

元兴三年（公元404年），刘裕在家乡京口起兵讨伐篡晋的楚帝桓玄。405年，刘裕击败桓玄，晋安帝司马德宗复位，任刘裕为侍中、车骑将军、中外诸军事、徐、青二州刺史、兖州刺史、录尚书事，刘裕彻底控制了东晋朝政。此后，刘裕在不到20年的时间里，对内平息战乱，对外北伐中原名族，通过一系列的战争，成为东晋首屈一指的军阀。

元熙二年（公元420年），刘裕逼迫司马德文禅让，继皇帝位，国号大宋，改元永初。东晋灭亡，中国开始进入南北朝时期。刘宋初期，因刘裕在晋朝末期收复北方的青、兖、司三州，大致拥有黄河以南的广大地区，成为东晋南朝时期疆域最大，实力最强，经济最发达，文化最繁荣的一个王朝。刘裕在位期间，政治清明，颇有作为，史称宋武帝。

刘裕取代东晋，是军阀势力对门阀势力的胜利，很显然，在长达一百多年不断的战争中，拥有声望的门阀再也

大事件	年号	帝王	公元 单位：年
刘裕废恭帝，篡夺帝位，改国号为宋，是为宋武帝。	元熙二年	东晋恭帝	420
南朝开始。	永初元年	宋武帝	420
武帝亲测试诸州郡秀才、孝廉。	永初二年		421
北凉沮渠蒙逊破敦煌，李恂自杀，西凉亡。			
宋武帝卒，太子刘义符即位，是为少帝。	永初三年		422
魏明元帝卒，子拓跋焘即位，是为太武帝。	泰常八年	北魏明元帝	423
宋少帝嬉游无度，司空徐羡之等废杀少帝，迎立刘义隆为文帝。	景平二年	宋少帝	424

公元 单位：年	帝王	年号	大事件
426	宋文帝	元嘉三年	宋文帝宣布徐羡之等人废杀少帝之罪，将其诛杀。
430		元嘉七年	宋第一次北伐，失败。
431		元嘉八年	西秦亡。
436		元嘉十三年	宋文帝忌檀道济威名，将其杀害。
436	北魏太武帝	太延二年	北魏伐北燕，北燕国主冯弘焚龙城宫殿，逃往高丽，北燕亡。
439		太延五年	北魏攻北凉，北凉哀王沮渠茂虔（牧犍）向北魏投降。北魏统一北方。

无法维持对军阀的绝对优势了。

宋、齐、梁、陈的更替：缺乏"正统"观念下的短命王朝

自公元420年东晋王朝被刘裕篡权后，在南方先后出现了宋、齐、梁、陈四个朝代，而它们存在的时间都相对较短。其中最长的不过59年，最短的仅有23年，是我国历史上朝代更迭较快的一段时间。

南朝相对北朝，政治局面相对安定。各个王朝都对经济进行了大开发，使得南方人口大量增加。据统计，464年宋国户口90.8万余，人口468万余。发达地区如会稽郡，人口达35万。

不过，南朝对外的军事实力越来越弱，到了陈时，其势力已经完全收缩至长江以南，再也不复有东晋时期，南北对立的气势。

南朝的另一大特色就是统治者内部争权夺利的内斗不断，且极其残酷，宋武帝刘裕有7个儿子，文帝刘义隆有

19个儿子，孝武帝刘骏的儿子更多达28个，明帝刘彧也有12个儿子，然而这些王爷们在残酷的皇室斗争中能得善终的往往只有几人。

宋、齐、梁都灭亡于军事将领的起兵反叛，原因就是东汉灭亡后，正统观念丧失。至此，武力取代了传统，成了君权的最大支柱，而佛教盛行，儒家文化的缺失，更是让人们减少了对君权神授的敬畏。

祖冲之推算圆周率：南北朝时期科学技术的新发展

当时由于南朝社会比较安定，农业和手工业都有显著的进步，经济和文化得到了迅速发展，从而也推动了科学技术的进步。因此，在这一时期内，南朝出现了一些很有成就的科学家，祖冲之就是其中最杰出的人物之一。

祖冲之的祖父祖昌，曾在刘宋政权里担任过大匠卿，负责主持建筑工程，掌握了一些科学技术知识；同时，祖家历代对天文历法都很有研究，因此祖冲之从小就有接触科学技术的机会。

大事件	年号	帝王	公元单位：年
道士寇谦之向魏太武帝献《神书》，魏因此改元"太平真君"。	太延六年	北魏太武帝	440
魏禁止私养沙门、巫师于家，违者皆处死。	太平真君五年		444
因鄯善封闭魏到西域的交通，魏出兵攻打鄯善，其王投降，西域复通。	太平真君六年		445
魏太武帝灭佛，史称太武法难。为中国佛教史上第一次大规模灭佛事件。	太平真君七年		446
魏攻龟兹。	太平真君九年		448

公元单位：年	帝王	年号	大事件
450	宋文帝	元嘉二十七年	宋第二次北伐。遣王玄谟大举攻魏，魏军渡河南下，声势浩大，吓退王玄谟，宋军损失惨重。
452	北魏文成帝	兴安元年	魏发生国史之狱。魏太武帝遭中常侍宗爱杀害，南安王拓跋余即位，宗爱专权乱政。
453	宋文帝	元嘉三十年	宋内乱，武陵王刘骏即帝位，是为孝武帝。
455	宋孝武帝	孝建二年	宋孝武帝下诏令，变相削藩。
464		大明八年	宋孝武帝卒，太子刘子业即位，是为前废帝。

祖冲之所写的《缀术》一书，被收入著名的《算经十书》中，作为唐代国子监算学课本，可惜后来失传了。《隋书·律历志》留下一小段关于圆周率（π）的记载，祖冲之算出π的真值在3.1415926和3.1415927之间，精确到小数点后第7位，这是数学发展史上的巨大成就。

祖冲之还给出了π的两个分数形式：22/7（约率）和355/113（密率），其中密率精确到小数点后第7位。在西方，这一结论直到16世纪才由荷兰数学家奥托重新发现。

魏太武帝和北周武帝灭佛：世俗王权对神权的强力统治

佛教自东汉传入中国后，到了南北朝时，得到了一个黄金发展期。因为当时人们身逢乱世，缺少精神寄托，所以宣扬"来生"的佛教受到了人民大众的欢迎。在当时的政策上，佛教寺院不用交税，更是对人们有着莫大的吸引力。

不过为了提升国力，有远见的统治者都选择限制佛教。南北朝时期，最为著名的就是北魏太武帝灭佛和北周武帝灭佛。

太武帝的灭佛行动，始自太平真君五年（公元444年）的弹压沙门，他下令上自王公，下至庶人，一概禁止私养沙门，并限期交出私匿的沙门，若有隐瞒，诛灭全家。后来，太武帝进一步推行废佛政策：诛戮长安的沙门，焚毁佛经、佛像。一时之间，举国上下震恐，佛教遭受巨大的打击。不过六年后，太武帝驾崩，崇信佛教的太子文成帝登基，佛教重新繁荣起来。

公元568年12月，北周武帝掌握大权后，下令讨论佛、道、儒三教问题，佛教排在最后，并于建德三年（公元574年），周武帝下诏灭佛，一时间，北周境内佛寺、佛经、僧人都遭受重大打击。

北周的灭佛政策，一举摧毁寺院4万座，强迫300万僧尼还俗，这相当于当时总人数十分之一的人重新成为国家编户，这对北周实力的增强作用是毋庸置疑的。

北魏孝文帝改革：游牧民族对文明的追求

在统一北方的过程中，北魏统治者对各族人民实行了

大事件	年号	帝王	公元 单位：年
宋前废帝被杀，刘彧即位为明帝。魏文成帝卒，子拓跋弘即位，是为献文帝。	景和元年	宋前废帝	465
北魏献文帝传位给五岁的儿子拓跋宏，是为北魏孝文帝。	延兴元年	北魏孝文帝	471
宋明帝刘彧卒，太子刘昱立，为后废帝，年十岁。	泰豫元年		472
魏献文帝卒，冯太后临朝称制。西罗马帝国灭亡。	元徽四年	宋明帝	476
齐高帝萧道成卒，太子萧赜立，是为武帝。	建元四年	南朝齐高帝	482
萧鸾自立，是为明帝。	建武元年	南朝齐明帝	494

公元 单位：年	帝王	年号	大事件
494	南朝齐明帝	建武元年	洛阳龙门石窟大约在此年前后开始建造。
495		建武二年	魏孝文帝开始改革。
498		建武五年	齐明帝卒，太子萧宝卷即位，是为东昏侯。
500	北魏宣武帝	景明元年	魏孝文帝卒，太子元恪即位，是为宣武帝。
501	南朝齐和帝	中兴元年	齐萧衍在江陵拥南康王萧宝融为帝，是为和帝。东昏侯被杀。
502	南朝梁武帝	天监元年	南朝齐被梁王萧衍篡夺，改国号为梁，是为梁武帝。

民族歧视和残酷的民族压迫政策，在征服战争中也常常出现较大规模的厮杀，民族矛盾不断激化。到了北魏中期，由于统治阶级过度的剥削和压迫，阶级矛盾也日益尖锐起来，农民起义连年爆发。

公元471年，北魏孝文帝拓跋宏继位。为了巩固北魏的统治，他开始进行改革。

改革分为两个阶段，第一阶段：创建新制度，政治方面采取俸禄制和三长制（设邻长、里长和党长）；经济方面实行均田制和租调制。三长制的设立配合均田制的推行，强化了中央对地方的控制。 新的租调制规定：一对夫妇每年向政府缴纳一定数量的租调，使农民负担大为减轻，国家收入增加。 第二阶段则进一步深化汉化程度。公元494年，迁都洛阳；改变风俗习惯：易汉服、讲汉话、改汉姓、通汉婚、定门第、改籍贯；学习汉族典章制度：尊儒崇经，兴办学校；恢复汉族礼乐制度；采纳汉族封建统治制度等。

孝文帝改革让北魏的国内矛盾得到了缓和，民族关系更加融洽，但是也加剧了国内守旧贵族和新贵族的斗争，北魏的衰败不可避免了。

北魏内乱，高欢专权：北魏的内乱和分裂

北魏孝文帝改革中，沿长城设置了的六个军镇，分别是沃野、怀朔、武川、抚冥、柔玄、怀荒，为了防范柔然等民族的入侵，长年有鲜卑族兵马驻守于此。

北魏汉化后，王公朝士多以清流自居，六镇兵民不仅被边缘化，还受到朝贵的鄙视和轻蔑。魏孝明帝正光四年（公元523年），柔然南侵，怀荒镇兵民无粮可食，请示镇将开仓放粮。镇将不准许。兵民忍无可忍，聚众杀镇将起义，六镇大乱。524年，沃野镇破六韩拔陵（匈奴族）起义，声势浩大，席卷边城。北魏大惊，联合柔然一同镇压，击杀破六韩拔陵，把二十多万被俘兵民全部安置到河北一带。河北本来连年水旱灾害，一下子又来了这么多俘囚，矛盾激化，反叛不断，接连有杜洛周、鲜于修礼、葛荣等将领起兵叛乱，相互兼并，割据一方。

这种情况下，北魏乱成一团，统治力量衰落，而在连年的战争中，高欢作为军事贵族迅速崛起。

讨灭各地叛乱后，受到孝武帝猜忌的高欢驻扎在军事重镇晋阳，不再听从皇帝号令，而朝政大权则在对高欢的

大事件	年号	帝王	公元 单位：年
梁武帝攻魏，以临川王萧宏为帅，屯洛口，军容盛大。	天监四年	南朝梁武帝	505
魏宣武帝亲自讲《维摩诘经》。	永平二年	北魏宣武帝	509
洛阳佛教兴盛，寺庙增多。			
魏宣武帝卒，太子元诩立，是为孝明帝，胡太后临朝称制。	延昌四年		515
北魏六镇之乱爆发，魏国开始分裂。	正光四年	北魏孝文帝	523
东罗马帝国查士丁尼大帝即位（至公元565年）。	孝昌三年		527

164

公元 单位:年	帝王	年号	大事件
528	北魏孝明帝	武泰元年	魏孝明帝被胡太后杀害,胡太后立元钊为帝,年三岁。
529	北魏孝庄帝	永安二年	基督宗教教士圣本笃创立"本笃会",并且制定"修道规则",要求修士做到"贞洁、安贫、服从"三誓言。其影响基督宗教之修行制度直至公元13世纪。
530	北魏长广王	建明元年	尔朱兆等人立长广王元晔为帝,入洛阳,杀孝庄帝。
531	北魏节闵帝	普泰元年	尔朱世隆废元晔,立官陵王元恭为帝,是为节闵帝(前废帝)。

不断征伐中,落入宇文泰的手中,于是北魏实际上分成了两部分。

北周和北齐建立:山东势力和关中势力的对抗

宇文泰,字黑獭,是鲜卑化的匈奴人,出身军事将领世家。尔朱荣击灭葛荣后,因喜欢宇文泰的骁勇善战,就授他为统军一职。高欢灭尔朱氏后,受贺拔岳之托去并州查看虚实,高欢见宇文泰身长八尺,垂手过膝,相貌非常,想留下他为自己效力,但是被宇文泰所拒绝。

高欢换掉皇帝后,又觉洛阳西近西魏,南近梁国,就决定迁都邺城。命令下达后,三日即行,四十万户民众狼狈就道。高欢又任命司马子如为尚书左仆射,高隆之为右仆射,高岳为侍中,孙滕留守邺城,共执朝政。

宇文泰杀死孝武帝后,北魏分裂为东魏和西魏两部分。不久,高欢和宇文泰不再扶植拓跋氏的傀儡,开始自立为帝。

公元550年,高欢之子高洋代东魏自立,国号齐,建元天保,建都邺,史称北齐。公元557年,宇文泰长子宇文觉废西魏恭帝自立，国号周，建都长安，史称北周。

北齐和北周的对立，表现为长久的军事对抗，这让北方重新陷入分裂。从这里开始，以长安为代表的关中势力和以洛阳为代表的山东势力的分裂公开化，一直持续到唐朝末年，"关中出将，山东出相"的传统都没改变。

宇文泰改革：府兵制让人看到了统一的曙光

在继承北魏的遗产时，高欢占有优势，继承了更多的部分。为了和东魏争霸，西魏的实际统治者宇文泰对外不得不和柔然联合，对内进行军事改革，其中最重要的一项就是府兵制改革。

公元537年，宇文泰开始整军。大统三年七月，宇文泰集诸军于咸阳；八月，率之于潼关整军，宣布军法军规：不得贪财轻敌，不得作威于百姓，与敌作战，用命则赏之，逃脱皆戮之。通过这次整顿，西魏军队的战斗力大大提高。不久，沙苑之战爆发，最后宇文泰以少胜多，击溃了20万高欢军，并俘虏了8万多人。

大事件	年号	帝王	公元 单位：年
魏高欢废元朗，拥立孝明帝的堂弟平阳王元脩，是为孝武帝。高欢掌握实权，任大丞相等职。	太昌元年	北魏孝武帝	532
魏孝武帝讨伐高欢不成，往长安投奔宇文泰。	永熙三年	北魏孝武帝	534
高欢立元善见为帝，是为东魏孝静帝。			
宇文泰弑杀孝武帝，立南阳王元宝炬，是为西魏文帝。			
北魏一分为二，东、西魏的实权分别落入高欢、宇文泰之手。	天平元年	东魏孝静帝	534
西魏宇文泰定新制。	大统元年	西魏文帝	535
西魏宇文泰在沙苑（陕西大荔）大败东魏高欢。	大统三年		537

公元 单位：年	帝王	年号	大事件
542	西魏 文帝	大统 八年	宇文泰创建府兵制。东魏高欢卒。
548	南朝 梁武帝	太清 二年	"侯景之乱"爆发。侯景逼入建康，围宫城。
549		太清 三年	侯景攻破建康。梁武帝忧愤而死，太子萧纲即位，是为简文帝。
550	北齐 文宣帝	天宝 元年	北朝东魏被齐王高洋篡夺，改国号为齐（北齐）。是为齐文宣帝。
552	南明 梁元帝	承圣 元年	梁将王僧辩、陈霸先破侯景，侯景被杀。
554		承圣 三年	西魏宇文泰废元钦，立齐王元廓，是为恭帝。

随着军队素质的提高，宇文泰又进一步扩充军队，壮大军事力量。宇文泰在接受贺拔岳的以武川兵户为骨干的军团时，这一军团人数不过数千人，击败侯莫陈悦后，其大将李弼拥众万人来归降。此后，跟随孝武帝元修入关的由鲜卑族人组成的北魏宿卫禁旅也有近万人，合起来，宇文泰掌握的军队约有近三万人，分别由十二个将军率领。

公元542年，宇文泰正式建立六军，当时已有士兵约10万人，是为最早的府兵制。

府兵出则为兵，入则为民，对国家的向心力远高于对将领的向心力，因此很好地遏制了武将的权力，为乱世的终结打上了休止符。

范缜"神灭论"：唯物主义思想对佛教盛行的攻击

南北朝时期，除了政治上对佛教的打击外，另一对佛教势力最大的冲击来自于思想上——范缜和他的《神灭论》。范缜是南朝齐、梁之交的官员，年少家贫，但是长大后博学多识，在当时有很大的名声。

公元489年，以齐国竟陵王萧子良为首的佛门信徒与范缜展开了一场大论战。萧子良问范缜说："你不信因果报应说，那么为什么会有富贵贫贱？"范缜说："人生如同树上的花同时开放，随风飘落。有的落上地毯，有的落入污池……贵贱虽然不同，但哪有什么因果报应呢？"

不久范缜写出了著名的《神灭论》，简明扼要地概括了无神论与有神论争论的核心问题，即形与神之间的关系。他说："形即神也，神即形也。"所谓"形"是形体，"神"是精神，"即"就是密不可分。范缜认为，精神与形体不可分离。只有形体存在，精神才存在；形体衰亡，精神也就归于消灭。在范缜看来，形体和精神是既有区别、又有联系的不能分离的统一体。

不过范缜官位不高，所以在官本位社会中，他的著作及言论在当时并没有产生很大的冲击力。

刘义庆编纂《世说新语》：对魏晋风度最完备的记述

南北朝时期，在文化上最突出的事件就是刘义庆主编

大事件	年号	帝王	公元 单位：年
萧詧在江陵称帝，为西魏附庸，史称西梁（后梁）。	绍泰元年	南朝梁敬帝	555
宇文护迫使恭帝禅位给宇文泰之子宇文觉。	绍泰二年		557
同年，宇文觉称大周天王，建立北周。			
南朝梁被陈霸先篡夺，改国号为陈，是为陈武帝。	永定元年	南朝陈武帝	557
陈武帝卒，侄儿陈蒨即位，是为文帝。			

公元 单位：年	帝王	年号	大事件
559	北齐文宣帝	天保十年	齐文宣帝高洋卒，子高殷即位，是为废帝。
560	北齐废帝	乾明元年	齐常山王高演废高殷，自立为帝，是为孝昭帝。
560	北周明帝	武成二年	周宇文护毒杀明帝宇文毓，立毓弟宇文邕，是为武帝。

了《世说新语》。

刘义庆（403~444年），是南朝宋皇室中比较偏远的一支，年少时就爱好文学，居住在扬州、建康等地，深受魏晋名士文化的熏陶。并且年纪轻轻的他就担任秘书监一职，掌管国家的图书著作，从而有机会接触与博览皇家的典籍，这为《世说新语》的编撰奠定了良好的基础。

《世说新语》原名《世说》，共8卷，今本作3卷，分德行、言语、政事、文学、方正、雅量、识鉴、赏誉等36门，是一部笔记体小说集。此书不仅记载了从汉魏至东晋士族阶层的言谈、轶事，反映了当时士大夫们的思想、生活和清谈放诞的风气，也记录了名士趣闻轶事、长相言行，是一部较为重要的史料。

长达三年八个月的侯景之乱：对士族的巨大打击

侯景是羯族人，曾是东魏将领，后又投靠西魏。梁武帝为收复中原而招纳侯景，封为河南王。不久，梁武帝打算用侯景和东魏求和，这件事激怒了侯景。公元548年侯景举兵反叛，率军攻入京城建康，将皇宫围住。

侯景过长江时兵不过8千，马不过数百，而当时台城中尚有男女10余万，甲士2万多，四方援军相继奔赴建康者30余万。但援军无统一指挥，多持观望态度，宗室诸王屯兵不前，只想保存实力以夺取皇位。太清三年（549年）三月，侯景攻陷台城。侯景得势后，软禁了梁武帝。不久，梁武帝忧愤而死。公元551年，侯景自立，国号汉。次年，被大将陈霸先击败，侯景之乱平息，历时3年8个月。

侯景之乱使南朝士族势力遭到沉重打击，对南方社会造成极大破坏，六朝古都建康变成了荒丘，而且最为特殊的是，王、谢等高门大族被屠戮一空。在应对侯景之乱的过程中，高门世家的无能充分暴露，一些贵族子弟竟然会因为坐太久而窒息死亡，这些都表明士族对国家政权的掌握难以为继。

北周灭北齐：内改革、外扩张的发展典范

在北方民族大融合的背景下，北齐统治者对汉族统治

大事件	年号	帝王	公元 单位：年
齐孝昭帝高演卒，弟长广王高湛立，是为武成帝。	皇建二年	北齐孝昭帝	561
齐武成帝高湛传位给太子高纬，是为齐后主。	河清四年	北齐武成帝	565
陈文帝陈蒨卒，子陈伯宗立，是为临海王（废帝）。	天康元年	陈文帝	566
陈安成王陈顼废临海王（废帝）陈伯宗。	光大二年	陈废帝	568
陈安成王陈顼即帝位，是为宣帝。	太建元年	陈宣帝	569
周武帝诛杀宇文护。	天和七年	北周武帝	572

公元 单位：年	帝王	年号	大事件
573	陈宣帝	太建五年	陈遣吴明彻等人北伐攻齐。
574	北周武帝	建德三年	周武帝诏禁佛、道二教，并令沙门、道士还俗。
575	陈宣帝	太建七年	陈遣车骑将军吴明彻攻齐，破齐军。
576	北周武帝	建德五年	周武帝大举伐齐，破晋阳，齐后主逃邺都。
577	北齐幼主	承光元年	齐太子高恒即位，是为幼主。 周兵入邺都，齐王公以下皆投降。

方法的排斥不利于国家的强大。而且北周从宇文泰开始就有改革的传统，对内发展军事实力，同时抑制佛教，鼓励生产，国力得以迅速增强。而北齐在建国后则不思进取，反而因为皇室的一次次内乱，使得国力迅速衰败下去。在这种情形下，北周连年对北齐进行战争，并不断获得土地和人口，压制了北齐的战略空间。雄才大略的周武帝时期，北周灭亡北齐的时机已经成熟。

公元576年，北齐名将斛律光因为皇室政变遭受牵连，被杀。北周趁势出击，国力大衰的北齐无力阻挡，连连败北。12月，北周军攻入邺城，北齐文武百官皆降。皇帝高恒禅位于任城王高浩，自己与高纬等逃到青州。宇文邕派兵追击高纬和高恒至青州，不久北齐末代皇帝被周军俘获。

577年2月，北周击败北齐的反抗势力，统一北方。

南朝陈：不作为下政权灭亡的又一明证

北周统一北方后，全国唯一的割据势力就是苟安于江南地区的陈。然而没有等到陈灭亡，北周就被隋取代。

陈霸先是在侯景之乱中崛起的军事将领，他功勋卓著，最后篡夺了梁的江山，并击败了其他军事将领，建立了陈国，史称陈宣帝。陈霸先还在建康附近打败北齐军，巩固了统治，不过因为国力衰微，依然局限于江南地区。公元583年，陈宣帝病逝。其子陈叔宝即位，史称陈后主。

当时陈虽然弱小，但是江南富庶，北朝正处于周、隋交替时期，也是动荡不安，如果他励精图治还是可以大有作为的。然而陈后主继位后，流连于美色之中，不理朝政，整日和妃子在后宫中宴饮、作诗词（陈后主的词是南朝一绝），而朝堂上则是小人当道，以至于国内怨声载道。此消彼长之下，陈离灭亡就不远了。

公元589年，隋军渡过长江，攻入建康地区，不过陈后主依然认为长江天险是最大的安全保障。直到隋军兵临城下，才下令让名将萧摩诃出击，不过此时已经无力回天。

隋军攻入宫中后，陈后主慌忙和最心爱的两个妃子躲入宫中的枯井中，但最后仍旧被俘虏。

虽然陈不作为，最后灭亡，让人惋惜，然而全国统一，长达300多年的分裂局面结束，中国历史翻开了新的一页。

大事件	年号	帝王	公元 单位：年
周援军至彭城，大败陈军，吴明彻被俘。	宣政元年	北周武帝	578
周宣帝传位太子宇文衍，是为静帝，宣帝自称天元皇帝。	大成元年	北周宣帝	579
周天元皇帝宇文赟卒，杨坚辅政。	大象二年	北周静帝	580

隋 朝

公元581年到公元618年，我国进入第四个大一统的王朝时期——隋朝。

政治制度上，基于隋统一前几百年的混乱，隋统一后，统治者力求削弱士族的影响，加强中央集权，进行各种改革：推行科举制，将选拔官吏的权力从世家大族手中收回；加强府兵制的作用，使军队由国家直接控制；除此外，颁布均田令、统一货币、制定《开皇律》等，这些都为结束政治的混乱打下了良好的基础。政治上的改革带来经济的恢复和发展，隋大业年间，人口统计有户8 907 536，有口46 019 956，而这个数据直到唐开元年间才被超越，而隋代的储藏直到唐兴起后半个世纪才用完，这也证明了隋的繁华。

隋文帝杨坚在一定程度上拯救了中国传统文化，因为春秋以来的文化典籍经几百年来的混战，因战火焚毁等原因，遗失、损毁大半。公元583年隋文帝下诏求书，献书一卷赏绢一匹。隋朝藏书最多时有37万卷，77 000多种图书。这些也证明了隋朝文化的繁荣。

可以说，隋朝是中国历史上既让人赞美又让人惋惜的朝代。

隋朝·牛车雕像

杨坚篡夺北周江山：执国政、交内室、废幼主，阴谋者的共同做法

杨坚出身关陇军事贵族集团，家族是北周的支柱之一，其父杨忠跟随北周宇文泰起义关西，因功赐姓普六茹氏，而其妻则出身于另外一个军事世家独孤氏。

周静帝即位时才7岁，杨坚就以外戚身份控制了北周的朝政。杨坚当上丞相以后就开始了篡夺北周大权的计划，他先是骗北周宗室——赵王招、陈王纯、越王盛、代王达、滕王逌到长安，然后杀死他们，接着又消灭了其他对自己有威胁的政敌。

公元581年，北周静帝下诏宣布禅让。杨坚三让而受天命，自相府着常服入宫，备礼即皇帝位于临光殿，定国号为隋，改元开皇，史称隋文帝。

从杨坚篡位的过程来看，阴谋者篡权夺位拥有以下条件：一是家族势力雄厚，拥有较高的声望和地位；二是个人能力突出，能做出让万众瞩目的事情；三是皇室内部混乱或者衰弱，给对方以可乘之机。而在实际操作中，这些篡权者更是结交内侍，通宫内消息，把持朝政，铲除异

大事件	年号	帝王	公元 单位：年
北周被杨坚篡夺，改国号为隋，是为隋文帝。	开皇元年	文帝	581
陈宣帝卒，太子陈叔宝即位，是为陈后主。	开皇二年		582
隋文帝下诏于龙首山建新都，名大兴城。			
隋迁都大兴城。	开皇三年		583
隋沿河设置黎阳、河阳、常平、广通仓，运粟以供长安。			
隋文帝命令宇文恺开凿广通渠，以方便从水路运输粮食到京师大兴城。	开皇四年		584
西梁主萧岿卒，太子琮嗣立。	开皇五年		585

公元 单位：年	帝王	年号	大事件
586	文帝	开皇六年	隋遣十五万人于朔方以东险要处，增建数十城。
587		开皇七年	隋令诸州岁贡士三人（一般认为此即宣布取消中正官、终止九品官人法之始）。隋灭西梁，召萧琮入朝，西梁亡。隋造战船，准备伐陈。
588		开皇八年	隋文帝下诏攻陈。以杨广、杨素等为元帅，分八路大军伐陈。
589		开皇九年	南朝陈被隋朝军队攻灭，匿藏于枯井中的陈后主等人被俘虏，遣送至长安。南北朝时期结束，隋统一天下。

己。最后一道程序则是逼原来的皇帝假惺惺地禅让，以证明自己继承皇位是"天命所归"。

隋朝灭南陈：大一统时代的再次来临

经过隋文帝的改革和治理，隋朝国力增强，而南陈依然醉生梦死，隋灭陈一统中国的时机已经成熟。

开皇八年（公元588年），文帝下诏，列举陈后主罪行20条，准备攻陈。不久，隋文帝在寿春置淮南道行台省，以晋王杨广为行台尚书令，杨素为行军元帅，高颎为晋王元帅长史，右仆射王韶为司马，集中五十多万大军灭陈。

隋军自长江上游至下游分为八路攻陈，而南陈则军备废弛，陈后主依然沉浸在醉生梦死的繁华中。灭陈战争进展顺利，590年2月，南伐军主帅杨广入建康，收复南陈各地，不久隋文帝派韦洸等前往安抚广东地区的割据势力，岭南各州皆归于隋。

至此，中国统一，从公元316年西晋灭亡时开始的分裂局面结束。

隋文帝的历史功绩分析

隋文帝登基后，接手的是一个百废待兴、百乱待治的局面，在他的精心治理下，隋朝迅速强大繁荣起来。他不仅完成统一中国的大业，还使隋朝政权稳固，社会安定，户口锐增，垦田速增，积蓄充盈，文化发展，甲兵精锐，对外战争连年胜利，人民生活相对安定。后人一般将隋文帝统治的时代称为"开皇之治"。

隋文帝先后进行了一系列改革，在中央设尚书、门下、内史三省，并在行政机构尚书台中设立吏部、礼部、兵部、都官、度支、工部六部，加强了中央集权和行政效率，开创了中国封建社会政治体制的新阶段。在地方上简化行政制度，减少官吏数量，减轻百姓负担。修订《开皇律》，删减一些较残酷的法律处罚条文。颁布均田令，分配土地，鼓励农桑的政策让经济进一步发展，奠定了盛世繁华的基础。

而在对外战争上，采取分化、拉拢和打击相结合的政策，击败强盛的鲜卑族，让北方边境得以安定。对内战争，则命令军队击败陈，统一中国。

大事件	年号	帝王	公元 单位：年
陈旧地多起事，杨素派兵平定。	开皇十年	文帝	590
以杨素为尚书右仆射，与高颎专掌朝政。	开皇十二年		592
诏建仁寿宫，使杨素监修，三年建成，丁夫死者以万计。	开皇十三年		593
允许突厥突利可汗娶隋朝公主，以分化突利与都蓝。			
突厥突利可汗迎娶隋公主，突厥都蓝可汗不前来朝贡。	开皇十七年		597
吐谷浑大乱，可汗世伏被杀，另立其弟伏允。			
高丽遣使入隋。			

公元 单位：年	帝王	年号	大事件
597	文帝	开皇十七年	高丽王高汤卒，儿子高元继位。
598		开皇十八年	高丽王侵扰辽西。文帝命汉王杨亮等人率军攻高丽，因粮运不继，又遇大风、疾疫，被迫撤退而还。
599		开皇十九年	隋高颎等人破都蓝，杨素等人破达头。 隋立突利可汗为启民可汗。达头自立为步迦可汗（西突厥）。
600		开皇二十年	杨素、史万岁等分别领兵出塞，去败西突厥步迦可汗。

可以说，隋文帝的历史功绩非凡，是我国历史上一位有雄才大略的君主。

宇文恺兴修长安、洛阳：东方的京城、国都

在隋朝雄厚而强大的经济实力前提下，隋文帝下令，在长安城的西北方修建大兴城，由杰出的建筑家宇文恺主持修建。因长安城水运不畅，同时也为了加强山东和关中的联系，隋炀帝杨广登基后，于大业元年（公元605年），下令杨素等人负责修建洛阳城，宇文恺担任总设计师。

经过两百万人一年的努力，这项工程终于完成。新建的洛阳城有宫城、皇城和外廓城。外廓城也就是大城，周围有七十里长。里面的皇城是文武百官办公的地方。再往里，就是宫城，周围有三十里。在洛阳西郊建筑有一座西苑，占地二百多亩。

洛阳城处在国家的中心地带，可以有效地治理江南，控制北方，巩固国家。大业五年，隋炀帝按其地理位置把洛阳定为东都，长安定为西都，实行双都制。后来的唐朝

也沿用隋炀帝开创的双都制。相比于长安城，洛阳可以很方便地取得粮食，减轻了百姓负担。这也为后来的唐朝繁荣昌盛打下了坚实的基础。

长安大兴城和洛阳城的修建不仅是中国古代城市建设规划高超水平的标志，也是当时国家经济实力和科技水平的综合体现。长安大兴城是"世界第一城"，它的设计和布局思想，对后世都市建设及日本、朝鲜都市建设都有深刻的影响。

隋军和突厥的战争：中央王朝强盛下的草原

北魏时期，突厥族兴起于北亚。随着突厥由原始民主制向奴隶制过渡，突厥贵族不断南下掠夺中原王朝的人口和财富，与当时北齐、北周政权时战时和，中原各王朝也用和亲政策笼络突厥。隋朝初年，突厥分为五部，其中沙钵略可汗势力最为强大。

隋文帝开皇元年（公元581年），沙钵略可汗联合其他突厥贵族侵隋，给北方边境带来战争。此后，隋朝和突厥爆发了连年的战争。隋文帝仁寿元年（公元601年）正

大事件	年号	帝王	公元 单位：年
杨广与宇文述、杨素等人勾结，得到独孤皇后欢心，陷害太子杨勇。	开皇二十年	文帝	600
文帝听信谗言，废太子杨勇，立杨广为太子。			
杨素等人大破步迦可汗，漠南至此不受突厥攻掠。	仁寿元年		601
独孤皇后卒。	仁寿二年		602
突厥步迦可汗部大乱，十余部叛变，归附启民可汗。	仁寿三年		603
隋文帝在仁寿宫遭太子杨广杀害。	仁寿四年		604
太子杨广即位，是为隋炀帝。			

公元 单位：年	帝王	年号	大事件
604	文帝	仁寿四年	隋炀帝杀害故太子杨勇。
605	炀帝	大业元年	杨谅在晋阳起兵，为杨素所败，遭幽禁而死。 炀帝命宇文恺营建东都洛阳。 又迁徙数万富商到洛阳。 发动民力开凿通济渠（黄河与淮河之间的运河）。 炀帝坐龙船到江都，船队长达二百余里。 建离宫四十余所；派人到江南造龙舟。

月，突厥步迦可汗犯边，打败隋将恒安。第二年三月，突厥思力俟斤渡过黄河，再次进犯，却被隋军击败。之后杨素率隋军追击，大败突厥，夺回被掠走的所有人口和牲畜。此后，突厥势力衰弱，分裂为两部分，其中一部分南附，另外一部分远遁漠北。

隋炀帝大业三年（公元607年），长达25年的战争结束，启民可汗入朝，中原王朝取得了对草原势力的最终胜利。

大运河的开凿成功：交通南北的大动脉

隋文帝杨坚于公元584年命宇文恺率众开漕渠，长150多公里，名广通渠。这是修建大运河的开始。

隋炀帝继位后继续进行这个未完成的工作。公元605年，隋炀帝刚登基就征发百万士兵和夫役，修造通济渠。同年又改造邗沟。大业四年，征发河北民工百万开凿永济渠以供辽东之需。公元610年沟通长江河。至此，开凿大运河的工程基本完成。

大运河从北方的涿郡到达南方的余杭，南北蜿蜒长达五千多里。大运河以余杭、洛阳、涿郡为三点，江南河、邗沟、通济渠、永济渠四段，将钱塘江、长江、淮河、黄河、海河五大水系连接起来。这是世界上最伟大的工程之一，同时也是中国南北交通的大动脉。

大运河对于中国来说远比长城更重要。大运河连接黄河流域与长江流域，连接了两个文明，使黄河流域与长江流域逐渐成为一体。可以说，这条大动脉是中国封建社会后半期的生命交通线，其漕运维系着所有政权的兴衰。

科举制开始取代察举制：中央政权对士族势力的"釜底抽薪"之策

大业三年（公元607年）四月，隋炀帝诏令文武官员有职事者举荐十科举人进京，并通过"试策"取士，是为科举制的开始。当时主要考时务策，就是有关当时国家政治生活方面的政治论文，这种分科取士，以考试取士的办法，在隋代并没有形成固定的制度，但把读书、应考和做官三者紧密结合起来，揭开了中国官吏选拔制度的重要一页，是隋代对中国历史做出的最大贡献之一。

大事件	年号	帝王	公元 单位：年
东京洛阳建造完成。	大业二年	炀帝	606
炀帝至江都北还；陈法驾，千乘万骑入东京。			
建造洛口仓与回洛仓。			
朱宽入海求访异俗，到流求（台湾）而返。	大业三年		607
改州为郡			
征发河北丁男凿太行山，以通驰道。炀帝北巡至榆林，宴突厥启民可汗及其部落。			
日本遣小野妹子等使隋。			
颁布《大业律》。改部分官制、官名。			

公元 单位：年	帝王	年号	大事件
608	炀帝	大业四年	隋炀帝下令开凿永济渠。 日本再次遣使至隋。
609		大业五年	改东京为东都。 诏天下均田。 炀帝西巡到浩亹川（大通河），出兵攻吐谷浑，可汗伏允逃遁。 炀帝西巡到燕支山（甘肃武威），高昌王等来求见。
610		大业六年	张镇周、陈稜率军自义安（广东潮州）出海至流求，以万余人回。 炀帝再次游江都。

相比于其他选拔制度，科举制更加公正、公平，将选士大权从地方官吏手中收归到中央政府，适应了中国封建社会后期不断强化中央集权制的大趋势。经过层层的考试选拔，相对提高了封建官吏的文化素养，从而保证了封建国家机器的正常运转，有利于封建国家的长治久安。通过科举考试，士子获得了参政的机会，打破了士族地主垄断统治权力的局面，一定程度上解决了统治权力再分配的问题，相应地扩大了统治基础；科举制便于笼络人心，缓解国内的阶级矛盾，有助于封建国家的稳定和发展。

科举制的考试内容，要求参加科举考试的人具有一定的文化修养，从而迫使人们学习各种文化知识，对我国教育和文化的发展有着巨大的意义。

隋炀帝下扬州，观琼花：大运河之过在何处？

南北分裂将近400年，这使得大江南北各方面的差异很大。隋朝必须在消弭政治与文化差异的背景下建立新的统一。隋文帝灭陈后推行的是以关陇为本的政策，对江南人士采取了排斥鄙视态度，基本上不吸纳江南人进入政权，因此，南方一直很不稳定。

杨广以江南总管的身份接手治理江南后，广泛收纳江南人士，大大缓和了南方士人的敌对情绪。他对自视正统的江南文人优礼有加，尊崇宽大。为更好地拉拢当地势力，他竟效法东晋著名宰相王导，学会了一口流利的吴方言。同时令潘徽领衔，集江南诸儒编撰《江都集礼》一部。杨广对于江南的稳定和发展曾做出巨大的贡献，不过这在话本小说中被丑化成"杨广下扬州，观琼花"。

握史料记载，隋炀帝巡游江都，乘船者的总人数最少也在10万人以上。据载，当时第一条船出发50天后，最后一条船才驶出。两岸挽夫牵引前进，共有挽船士8万余人。南巡船队和两岸士兵总计在二三十万人。

可以说，隋炀帝的做法错在对国家财政的肆意挥霍，而不在大运河本身。我们不能忽视的是，隋炀帝的巡游，在一定程度上震慑了江南的土豪，对维系南北统一有一定的积极作用。

大事件	年号	帝王	公元 单位：年
炀帝想东巡会稽，下令开凿江南河，自京口至余杭，通长江与钱塘江水系。	大业六年	炀帝	610
炀帝集结兵力至涿郡，准备东征高句丽。	大业七年		611
水旱灾荒，天下骚动，百姓困顿。山东、河北、河南各地有民变。			
隋军自涿郡出发攻高句丽，号称两百万。	大业八年		612
宇文述等渡鸭绿江，进逼平壤，不利而返。之后宇文述等至辽东城下，损兵三十多万。炀帝下诏退兵。			

三征高句丽失败：隋的中央力量消耗殆尽

公元 单位：年	帝王	年号	大事件
612	炀帝	大业八年	大旱，暴发疫情，太行山区尤其严重。
613		大业九年	炀帝再渡辽水击高句丽，诸将攻辽东城，宇文述进军平壤。
			杨玄感（杨素之子）起兵反隋。第二次征高句丽因此失败。
			杨玄感败死，但各地反隋义师续起。
614		大业十年	第三次征兵攻打高句丽。
			炀帝前往涿郡，沿路士兵多逃亡，无法禁止。
			将军来护儿渡海破高句丽兵。
			高句丽王高元遣使求和，隋炀帝借机罢兵。

公元5世纪末，朝鲜西北部的高句丽开始进入鼎盛时期。根据好太王的儿子长寿王为他所立的好太王碑记载，好太王兼并了北部的扶余国和靺鞨部落；在军事上对百济形成了绝对优势地位；并在战争中迫使新罗屈服，另外还侵入辽东地区，建立了一个有着完整成文法的国家。

598年，高句丽先发制人攻入辽西，引发第一次高句丽与隋的战争。当隋文帝准备兴中原之兵问罪时，高句丽王匆忙上表求和。不过这也引起了隋对高句丽的重视。612年，隋的百万大军从陆路和海上攻打高句丽，一路破城四五十余座，后来由于隋军前线将领的指挥不当，造成渡过辽河进攻的30万大军几乎全军覆没。公元613年，隋炀帝亲征高句丽，但因杨玄感的反叛，造成此次战役取消。公元614年，隋炀帝再次亲征高句丽，高句丽的国王见隋大军已突破重重防线，大惧，于是投降求和。至此，隋和高句丽之间的战争结束。

隋在对高句丽的战争中虽然获胜，但是国力大减，东都洛阳二十万精兵消耗殆尽，而且府兵制因为连年的战争遭到了破坏，这些都为隋末群雄的崛起提供了条件。

隋末群雄并起：地方势力借农民起义的外衣重新抬头

隋朝两代君主都曾极力打压世家大族，这引起了士族的离心，隋炀帝好大喜功的作为加剧了政府和农民的矛盾。在三征高句丽后，中央力量衰落的时候，世家大族纷纷起义，并与农民起义军的反抗相结合，形成了群雄割据的局面。

当时农民起义势力主要分为三股：一是翟让、李密的瓦岗军，割据河南南部；二是窦建德的河北义军，纵横河北；三为杜伏威、辅公祏的江淮义军，彻底打断了江南和关中的联系。此外还有涿郡的罗艺，朔方的梁师都，马邑的刘武周，金城的薛举，武威的李轨，太原的李渊，巴陵的萧铣，吴兴的沈兴法，岭南的决盎等地主武装。

这些势力表面上是对隋暴政不满，揭竿起义，其实大多是地主豪门势力和农民起义军的结合，以瓦岗军为例。

翟让是东郡法曹，后来率领瓦岗群雄起义，不过在他

大事件	年号	帝王	公元 单位：年
隋任李渊为山西、河东抚慰大使，镇压反隋起义军。	大业十一年	炀帝	615
隋炀帝北巡，到雁门（山西代县），遭突厥始毕可汗所围。援军抵达后，始毕可汗解围而去。			
隋炀帝诏江南再造龙舟，且较之前更为壮丽。			
隋炀帝再次前往江都，命子越王侗留守东都。	大业十二年		616
隋以李渊为太原留守。			
林士弘自称皇帝，国号楚。			

公元单位：年	帝王	年号	大事件
617	炀帝	大业十三年	梁师都称梁帝。 刘武周自称天子，国号定扬。 瓦岗军李密、翟让攻陷兴洛仓，开仓济民。 李密自称魏公。 李渊起兵反隋，并求助于突厥。 李渊攻入京师，拥立代王杨侑，是为恭帝。 李渊成为大丞相、唐王，掌握朝政。

的领导下瓦岗军的势力影响不大。李密出生于四世三公的贵族家庭，是大士族的代表人物。隋朝末年流行着一条谶语，"桃李子，洪水绕杨，山绕天下"，这让李密认为自己是天命有归，于是先同杨玄感（隋高官杨素之子）趁杨广二征高句丽的时机发动叛乱，接着又在杨玄感失败后和瓦岗军合流。而在李密的领导下，瓦岗寨逐渐成长为中原地区最大的割据势力，加入到隋末群雄割据的战争中来。

隋秦比较：为何二世而亡的悲剧重演？

隋和秦都是我国承前启后的朝代，而且都上演了二世而亡的悲剧，那么到底是什么原因让强大的隋王朝在短期内就崩溃了呢？

1969年，考古学家在洛阳发现了一座隋代的粮仓——含嘉仓遗址。该遗址面积达45万多平方米，内探出259个粮窖，其中一个粮窖还留有已经炭化的谷子25万千克。此可见隋朝的富裕与强盛，但这也同时说明了隋代的税收之重。否则隋朝不可能在一方面大型国家工程不断兴建，比如兴建大兴城，修大运河等，另一方面战事不断，比如三征高句丽的情形下，在短短十几年间积累起如此多的财富。可以说，隋的强大和富足是国强而民穷。

隋炀帝好大喜功，为政操之过急都使得局面更加困难，无论是打击世家大族还是对外发动战争，隋炀帝的做法都是大而急，如大运河的开挖，是每年动用二百万民夫，这等于当时十分之一的男丁可能都被征召去修大运河。三征高句丽，也是每次动用百万大军。民力的浪费非常严重，从而导致国内矛盾很快累积到不可调和的地步。

总之，制度上的根本缺陷"民穷"和杨广个人行为的"好大喜功"共同导致了隋朝的灭亡。

群雄逐鹿：世家大族的剧烈对抗

隋朝灭亡后，时局进入了表面上群雄割据，暗地里世家大族相互抗衡的态势。

从北周宇文泰时代开始形成的关陇军事贵族，推举和杨氏同为八柱国之一的李氏为代表，借助匈奴的力量，迅速占领关右陇西，建立起新型的唐政权。该政权最大的特色就是继承了隋朝的原有制度，紧紧维护关陇军事贵族集

大事件	年号	帝王	公元 单位：年
炀帝见中原大乱，无心北返，被宇文化及杀于江都。	大业十四年	炀帝	618
宇文化及改立秦王杨浩为帝之后再行屠杀，篡位称帝，国号许。	义宁二年	恭帝（代王）	618

公元 单位：年	帝王	年号	大事件
618	唐高祖	武德元年	隋恭帝（代王）退位；唐王李渊称帝，改国号为唐。
618	恭帝（越王）	皇泰元年	隋东都留守官拥立越王杨侗为帝，是为隋恭帝（越王）。 梁萧铣称帝。 李轨称帝。 朱粲自称楚帝。 窦建德改国号夏。 高开道自称燕王。

团的利益，同时延续府兵制，将一些隋朝官吏和关东士族的田地分给百姓，平息内部矛盾。

以裴氏和范氏为代表的关东士族，则支持隋东都洛阳留守王世充，建立郑政权，和唐对立。郑政权维护的是关东高门的利益，在制度上毫无建树，但是因为获得了隋朝东都地区大量的物质积累和关东高门庞大的势力支持，所以在前期势压群雄。

中原大地上，中小世家结合"老字号"造反势力，建立起魏政权。该政权主张调和上层和下层矛盾，用新的世家取代原有的高门。魏政权处在各个大势力的夹击之中，先是击败了江淮地区的宇文氏政权，但是接着被王世充打败，灭亡。

河北地区，中下层人民支持首领窦建德建立长乐政权。该政权是在河北农民起义军的基础上发展起来的，维护的是下层人民利益，制度设计比较粗糙，而且受到其他世家大族的抵制，因此注定不能长存。

此外，还有江淮地区的宇文政权、蜀中割据政权、河北刘武周等，这些割据势力都代表着当地世家大族的地方利益。

李渊起兵太原，夺下长安：隋灭亡后的混乱时局

在群雄割据的浪潮中，隋政权被抛弃，而李渊则成了关陇军贵族集团（宇文泰时代开始的军镇集团）的新代言人。

大业十一年（公元615年），和杨坚一样，出身于关陇军事贵族，身为杨广表兄的李渊担任山西河东慰抚大使，不久升任太原留守。大业十三年（公元617年），李渊起兵反隋。李渊叛乱后，一面遣刘文静出使突厥，请求突厥派兵马相助，一面招募军队，并于七月率师南下。此时瓦岗军在李密的领导下与困守洛阳的王世充激战正酣，李渊乘隙进取关中。

李渊集团于公元617年11月攻入长安，在关中站稳了脚跟。李渊入长安后，立隋炀帝孙代王杨侑为天子（隋恭帝），改元义宁，尊隋炀帝为太上皇；李渊自立唐王、大丞相，彻底把政权掌握在自己手中。当时，除了李氏外，全国大的割据势力就是河北的窦建德、东都洛阳的王世充和河南的李密，然而这些势力的底蕴全部不如代表着关陇军事集团的李氏，可以说李唐的重新统一指日可待。

大事件	年号	帝王	公元 单位：年
王世充在洛阳称帝，国号郑。	皇泰二年	恭帝（越王）	619
李子通即皇帝位，国号吴。	武德二年	唐高祖	

唐　朝

公元618年，李渊建立唐朝，开启了中国的盛唐时代。

人们一般将唐朝的历史分为初唐、盛唐、中唐和晚唐四个阶段。初唐是从李渊一直到武则天在位时期，盛唐主要是指开元、天宝时期，中唐是指安史之乱后到黄巢起义这一时期，晚唐是指黄巢起义一直到公元907年朱温灭唐这一时期。

唐朝的文化、制度、社会特点几乎全部承袭隋朝，史称"唐承隋制"。在文化上，唐朝采取兼容并蓄的开放姿态，有着瑰丽的唐诗、唐韵、唐舞等。

在领土上，唐朝的疆域在最盛时期东至朝鲜半岛，西达中亚咸海以西的西亚一带，南到今越南顺化一带，北达贝加尔湖至北冰洋一带，总面积达1251万平方公里。

在人口上，多数中国学者认为唐朝的人口应在8000万左右，有些学者甚至认为唐朝人口最高峰时2000万户，人口达1.4亿人。

在科学技术上，天文学家僧一行在世界上首次测量了子午线的长度；药王孙思邈的《千金方》是不可多得的医书；868年，中国《金刚经》的印制是目前世界上已知最早的雕版印刷；中国的造纸、纺织等技术通过阿拉伯地区远传到西亚、欧洲；还出现了火药使用技术的萌芽。

在农业生产上，唐朝农业生产工具又有了新的进步。曲辕犁就出现在唐朝。还出现了新的灌溉工具水车和筒车。南方经济也得到进一步的开发。

在国际影响上，唐人的脚步遍布整个东亚、中亚、阿拉伯半岛地区，而世界上其他国家的遣唐使则不绝于道，形成了一种万邦来朝的盛况。

唐朝·唐三彩驼和外域商贩

李渊建唐称帝：新王朝对前朝的遗产继承

公元618年5月，唐王李渊在长安称帝，定国号为唐，改元武德元年，是为唐高祖。李渊建立唐朝后，像其他新兴王朝一样，一方面着力重建统一秩序，另一方面在继承前朝现有制度的同时又大力创新。

李渊和隋炀帝杨广是表兄弟，两人同为西魏八柱国的后代。李渊次子李世民的一个妃子就是杨广的女儿。李唐王朝建立的时候就得到了裴寂、李靖等隋朝官吏的支持。李渊直到登基前还曾扶持杨广的长孙为皇帝。可以说，李唐王朝是在隋王朝的基础上而不是在废墟上建立起来的。

唐王朝从隋朝继承的最大遗产就是政治制度，主要表现在中央仍沿用三省六部制；地方上承袭郡县制；继续实施均田制，发放永业田；特别是发扬科举制，逐渐用它取代由世家豪门把持的九品中正制；在法律制定上，在隋《开皇律》的基础上，经过多次修改和完善，撰成《唐律疏议》。

唐对隋王朝的继承为唐初政治局面的安定、经济的恢复起了重要作用，史称"唐承隋制"。

大事件	年号	帝王	公元 单位：年
李渊称帝，建国号为唐，定都长安，改元武德。	武德元年	高祖	618
唐高祖下令国子学立周公、孔子庙。	武德二年		619
刘武周派宋金刚攻唐并州，屡败唐军。秦王李世民渡河屯兵，与宋金刚相持。			
窦建德改称自己为夏王。	武德三年		620
秦王李世民大破刘武周手下大将宋金刚，唐朝收复并州。			
唐高祖命秦王率兵讨伐郑帝王世充。			
自称燕王的高开道派使者向唐朝请降。			

公元 单位：年	帝王	年号	大事件
621	高祖	武德四年	秦王李世民大破窦建德军，窦建德被俘。
			在东都洛阳称帝的王世充投降唐朝。
			唐朝废五铢钱，改行开元通宝钱。
622		武德五年	刘黑闼自称汉东王。
			李建成于魏州大破刘黑闼军，刘黑闼被斩杀。
			穆罕默德与支持者为回避敌对贵族的加害，从麦加前往麦地那。这次迁徙后来被伊斯兰教徒称为"圣迁"。

唐削平四方割据，一统天下：为何群雄逐鹿，唐王朝胜出？

李渊称帝时，全国依然处于群雄割据中。宇文化及在"将士思归"的情况下和李密发生了一场大战，结果李密获胜，成为中原霸主。可是随后一直占据上风的李密却被王世充打败，李密手下将领（程咬金、秦叔宝、单雄信等人）分别投向李渊和王世充两方。李密不得已投降唐，但是不久因谋反被杀。王世充一战击溃李密后，先是自称郑王，接着称帝。占据河北的农民起义军领袖窦建德也自称长乐王，建国号夏。另一些割据一方、实力不强的如萧铣、刘武周、梁师都、薛举等也纷纷建号称帝。

唐高祖武德三年（公元620年）六月，李世民率主力进击洛阳王世充，初战获胜。河北窦建德倾力来援，在局势危急下，李世民在虎牢关以少胜多，先擒获窦建德，随后又攻破洛阳，捉拿了王世充。唐王朝随后又用几年时间，陆续削平群雄，统一了天下。

李唐占据的关中地区是当时的经济中心，实力雄厚。李唐能完成统一，李世民的能力等因素是次要的。就算虎牢关战败，对唐王朝来说，也不过是统一天下的步伐慢了十几年罢了。可以说，继承隋大部分遗产和占据最发达地区的唐迟早会是群雄中的胜利者。

玄武门之变（上）：最经典的夺嫡战争

唐统一天下的过程中，李世民的秦王府实力雄厚，一方面是李世民战功赫赫，武将秦琼、尉迟恭等人为他的得力助手；另一方面李世民结交文人，有所谓的"秦王府十八学士"，长孙无忌、房玄龄、杜如晦等人作为他的谋士。

公元626年，李建成向李渊建议由支持自己的齐王李元吉做统帅出征突厥，同时抽调秦王系兵马。

面对危机，李世民决定发动政变。一天，李建成、李元吉入宫，秦王李世民亲自带一百多人埋伏在玄武门内。李建成和李元吉走到临湖殿，发觉气氛不对，急忙回马出宫。李世民带领伏兵从后面追杀，李元吉情急之下向李世民连射三箭，但全都没射中，而李世民一箭就射死了李建成，李世民手下大将尉迟恭也射死了李元吉。

大事件	年号	帝王	公元 单位：年
此年为伊斯兰教历纪元之始。	武德五年	高祖	622
东突厥颉利可汗侵犯朔州。	武德六年		623
东南道行台仆射辅公祏在丹阳造反，自称宋王。			
唐高祖派遣赵郡王李孝恭及永康县公李靖出兵讨伐。			
高开道引突厥军进犯幽州。			
唐高祖封高句丽王高武为辽东郡王、百济王扶余璋为带方郡王、新罗王金真平为乐浪郡王。	武德七年		624

公元 单位：年	帝王	年号	大事件
624	高祖	武德七年	唐高祖前往终南山，亲临老子庙。
			唐高祖颁行新律令，开始施行租庸调法。
625		武德八年	突厥进犯定州。
			唐高祖命皇太子李建成前往幽州、秦王李世民前往并州，分别率军防备突厥。
626		武德九年	秦王李世民发动"玄武门之变"，成功后不久继位为帝，是为唐太宗。
			太宗立妃长孙氏为皇后。

随后，满身是血的尉迟恭求见李渊，禀告"太子谋反"。随后，唐高祖下诏，立李世民为皇太子，主持军国大事。一年后，李渊退位，李世民即位为皇帝，是为唐太宗。

不过，李世民在晚年的时候强迫史官重新修订史书，篡改这段史实，这也是皇权干涉历史记载的先河，所以史学界有人认为：自唐代开始，独立治史的精神丧失，正史的可信度降低了，玄武门之变的记录当然不可信。

玄武门之变（下）：事变后造成的唐皇室内部悲剧

李世民获胜后，随即开始了对太子、齐王一系人马的清洗，而这就像打开了潘多拉魔盒，此后唐皇室的流血冲突，就一直不断上演。

嫡长子继承制是维持古代君主地位统治稳定的重要手段，而违背这一法则亲手杀死自己兄弟的李世民在随后的统治期间，英明神武，且获得了明君的称赞。所以，这无异于给野心家一个借口。

这种念头和做法在唐代历史中尤为凸显，之后，唐皇室内部又爆发了三次"玄武门之变"。

唐中宗神龙元年（公元705年），武周皇帝武则天病重，对武周不满的官员率领五百多名羽林卫控制了玄武门，迎接太子李显入宫，逼迫武则天退位。

唐中宗景龙元年（公元707年），韦皇后把持朝政。太子李重俊联合左羽林卫谋反，但是未能迅速控制宣武门。政变失败，太子自杀。

唐中宗景龙四年（公元710年），韦皇后谋杀中宗李显，想要仿效武则天称帝。太尉、相王之子李隆基闻讯后，假传旨意，谋杀了韦皇后在羽林卫中安插的亲信将领，随后攻入玄武门，斩杀了韦皇后。

贞观之治：王朝初年盛世的共同特征

经历了隋末的动乱，唐初人口凋零，土地大量荒芜，人民的可耕垦土地增多，阶级矛盾得以缓和。同时统治者目睹战乱中人民的力量，开始实行与民休息的政策，大唐王朝很快迎来了繁荣期，史称"贞观之治"。

贞观之治的出现主要有以下原因：一是最高统治者的英明作为，吏治清明。唐太宗像孟子一样，把人民和统治

大事件	年号	帝王	公元 单位：年
太宗出玄武门至渭水，责备颉利可汗违背誓约；唐军随后列阵，颉利可汗向唐太宗请和。	武德九年	高祖	626
唐太宗亲自于显德殿练兵。			
立中山王李承乾为皇太子。			
大并州、县，分天下为十道。	贞观元年	太宗	627
隋末群雄中最后一支割据势力梁师都被铲除，唐朝统一天下。	贞观二年		628
地方各州设置医学。	贞观三年		629
李世民派兵部尚书李靖出兵攻打东突厥。			

公元 单位：年	帝王	年号	大事件
629	太宗	贞观三年	玄奘法师从长安出发，西行求经。
630		贞观四年	唐军擒获东突厥颉利可汗，西北各国君长得知后，齐上唐朝皇帝尊号为"天可汗"。 麦加方面向穆罕默德投降（回历九年）。伊斯兰教逐渐向阿拉伯半岛扩展。 日本第一批遣唐使抵唐。
631		贞观五年	唐太宗派遣使者将当年在隋朝与高句丽战争中战死的士兵骸骨带回中原，加以祭拜安葬。

者的关系比作水与舟，他认为"水能载舟，亦能覆舟"，留心吏治，选贤任能，从谏如流。对唐太宗错误直言不讳的魏征死后，唐太宗伤心地说："夫以铜为镜，可以正衣冠；以古为镜，可以知兴替；以人为镜，可以明得失。魏征逝，朕亡一镜矣。"

二是经济发展。隋朝大量的积蓄和京杭大运河的开通，使全国经济畅通。同时唐朝实行均田制与租庸调制，减轻了人民的徭役负担，使得人民安居乐业。

三是文化繁荣，国力强盛。在文化方面，政府大力弘扬学术，组织学者大修诸经正义和史籍；在长安设立国子监，把科举制固定下来。

唐在国力强盛后走上了对外扩张的道路，国家疆域空前广大，被后世称为盛唐。

李靖攻突厥：唐朝疆域的扩大

早在太原起兵的时候，李渊曾向突厥称臣。在唐统一天下的过程中，突厥派军队支持刘武周，阻碍唐的统一。在唐王朝统一中原后，突厥还不承认隋朝已经灭亡。当时，突厥强而唐弱。

李世民刚登基不久，突厥颉利可汗率领倾国之兵南下，直达长安城外。李世民迫不得已，亲自前往渭水便桥与颉利可汗和谈，双方结盟，突厥撤兵，史称"渭水之盟"。盟约订立后，李世民深感屈辱，从此日夜练兵，图谋报复，而突厥则在结盟后，陷入连年的战乱和饥荒，实力下降。

贞观四年（630年）正月，李靖率领精锐骑兵三千人从马邑出发，偷袭突厥王帐所在地定襄城。突厥完全没有料到唐军会在最冷的正月发动进攻，在定襄城被偷袭后，误认为唐军大举进攻，不敢迎战，主动向北撤退并遣使求和。和谈期间，唐军的主力在李勣的带领下终于赶到，而此时李靖已成功地策反了很多草原小部落，最后李靖再次率一万精锐连夜奔袭颉利的大帐。突厥军根本来不及组织任何有效抵抗，最后就连颉利的妻子隋朝义成公主也被杀，颉利可汗则在逃跑途中被俘虏，最后被软禁在长安。

李靖打败突厥后，突厥衰落，被迫西迁。唐王朝清除了最大的边患，疆域得以扩大。

大事件	年号	帝王	公元 单位：年
初次设置律学。	贞观六年	太宗	632
伊斯兰教先知穆罕默德去世（回历十一年）。伊斯兰教及当地政治进入"正统哈里发时代"。			
唐太宗颁布新校定之五经。	贞观七年		633
唐太宗命李靖、李道宗、李大亮等人为大总管，分别率军征讨吐谷浑。	贞观八年		634
景教教士阿罗本抵达长安。	贞观九年		635

李世民加尊号为唐可汗：唐初成功的民族政策

公元 单位：年	帝王	年号	大事件
636	太宗	贞观十年	房玄龄、侍中魏征将《梁》《陈》《齐》《周》《隋》五代史进呈给唐太宗。
637		贞观十一年	唐太宗颁布新律令。房玄龄等人呈献所撰写的新五礼，唐太宗诏令相关官员采用施行。
638		贞观十二年	吏部尚书高士廉等人呈献《氏族志》一百三十卷给唐太宗。
639		贞观十三年	唐太宗以吏部尚书、陈国公侯君集为交河道行军大总管，率领唐军西伐高昌。
640		贞观十四年	交河道行军大总管侯君集征服高昌，建置西州，并设置安西都护府。

李靖大破东突厥以后，中央随即在东突厥的地区设置了许多羁縻州府，任用东突厥贵族作都督（地方军政长官），并按照他们的习惯，允许世袭职务。这些政权在名义上属于唐帝国，除定期朝贡外，不需要交纳赋税，仍然可以保持民族本色。此外，在这些州府之上，设都护府，其官员由中央直接任免，代表中央行使主权，管理边防和处理民族之间的事务。

唐太宗在朝中大量任用突厥贵族为官，比如勇将阿史那·社尔是突厥人，高仙芝是高句丽人，在长安城中经常可以看到身穿官服的突厥酋长带刀守卫。

唐太宗始还大力推行和亲政策。他认为出嫁一个公主，可以保证北方三十年无事。唐代先后有文成公主、金城公主等下嫁少数民族首领。这种做法保持了边疆的稳定，同时也促进了与少数民族的文化交流。

唐朝一方面攻伐边疆反叛的少数民族，先后击败突厥、吐蕃、高句丽、高昌等民族；另一方面用成功的民族政策笼络其首领，感化其部众。这些政策让少数民族心悦诚服，他们曾给唐太宗、唐高宗、唐肃宗加尊号为"天可汗"，称他们为天下共主。

景教传入唐朝：自由开放的宗教政策

唐朝初年，因为皇室姓李，为了抬高自己的身份，李渊将家族祖先与老子（李耳）联系起来，因此道教成为当时最受尊崇的国教，皇室权贵大都信奉道教。

佛教在唐时也非常兴盛。唐代的僧人可以干预朝政，比如武则天时代，僧人薛怀义就曾出入宫廷，干预朝政；唐中晚期，佛教更是发展到顶峰，开始冲击儒家的地位；唐玄奘西行求佛，进一步促进了佛教在中国的传播。

唐朝秉承开放自由的宗教政策，允许多种宗教思想传播，因此很多外来宗教传入中原。

唐太宗时，西域景教（即基督教聂斯脱里派）随商队进入中国，并在长安建立自己的教堂。但由于景教本身不祭祀祖先，也不允许教众祭拜孔子，所以既不能迎合下层民众，也受到儒学的排斥，影响并不大。

唐代，中原和西域、中亚等地区交流频繁，祆教（拜

大事件	年号	帝王	公元 单位：年
文成公主入吐蕃与松赞干布和亲。	贞观十五年	太宗	641
阿拉伯人征服埃及。			642
唐太宗下诏改封哥哥——前故皇太子李建成为隐太子。	贞观十六年		642
太子李承乾谋反案发，被废为庶人。	贞观十七年		643
大秦（东罗马帝国）遣使者来朝。			
安西都护郭孝恪率军灭焉耆国，活捉国王突骑支。	贞观十八年		644
唐以陆路、水路并进的方式，准备征伐高句丽。			

公元 单位：年	帝王	年号	大事件
645	太宗	贞观十九年	西行取经的玄奘法师归国。《大唐西域记》成。
			唐太宗亲征高句丽，但未能攻下，至九月班师回朝。
			日本孝德天皇即位，建元大化。
646		贞观二十年	固安公崔敦礼和英国公李勣率军击败北方薛延陀部落。之后北方部族表示归顺之意。
			日本天皇颁布革新诏书，史称"大化革新"。

火教）、伊斯兰教也传入中国。

各种宗教思想的传播扩大了中国文化的广度，对中国古代思想发展有巨大的促进作用。

唐僧往西天取经：历史版的《西游记》

《西游记》是我国四大古典名著之一，其原型就是《大唐西域记》，故事取材于唐玄奘法师前往印度求经。

玄奘是佛门高僧，被尊称为三藏法师，俗称唐僧。当时中国佛学流派众多，彼此争论不休。为了寻找佛的真谛，唐三藏下决心去佛教的发源地印度取经求法。

《西游记》中，唐僧被封为御弟，并在孙悟空等三位弟子保护下去西天，现实中则是玄奘法师偷偷出关，大部分路程是独自一人完成。虽然道路上没有妖魔，但是经历的艰难曲折也不逊色于九九八十一难。

贞观十九年，行程五万多里，历时十八年的玄奘回到长安，带来了大量佛经，对中国佛教发展做出了巨大贡献。玄奘还根据自身经历，口述了《大唐西域记》。

《大唐西域记》，记载了玄奘亲身经历和传闻得知的一百三十八个国家和地区、城邦的情况，还记录了沿途的风土民情、地理水利等，是一部研究唐代东亚、南亚、中亚历史的重要史料。

唐大举攻打高句丽：唐与高句丽对辽东的争夺

隋攻打高句丽惨败后，因国内农民起义而灭亡。高句丽虽被打败但并没有彻底衰落，对于继起的唐朝仍然采取敌视态度，并和突厥联盟，于公元631年修筑长城。

唐击破东突厥后，曾经先后三次派兵攻打高句丽，其中启用薛仁贵就是在第二次征高句丽战争中。不过辽东地区地形复杂，适合作战的时间每年又只有短短的几个月，再加上辽东离长安太远，后勤补给困难，所以一直没能彻底击败高句丽。直到唐太宗逝世的前一年，他还在谋划从海上攻击高句丽。

唐高宗李治即位后，继续进行对高句丽的战争，曾先后进行三次攻战，都有大的收获。不过虽然联合新罗灭掉了高句丽的盟友百济，但是一直未能攻入高句丽的都城平

大事件	年号	帝王	公元 单位：年
右卫率长史王玄策出使"帝那伏帝"国（中天竺国）。大臣阿罗那顺篡位，抗拒王玄策。王玄策发动吐蕃、泥婆罗国联军大破中天竺。副使蒋师仁活捉阿罗那顺及王妃、王子等人。	贞观二十二年	太宗	648
唐太宗卒，皇太子李治即位，是为唐高宗。	贞观二十三年	高宗	649
立妃王氏为皇后。	永徽元年		650
唐颁布《永徽律》这是我国现存较完整的一部封建法典。	永徽二年		651
大食国（正统哈里发时代）首次遣使来朝。			

公元 单位:年	帝王	年号	大事件
653	高宗	永徽四年	唐高宗颁布孔颖达《五经正义》，下令以此作为每年明经科考试之依据。《新律疏》(《唐律疏议》)颁行天下。
655		永徽六年	唐高宗废皇后王氏为庶人(平民百姓)，改立昭仪武氏为皇后。
656		永徽七年	皇太子李忠被废为梁王，改立武后子代王李弘为皇太子。
658		显庆三年	在西域设置濛池、昆陵二都护府。在龟兹国设安西都护府。废书学、算学、律学。

壤。不久，高句丽国王去世，国内动乱分裂，唐和新罗趁机攻击。唐高宗总章元年(公元668年)，薛仁贵等率兵攻下平壤城，俘虏高句丽国王，在辽东设置安东都护府。

不过，唐在辽东的和平并没有维持多久，不久唐和新罗之间又爆发了战争。

大唐盛世解析：均田制、府兵制与租庸调制

大唐盛世有着巨大的国力作为支撑，而这种强大国力的积累就来源于府兵制、均田制和租庸调制。

均田制最早源自于北魏孝文帝改革，唐初将这一制度推到高峰。唐律规定，女子不授田，男子授予永业田20亩，口分田80亩，人烟稠密的地方减半。均田制肯定了土地的所有权和占有权，有效地抑制了地方豪强，保证了国家的赋税来源。唐中期以后，人口增加，土地兼并日益严重，均田制遭到破坏，唐帝国强大的经济基础受到严重地削弱。

府兵制是一种兵农合一的军事制度，源自于西魏，在唐太宗时期发展到鼎盛。唐代军府总数有所增减，最多时有六百三十三府，分布在全国各地，主要集中在关中、河北地区。府兵平时为农，不用承担赋税，战时为兵，自备粮食武器。中期，均田制遭到破坏，府兵无田地耕种，纷纷逃亡，府兵制被破坏，唐帝国的军事力量日益削弱。

租庸调制是和均田制相结合的一种赋役制度。该制规定，凡是均田百姓，不论授田多少，全部按照人头数交纳定额的赋税并服一定的徭役。租庸调制下，农民负担较轻，生产时间有保证，赋役负担相对减轻，许多荒地得以开垦，这使唐初经济迅速恢复发展起来。安史之乱后，户籍失散、租庸调制漏洞百出，唐中央丧失了对部分地区经济的控制。

遣唐使和鉴真东渡：日本在唐的影响下发生大变化

唐帝国在当时的世界，无论科技、文化水平，还是百姓素质、国力方面都遥遥领先，这成了周边各国纷纷效仿的榜样。他们纷纷派遣知识分子前来唐朝学习，这些被派遣而来的人称为"遣唐使"，其中以日本派遣的居多。

大事件	年号	帝王	公元 单位：年
唐高宗亲自测试举人。	显庆四年	高宗	659
诏改《贞观氏族志》为《姓氏志》。			
邢国公苏定方等将领讨平百济，活捉其王扶余义慈。	显庆五年		660
带方州刺史刘仁轨在白江之口，与百济、倭国（日本）水军展开激烈海战。结果四战全胜，焚毁敌方水军战船四百艘，百余王扶余丰脱身逃走。	龙朔三年		663

公元 单位：年	帝王	年号	大事件
665	高宗	麟德二年	李淳风所造之历法《麟德历》，颁行天下。
668		乾封三年	李勣击败高句丽，攻破其国都平壤城，擒获国王高藏及大臣渊男建业并带回长安。唐朝以高句丽故地设置安东都护府。
672		咸亨三年	左监门大将军高侃在横水大败新罗军。
675		上元二年	刘仁轨大破新罗军。新罗派遣使者朝见唐高宗。唐高宗患风疹，一切政事由天后武氏决定。高宗以雍王李贤为皇太子。

日本先后派遣了十二批遣唐使，他们从中国学习了先进的思想文化和技术，中国的儒家思想对日本影响至深；茶道、围棋、唐诗成了日本上层的最爱；唐剑、唐手（空手道）、唐书、唐文字都成了日本千年流传的"国粹"。

遣唐使来往的途中风险很大，于是他们有些人就不愿返回日本，而选择留在中国，其中甚至有十多个人还在中国为官。

相对来说，中国人去往日本的较少，其中最出名的是鉴真。高僧鉴真立志前往日本弘扬佛法，先前六次都失败了，最后一次在全团三十多人死亡的情况下，成功抵达日本，引起日本全国轰动。高僧鉴真起初担任日本皇室的大僧都，后来又成了唐招提寺的住持（当时日本规定只有在招提寺毕业才能算合格僧人）。他在双目失明的情况下，靠自己的记忆力，纠正了从百济流传到日本的佛经中的错漏，让日本佛教走上正轨，最后使佛教成了日本的国教。可以说，后来在日本历史中扮演重要角色的寺院势力和鉴真脱不开关系。

武则天夺取李家天下：后宫干政发展到极致

贞观二十三年(公元649年)，唐太宗驾崩，唐高宗李治登基称帝，外戚、宰相长孙无忌把持朝政。

不久，李治把原李世民的宫女武则天迎入宫中，经过一系列的宫廷斗争，武则天掌握了宫中实权，并杀死了大臣长孙无忌等。

永淳二年（公元683年）十一月，唐高宗李治驾崩，遗诏皇太子李显即位，同时命令皇后决定军国大事。

李治死后，继任者李显在政治手腕、声望和能力上无法与把持了朝政20多年的武后相比。不久，唐中宗李显被废，武则天改立相王李旦为帝，是为睿宗。

载初元年（公元690年）九月九日，武则天废唐睿宗李旦，称帝，改国号为周，定都神都（洛阳），史称武周。

武则天是中国历史上唯一的一位女皇帝，前后掌权40多年。可以说武则天称帝后，原为外戚的武氏更是权势熏天，不过因为武周并没有事实上取代李唐天下，所以史学上认为武则天称帝不是篡位，而是把后宫干政、外戚专权发展到了顶峰。

大事件	年号	帝王	公元 单位：年
唐高宗下诏提升《道德经》的地位，贡举人除学习五经外，也必须学习《道德经》。	仪凤三年	高宗	678
裴行俭征西突厥，擒获十姓可汗阿史那都支。	仪凤四年		679
废皇太子李贤，改立英王李哲为皇太子。	永隆元年		680
唐高宗驾崩，皇太子李显继位，是为唐中宗。	弘道元年	中宗	683
武太后临朝听政，代替中宗处理政事。			
中宗被武太后废为庐陵王。	嗣圣元年		684
豫王李旦继为帝，为唐睿宗，改元文明。	文明元年	睿宗	684

武周之治：为何上层动乱，国家发展？

武则天称帝，反对最激烈的就是李唐宗室。因为一旦武则天登基，那么，天下即将姓"武"，而本身并没有什么能力或者功勋的李唐宗室将会一文不值，他们锦衣玉食的生活就将结束。

切身利益受到威胁的李唐宗室开始了反扑。

首先发生的是越王李贞、琅琊王李冲父子的反叛，与此同时他们又和东莞王李融等串联，企图共同发动叛乱，可是这些王爷们生来高贵，不谙民生，不懂军事，在各自的领地内更是口碑丧尽。这些叛乱并没有得到社会上其他阶层的支持和响应，所以叛乱被迅速平定。随后韩王李元嘉、鲁王李灵夔、黄国公李撰、常乐公主等被严刑逼供。取得口供后，武则天获得诸王谋反的铁证，于是对李唐宗室大举屠刀，并且把这些叛乱宗室改姓为虺氏，贬为贱民。

不过仅一次血腥屠杀并不能让李唐宗室屈服，其后不断有宗室和贵族进行反抗，但是这并没有影响到国家的发展。此时，人民生活安定，史称"武周之治"。

公元单位：年	帝王	年号	大事件
690	武后	天授元年	武则天称帝，改国号为周。她是中国历史上唯一的女皇帝。
691		天授二年	武周尚佛，所以改佛教为国教，位置在道教之上。
692		长寿元年	唐大破吐蕃，重设龟兹、于阗、疏勒、碎叶安西四镇。
694		长寿三年	起源于波斯的摩尼教传入中国。
701		长安元年	日本仿照唐朝的《永徽律》制定颁行《大宝律令》。此为日本第一部成文法典。
702		长安二年	初次设立武举科。设立北庭都护府，辖天山以北之地。

武则天功不可没，她出身庶族，注重改善国计民生，同时民心思安，在这些因素的决定下，几个除了血统外，而一无是处的王爷们是不能影响历史发展的。

吃醋事件：唐代女子地位上升，社会风气开放

唐朝初年，宰相房玄龄因辅佐有功，皇帝李世民赏赐宫女给他，都被婉言拒绝了，后来才知道是因为房玄龄的妻子卢氏特别善妒。李世民于是派皇后去给卢氏做思想工作，可是卢氏油盐不进，皇帝生气了，说如果她继续妒忌就要杀死她，卢氏并不屈服，并表示宁愿因妒忌而死。唐太宗赐给她一壶毒酒，让她做出让步，否则就饮毒酒而亡。卢氏拿起来一饮而尽，喝光后才发现是一壶醋。这件事让皇帝也很没辙，只能说："我面对她也没有办法。"

中国古代社会是男权社会，"大丈夫三妻四妾"，女子是男子的附庸品，甚至连自己的名字都没有，可在唐代，女子地位有所提高。上文故事中，妒忌本来是男子休妻的理由之一，可是皇帝在此时都没法用这个理由压制卢氏，可见女人在当时是有一定话语权的。

大事件	年号	帝王	公元 单位：年
皇帝（武曌）病重，传位于皇太子（唐中宗）。	神龙元年	武后	705
中宗遭皇后韦氏及女儿安乐公主毒杀，韦氏立温王李重茂为帝（少帝、殇帝）。	景龙四年	中宗	710
安国相王（睿宗）子临淄郡王李隆基发动政变诛杀韦氏。睿宗复位。			
唐睿宗传位给太子李隆基，自任太上皇帝。	延和元年	睿宗	712
李隆基即位，即唐玄宗（唐明皇）。	先天元年	玄宗	712

武则天开设武举：中国对军事教育的尝试和失败

长安二年（公元702年），武则天做了一项开创性的举动："设立武举"。

武周时期的武举开始规定，兵部主管武举考试，考生必须是六品以下的文武官员或者三品以下五品以上官员子弟，年龄在18岁至60岁之间，并且已经交满13年的人头税，同时规定被剥夺政治权利的人、商人后代和胥吏，不能参加考试。也就是说，这种考试方法是在勋贵子弟和低级官员中寻找文武全才的人，所以录取的范围非常小。在唐代，虽然有郭子仪这样武举出身的名将，更多的军官还是从行伍和将门中提拔，也就是说武举往往是挂了一个名义，但是并没有对军事进步和军事水平的提高产生多大作用。

武则天时，武举考试内容共有七项：靶射、骑射、步射、身高相貌、言论、翘关（举重）。这些考试内容可以选拔出勇夫来，但是离能选拔出智能双全的将军还差很远。当时社会对文举和武举是差别对待的，武举人的身份往往是大大低于文举人。

公元单位：年	帝王	年号	大事件
712	玄宗	先天元年	唐封靺鞨首领大祚荣为渤海郡王。
714		开元二年	以周庆立为市舶使，市舶使始出现于史籍。
726		开元十四年	东罗马帝国皇帝利奥三世下令破坏教堂的画像与塑像，展开"破坏圣像运动"。
732		开元二十年	《开元新礼》(《大唐开元礼》)一百五十卷编成，玄宗下令施行。

武则天开创的武举有可能把军事教育纳入社会生活，但是并没有正当运用，一直到西方文化东传，中国军事知识才改变将门传承的习惯，变成了学校教育的模式。

开元盛世：唐王朝在各方面取得巨大成就

唐朝建国到唐玄宗开元年间，唐帝国大体保持了一百多年的稳定，社会处于繁荣发展的黄金时期，史称"开元盛世"。大诗人杜甫曾经在诗作《忆昔》中这样描写唐代开元年间的景象："忆昔开元全盛日，小邑犹藏万家室。稻米流脂粟米白，公私仓廪俱丰实。"这首诗很形象地描绘出了开元年间的繁荣景象。

唐高祖李渊时期，经历隋末群雄割据战争，全国户数从900万户降到不足300万户，而到了天宝年间，人口至少达到了1 300万户，6 000多万口。农业上，统治者采取"劝农桑"政策，再加上轻徭薄赋和均田制相结合，大量采用曲辕犁耕作，江南圩田得到开发，府库中粮食布匹堆积如山。开元二十五年（公元737年），甚至出现了为防止粮价下跌，伤害平民利益，政府下令提高粮食收购价

大事件	年号	帝王	公元 单位：年
法兰克官相查理·马特实行采邑改革，促进了封建土地所有制在西欧的发展。	开元二十二年	玄宗	734
李林甫与张九龄同任宰相。			
李林甫任中书令。	开元二十四年		736
封南诏皮罗阁为云南王。《唐六典》成书。	开元二十六年		738
唐玄宗决定在长安、洛阳两京和地方各州，设置玄元皇帝庙。推崇玄学。每年要比照明经科相关规定举行考试。	开元二十九年		741

公元 单位：年	帝王	年号	大事件
742	玄宗	天宝元年	安禄山任为平卢节度使，治理营州。
743		天宝二年	追尊玄元皇帝为大圣祖玄元皇帝。将两京的崇玄学改为崇玄馆，博士称学士。
744		天宝三载	改"年"为"载"。安禄山任范阳节度使。
745		天宝四载	册封杨玉环为贵妃。

20%~40%的规定；手工业方面，唐三彩、丝绸、青瓷等驰名中外。随着商业的繁荣发展，长安成为世界第一大都市，成都、扬州也成为人口过百万的大都市。

经济的繁荣带动了文学艺术的发展。李白、王昌龄、岑参、高适等大诗人的名字我们至今耳熟能详；茶圣陆羽编写的《茶经》，丰富了中国的茶文化；书圣张旭、画圣吴道子、剑圣裴旻等都是名噪一时的风流人物；对外战争上，高仙芝、哥舒翰、郭子仪都是这时的名将，唐代的军队向西一直远征至里海附近……

诗仙李白：盛世大唐的气度在文艺上的表现

唐朝是诗的国度，那个时期上至帝王，下到贩夫走卒，粗至大字不识的士兵，细到见识全无的山村老妇都能理解诗，愿意接近诗。可以说，唐诗是强盛、豪迈、大气的唐朝历史的写照，而李白是盛唐时最好的歌手。

李白出生于盛唐时期，祖籍碎叶地区（这个地方在唐代是中国领土，现属于吉尔吉斯斯坦国），父亲是蜀中的大商人并担任着小官职，可以说是"富二代"。他年轻时游览了大半个中国,在饱览帝国大好河山之时,一路挥洒着自己的诗情。

"君不见黄河之水天上来,奔流到海不复回",这种气概,很显然只有一个国土覆盖从黄河源头到黄河入海口的万里流域的国度才能拥有。比如南宋诗人,他们的辖境内根本没有黄河,再怎么豪迈、大气,也只能面对淮河哀叹"中流以北即天涯"了。

李白在《胡无人》中写道"……履胡之肠涉胡血。悬胡青天上,埋胡紫塞傍。胡无人,汉道昌。"描绘了一个战无不胜的抗胡英雄。李白能写出如此豪迈、大气的诗篇,除了与李白的经历和个性有关外,很显然,也只有生活在战无不胜的国家里的文人才能写出这样的诗句。

生活在同一时代,和李白一样以豪迈见长的诗人还有王昌龄、高适等人,"文艺反映生活",通过对大气唐诗的解读,我们也可以想象盛唐时代泱泱大国的那种气度了。

怛罗斯之战:唐帝国和阿拉伯帝国的交锋,东西方文明的剧烈碰撞

中国处于开元盛世时,在中亚地区,阿拉伯帝国迅

大事件	年号	帝王	公元 单位:年
赐安禄山可以免除死刑的铁券。	天宝七载	玄宗	748
封杨贵妃姐姐分别为韩国夫人、虢国夫人、秦国夫人,三人势倾天下。			
赐安禄山为东平郡王。赐杨钊名国忠。	天宝九载		750
(横跨亚、非、欧三洲)白衣大食发生政变,穆罕默德叔父辈之后裔建立黑衣大食。			
白衣大食迁往伊比利亚半岛,阿拉伯帝国分裂。			

公元 单位：年	帝王	年号	大事件
751	玄宗	天宝十载	安禄山兼云中太守和河东节度使。 安西四镇节度使高仙芝与黑衣大食战于怛罗斯城，高仙芝战败。这就是"怛罗斯之役"。此役被俘唐兵中有造纸工匠，造纸术因而得以西传。 墨洛温王朝法兰克王国宫相丕平推翻原来的国王取而代之，建立加洛林王朝（或称卡洛林王朝）。
755		天宝十四载	平卢、范阳、河东节度使安禄山兴兵造反，是为"安史之乱"。

速崛起。阿拉伯帝国很快征服了整个地中海，疆域西到西班牙，东到中亚，广阔得无法想象。统一在新月旗帜下的阿拉伯战士四处征战，进入那些信仰袄教和佛教的中亚国家。中亚各国纷纷向唐帝国求救。而此时"武皇开边意未已"的唐帝国和大唐子民膨胀的扩张雄心不可抑制，于是，东西两大帝国的碰撞便无法避免了。

公元751年，双方在现在的怛罗斯地区发生激战。

唐朝方面共有3万正规军，7万仆从军，其中两万多人是葛逻禄人；阿拉伯方面是正规军10万人，仆从军10万人。战斗持续了5天，起初唐军在步兵战斗中占据上风，但是相持一段时间后人数不足的劣势凸显，联军中的葛逻禄人见势不妙，就投降反戈一击。唐军步兵和主力之间的联络被切断，阿拉伯方面趁机出动重骑兵猛攻唐军步兵，最后唐军损失惨重。高仙芝率领安西精锐几乎全军覆没，只率领千余人返回西域，而阿拉伯则忙于平定内乱，于是也止步于中亚，未能继续东进。

对西方世界来说，这场战役影响巨大，阿拉伯人俘获了中国1000多名工匠，然后从这些工匠身上学到了先进的技术，比如造纸术、弓弩、火药等，让他们认识到了另外一种更先进文明。以至于以后的1000多年历史中，东西方文化交流的模式都是"东方——阿拉伯——西方——阿拉伯——东方"。

世界上最大的城市长安：唐代的丝绸之路

　　李渊称帝建立唐朝时，把刚修建不久的大兴城改为长安，定为国都，随后做了进一步的扩建。唐太宗和唐玄宗也在原有旧城的基础上扩建了大明宫、兴庆宫等，这使得长安城的建筑群更加庞大。

　　作为唐帝国政治、经济中心的长安城，同时也是丝绸之路的起点，东西方文化交流的汇集地，唐代先进的造纸术、丝绸、政治制度、饮茶文化等从这里传播至世界各地。而西方的花椒、骆驼、胡琴、波斯女郎也从世界各地传到长安城。史料记载，唐长安城是世界历史上第一个人口达到百万的大城市。除了唐朝本国各阶层的居民外，据统计，在长安，光外国使臣、胡商等就多达3万人。

　　长安的繁华得益于丝绸之路的开通。那些追求利益的商人从全国各地汇集到长安城，然后从今甘肃地区抵达西

大事件	年号	帝王	公元 单位：年
安禄山在洛阳称帝，国号燕。	天宝十五载	玄宗	756
哥舒翰被迫出潼关进攻安禄山叛军，大败而归，潼关失守。			
玄宗与杨国忠、贵妃、太子、亲王等仓皇奔逃。在马嵬驿，将士杀杨国忠等，逼玄宗缢杀杨贵妃。			
皇太子李亨留讨安禄山，玄宗入蜀避难。李亨在灵武即位，是为肃宗。	至德元载	肃宗	756
加洛林王朝的矮子丕平将罗马城和意大利半岛部分土地交给罗马教皇，史称"丕平献土"。罗马教皇与教会开始有自己治理的土地，"教皇国"之成立可追溯至此年。			

公元 单位：年	帝王	年号	大事件
757	肃宗	至德二载	安禄山被其子安庆绪所杀。
			回纥出兵助战，郭子仪收复长安、洛阳两京。
759		乾元二年	史思明杀安庆绪，自称大燕皇帝，建立年号，继续叛乱。
761		上元二年	史朝义杀其父史思明，并称帝。
762		上元三年	玄宗、肃宗相继过世。

域（今新疆地区）；然后前往碎叶四军镇，接着继续往西抵达今西亚地区。而那些追寻黄金梦的西方商人则从整个东南欧、北非、西亚分三条路线经玉门关到达中国，长安城则成为他们的终点。这条道路穿越大片的戈壁、沙漠，主要的补给来自于沙漠绿洲，所以危险万分，往往九死一生，完全穿越需历时数年。

安史之乱的起因：府兵制被破坏下的中央虚弱，割据势力抬头

唐初，最稳定的统治基础就是均田制和府兵制。到了唐中期，府兵军镇最集中的关中地区，土地被豪强权贵兼并殆尽，府兵不堪重负，只能逃亡。而出于对外战争需要，国家必须维持足够数量的军队，唐玄宗采用的策略不是抑制兼并这种根本方法，而是一方面在边境上大量任用胡人为将领，驱使胡人部民为兵；另外一方面，改府兵制为募兵制，并将募兵的权力交给节度使。

其造成的后果是，边关的将士有十分之三是胡人。而在募兵制下，"兵为将有"，边关的十大节度使所控制的

地盘和军力已经远远超过虚弱的中央。

在这些权力极大的节度使中，安禄山身兼平卢、范阳及河东三镇节度使，拥有士兵20多万。他担任范阳节度使一职长达30年，可以说手中的精锐兵力已经占到唐朝总兵力的30%。再加上其兄安思顺担任河西节度使，临近京师，而且唐玄宗对安禄山信任有加，丝毫不会认为他会谋反，可以说安禄山的造反条件已经成熟了。

天宝十一年（公元752年），让安禄山忌惮不已的宰相李林甫去世，继任者杨国忠和安禄山不和，安史之乱很快便爆发了……

安史之乱和诗圣杜甫：盛世不可能再重来的挽歌

天宝十四年十一月初九（公元755年12月16日），安禄山联合同罗、奚、契丹、室韦、突厥等部落组成联军，以奉密诏讨伐宰相杨国忠为借口在范阳起兵，同时率领15万精兵直指长安。

而当时的朝廷对此毫无防备。天宝十五年正月初一，安禄山在攻下洛阳后自称大燕皇帝，改元圣武，而唐在慌

大事件	年号	帝王	公元 单位：年
宦官李辅国、程元振拥太子李豫即位，为代宗。	宝应元年	代宗	762
叛军首领史朝义死，"安史之乱"结束。	宝应二年		763
吐蕃进犯，被郭子仪击退。	广德二年		764
（西欧）加洛林王朝法兰克王国国王查理曼继位。	大历三年		768
代宗卒，太子李适继位，为德宗。	大历十四年		779

公元 单位:年	帝王	年号	大事件
780	德宗	建中元年	开始施行两税法,取代原来的租庸调法。
782	德宗	建中三年	朱滔、王武俊、田悦、李纳、李希烈等藩镇于此年陆续叛乱。
800	顺宗	贞元十六年	(西欧)法兰克王国国王查理曼于圣诞夜在罗马城被教皇加冕为"罗马人的皇帝"。他在位期间,其国家又被称为"查理曼帝国"。

乱后任命哥舒翰为帅守潼关。本来战局进入相持阶段,可是唐玄宗和杨国忠命令大军出关作战,最后20万新军丧失潼关险要后被击溃,哥舒翰被杀。唐玄宗匆忙逃亡四川,在经过马嵬坡时,为了迎合士兵要求,不得已下令杀死了杨贵妃,以挽回士气。

安禄山起兵后不久即失明,脾气暴躁,最后被其子安庆绪和贴身太监杀死。安禄山死后,叛军分裂为安庆绪、史思明两部,陷入分裂的叛军不能继续扩大战果。

在这场动乱中,大诗人杜甫身份地位不高,历经坎坷,颠沛流离了大半个中国,目睹了人民生活的悲惨。他用自己的笔以诗的形式记录了这场战乱中流离失所的民众,他的诗作以"三吏三别"为代表,反映了战争下挣扎求生的形形色色的阶层,因其具有很强的叙事性,被称之为"诗史"。

扬一益二:唐朝经济重心的南移

唐代除了长安和洛阳两座最大的都市之外,还有位于长江流域的扬州和成都。这两座城市不同于长安、洛阳这两个政治中心，是比较纯粹的经济中心。到了唐代中晚期，随着经济重心向长江流域南移，"扬一益二"更成为社会上的俗语，当时人们认为天下最繁华的是扬州，第二是成都（当时长安、洛阳被兵火破坏了）。

扬州位于长江三角洲上，从南朝以来就是富饶的地区。"安史之乱"后，北方人口南迁，带来了充足的劳动力和先进的技术，扬州的繁荣就更如日中天了。交通方面，扬州是大运河的枢纽，整个江淮地区的漕粮大都要到扬州上船，通过水运送到洛阳、长安和整个关中，就连更往南甚至两广地区的物产都要经过扬州北上。扬州地区本身是富饶的粮食产地，而且濒海各县都是产盐区，除此外，扬州的镜和纱都是流行的商品。

成都（即益州）自古被称为天府之国，土地肥沃，物产丰富，特别是丝织品和农产品更是全国驰名。席卷全国的"安史之乱"爆发后，各地经济都受到影响，但是只有四川地区因为四周的地势屏障而一直没有受到破坏，反而因唐玄宗的入蜀成了陪都，接收了来自关中的大量人口和资金，经济发展迅速。

"扬一益二"代表着经济重心的南移，这对中国的历

大事件	年号	帝王	公元 单位：年
淮南节度使杜佑将写成的著作《通典》献给唐德宗，全书分为九门，共二百卷。	贞元十七年	顺宗	801
德宗卒，太子李诵即位，是为顺宗。8个月后，顺宗退位，称太上皇，太子李纯即位，是为宪宗。	永贞元年		805
朝廷官员分为庶民进士出身与世家大族出身两股阵营，彼此之间排挤争斗，是为"牛李党争"。	元和三年	宪宗	808

公元 单位：年	帝王	年号	大事件
812	宪宗	元和七年	割据河北的田季安病逝，其部下归顺朝廷，河北三镇之一魏博镇归顺。
813		元和八年	李吉甫撰《元和郡县图志》成。
820		元和十五年	唐宪宗遭宦官陈弘志杀害。太子李恒即位，即穆宗。
824	穆宗	长庆四年	穆宗卒，太子李湛立，是为敬宗。

史产生了深远的影响，从此左右中国历史的关中地区逐步没落，到最后变成贫困落后地区，而江南则成为新的经济重心。

藩镇割据带来的全国混战：混乱时局下人民的悲惨命运

安史之乱爆发后，中央守卫空前虚弱，为了抵御叛军，朝廷不得不将军镇制度扩展到了全国。在重要的州设立节度使，有的节度使可以同时掌控几个州的资源来抵御叛军。在较次要的州设立防御使或团练使，来把守军事要地。

安史之乱结束后，中央积蓄的力量耗损一空。而在讨伐叛军的战争中，各地节度使则集地方司法权、财权和军权于一身，成了实际上的土皇帝。不过，全国各地的节度使早期对朝廷的命令还是遵从的，只有河北三镇卢龙、魏博、成德和山东的淄清以及淮西的几个节度使比较跋扈，其中淮西节度使李希烈还自称为帝，切断了漕运，将江淮重地和长安割裂开来，对唐中央威胁最大。

藩镇割据势力形成后，唐中央为了维护统一，不断动兵削平割据，而藩镇一方面联合对抗中央，另一方面为了争夺地盘而又互相攻伐，可以说整个中国每天都有战争发生。藩镇的穷兵黩武给人民生活带来巨大的灾难，唐人的笔记小说中记载，淮西割据势力被打败后，当地的年轻人十个有七个人的名字叫作"木头"，因为当时实行"斯巴达式"的军事政策，当地的一切文化、娱乐等活动都被禁止，甚至连晚上点灯、道路上聊天都不允许。

甘露之变：从高力士开始的宦官干政发展到顶峰

唐玄宗宠信宦官高力士，是为宦官干政的开始。

天宝十四年（公元755年），太子李亨奉命留守关中安抚百姓。宦官李辅国以国家大义劝说太子留下来坚持抗敌，有功。随后，李辅国以宦官之身把持中央大权，奏章都需要经李辅国过目才能呈递到唐肃宗手中。

随后，宦官势力进一步扩大，从穆宗开始，唐代总共有7个皇帝为宦官所立，还有6个皇帝被宦官所杀，而这都

大事件	年号	帝王	公元 单位：年
唐敬宗遭宦官刘克明等人杀害。	宝历二年	敬宗	826
立江王李涵（穆宗子）继位，改名昂，为文宗。			
"甘露之变"，宦官大胜朝臣。此后，宦官势力彻底控制唐中央政权。	太和九年	文宗	835
文宗卒，仇士良等劝皇太弟杀害陈王成美等，即皇帝位，是为武宗。	开成五年	文宗	840
（欧洲）查理曼大帝的三个孙子在凡尔登（在今法国东北）签订条约，分割加洛林王朝。随着凡尔登条约的签订，今日法国、德国、意大利的疆界轮廓渐渐浮现。	会昌三年	武宗	843

公元 单位：年	帝王	年号	大事件
845	武宗	会昌五年	唐武宗下诏合并天下佛寺、拆毁佛像、僧尼还俗，是佛教史上"三武之祸"的第三祸，又称为"会昌法难"。
846		会昌六年	武宗服金丹久病而卒，皇太叔光王李忱即位，是为宣宗。
			李德裕遭罢相，其党势力渐衰。
859	宣宗	大中十三年	宣宗服长生药致死，宦官王宗实拥李漼即位，是为懿宗。

是皇帝信任宦官的恶果。

大和九年（公元835年），一直被唐文宗任用极力主张执行打击宦官策略的大臣郑注、李训设下计策，命令官员上奏说"在左金吾仗院内的石榴树上发现了甘露"，邀请皇帝观看，希望能把随行的太监一网打尽。可是宦官首领鱼仇良在进院之前，发现了隐藏的士兵，当机立断挟持文宗退入后宫，并立即调遣500神策军，出宫大杀四方，接着紧闭各个宫门四处搜捕反对者，又杀了一千多人。设下计策的李训、郑注等人被诛杀九族，而因此遭受牵连的官员更是不计其数。

经过甘露之变，皇权彻底被架空，而拥护皇权的士大夫精英也被一扫而空，唐帝国的灭亡是不可避免了。

牛李党争：为反对而反对的黑暗政治

除了宦官专权外，对唐朝政治生活危害最大的就是绵延四十多年的牛李党争。

"牛党"是指以牛僧孺、李宗闵为首的科举官员集团，他们多出身较低，靠寒窗苦读来获取功名，因此主张提倡科举取士；"李党"是指以李德裕为首的士族官员集团，他们多出身于豪门世家，通过顶替（门荫）做官，因此主张任用从小熟悉官场，对政务更加拿手的世家弟子来做官。两党官员多互相攻击，凡是对方支持的就一定要反对。

牛李党争完全失去了道义的立场，有时只是为了反对而反对。例如，李德裕任西川节度使时，收复了被吐蕃占领的重镇维州（今四川理县），宰相牛僧孺却勒令把维州还给吐蕃，并指责李德裕挑起边衅。

唐宣宗大中元年（公元847年），牛僧孺病故，两年后，李德裕去世，牛李党争落下帷幕，但是争斗的双方没有胜利者，因为此时唐帝国已经到了亡国边缘。

黄巢之乱：阶级矛盾激化的产物

民间传说：孝子目莲僧为了救母亲，闯入十八层地狱，错放出了八百万冤鬼，因此人世间乌烟瘴气。阎罗王就命令黄巢将士，大杀人间，收回这些冤鬼的性命。于是，黄巢大起义爆发，还留下一句俗语"黄巢杀人

大事件	年号	帝王	公元 单位：年
归义军节度使张义潮率蕃、汉兵马七千人驱逐吐蕃，收复凉州。在此后的一百多年中，张义潮和他的后人一直割据着西域走廊地带。	咸通二年	懿宗	861
进士皮日休上书，请科举考试去《庄子》《列子》，除诸经外，加以《孟子》为学科。又言自孔、孟、荀以至文中子后，得儒学真谛者，唯韩愈一人，请以韩愈配享孔子。	咸通四年	懿宗	863
懿宗卒，宦官刘行深、韩文约立少子普王李儇即位，是为僖宗。	咸通十四年		873

公元 单位：年	帝王	年号	大事件
875	僖宗	乾符二年	贩盐商人王仙芝聚众起义，是为"王仙芝之乱"。黄巢起兵响应。
878		乾符五年	王仙芝败死，黄巢起义继之而起，天下大乱。
880		广明元年	京师长安被黄巢攻陷，黄巢自称皇帝，以"齐"为国号。
881		中和元年	唐军和黄巢军在长安城发生激战。朝廷敕令沙陀人李克用参战，开始获得对黄巢军的优势。

八百万，错杀凡间半个人"此虽为民间传说，但也从侧面反映了黄巢起义是阶级矛盾激化的产物。

乾符二年（公元875年），王仙芝等人在长垣起义。出身盐贩子、多次科举失败又一直带领乡亲抵制赋税的黄巢率领自己的族人来投靠王仙芝。不久黄巢就因为骁勇善战、足智多谋，从众多起义将士中脱颖而出，成了起义军中最重要的将领。乾符三年九月，王仙芝接受招安，被黄巢反对中止，但是起义军因此分裂，黄巢带领2000人北上。

乾符五年，王仙芝兵败被杀，而黄巢也被官军四处围追堵截，流窜到全国各地。黄巢军所到之处，受到穷苦百姓的热烈欢迎，因此总能屡败屡战，而唐王朝的力量则在与起义军的对抗中越来越虚弱。广明元年（公元880年），黄巢率领百万人攻入长安城，唐僖宗仓皇逃往四川。黄巢进入长安后，建立大齐政权，年号金统。

黄巢定都长安后，并没有乘胜追击，唐僖宗在四川整合各地兵力后反扑。而此时关中的粮食早就不能自给自足，而来自江淮的漕运已经断绝，缺少粮草的黄巢只能退兵。途中，大将朱温投降唐室。不久，黄巢又被沙陀李克用接连打败。中和四年，黄巢兵败被杀，起义被镇压。

大唐解读（上）：唐帝国强盛原因浅析

　　唐代三省六部制可以说是我国古代最为均衡、完备的政治制度。有足够土地来实行的均田制，能够把兵农合一制度的优越性和军事发展相结合的府兵制，从社会各个阶层选拔人才的科举制。这些制度上的优势是唐帝国得到的天时优势。

　　唐代，关中地区得到了最大程度的开发，而此时南方、成都地区的农业得到了长足的发展，再加上对边疆地区的开发，唐代辽阔的疆域和农业水平的提高，为唐朝的发展提供了地利。

　　唐皇室胡汉并重，社会风气自由；士族门阀依然保持着影响力，但并没有独立倾向；庶族地主兴起，但是势力弱小，对"世胄摄高位"的现象司空见惯，并没有太大的反弹，而是希望通过自身的努力成为高层一员；文武并重，社会风气尊重文人，同时又重视军功；对外开放；这些都为社会各个阶层的流动提供了广阔的发展空间，可以

大事件	年号	帝王	公元 单位：年
朱温叛黄巢，以同州降唐。	中和二年	僖宗	882
沙陀人李克用派军加入征讨黄巢的行列。	中和三年		883
黄巢军前锋孟楷攻蔡州，节度使秦宗权投降。			
黄巢败死，但仍有"秦宗权之乱"继续危害地方。	中和四年	昭宗	884

公元 单位：年	帝王	年号	大事件
888	昭宗	文德元年	僖宗卒，弟寿王李晔即位，是为昭宗。
			秦宗权被蔡州副将捉住，降唐。
889		龙纪元年	秦宗权于京师被斩杀。
903		天复三年	梁王朱温杀尽宦官700余人，唐朝的宦官之祸终于结束。
904		天复四年	朱温逼迫唐昭宗离开长安，迁往洛阳。

说是给了每个阶层希望。这是人和因素。

大唐解读（下）：唐帝国衰亡原因分析

我们可以从史书上发现这么一个现象，唐代盛产诗人、战士、能臣、艺术家、明君、权阉，但是一个哲学家都没有。很显然，这对社会的发展来说是不健全的，缺少哲学思考，再强盛的国家也不能维持长久。

唐中期人口暴增，而此时中央并不能采取有效的治理措施来抑制兼并，反而只是把府兵制改成募兵制。这等于是拱手把土地和人口的控制权让给了地方军阀。很显然，一个丧失了对地方控制的王朝并不能延续多久。

在对外关系上，唐帝国先是和突厥对峙，然后又是和高句丽战争，接着又和西方的回纥、吐蕃开战，最后还向远在西亚的阿拔斯王朝征战。"忘战必危，好战必亡"，唐中期在对外战争中获得的利益远远不足以弥补它在对外战争中的消耗，特别是与中亚地区国家的连年战争，极大的损耗了唐的军事力量。中央空虚之下，给了野心家天赐良机。

总之，由于上述诸多因素，唐帝国的强盛不能持续长久。

迁都洛阳，朱温改国号为梁：纵观迁都而亡的王朝命运

黄巢起义虽然被平息，但是带来的恶果却是唐王朝中央已极度空虚，大权旁落。在黄巢起义中，降将朱温功劳赫赫，势力强大，只有沙陀部的李克用能和他相抗衡。

在对抗宦官的过程中，唐昭宗被朱温所控制，宦官集团被杀光。天祐元年（公元904年），朱温逼迫昭宗迁都到自己的地盘洛阳后，更是权势熏天。

迁都洛阳三年后，唐王朝灭亡，朱温篡国建立后梁。

历史上，像唐朝这样不得已迁都，迁都后被篡权而亡的还有东汉、东周等。它们共同的特征是保护皇权的军权丧失，而掌握军权的军阀在过去的都城力量对比中不占有优势，为了能让刀的威慑力更加强大，必须彻底斩断新王朝和旧王朝的关系，让皇帝离开自己家族已经经营了几百年的地盘。

对一个没落的唐王朝来说，迁都不过是敲响了亡国的丧钟罢了。

大事件	年号	帝王	公元 单位：年
朱温使蒋玄晖等杀昭宗，立辉王李柷，是为哀帝（昭宣帝）。	天祐元年	昭宗	904
唐朝被梁王朱温篡夺，改国号为梁，是为后梁太祖。唐朝灭亡。	开平元年	后梁太祖	907

五代十国时期

公元907年,朱温废唐自立为帝,建国号梁,自此中国进入五代十国时期。这是我国历史上最为混乱的时期之一,中原地区是梁、唐、晋、汉、周五个政权先后更替,而其他地区则是大大小小的割据势力征战不休。

在经济上,连年的战争使人口大量减少,劳动力不足,百姓没有足够的时间来从事生产,而且生产技术的发展也被战争中断;因为地方势力割据,商业流通基本上处于静止状态;由于经济大环境的恶化,大部分的百姓没有粮食,所以这种状况下手工业发展相对较为缓慢,只有在南方和四川一些相对安定的地区才有所发展。

政治上,因为战乱和分裂割据,五代十国时期除了末期的后周周世宗柴荣外,大多在政治上没有什么作为。大部分的统治政策,都是武夫得志后的胡作非为,而完整的政治制度对这些军阀们没有任何意义。经济和政治上的衰退使得教育、思想等也出现低潮,除了唐明宗时期冯道整理古籍外,基本上没有什么作为。

总之,五代十国时期,似乎人世间任何美好的东西都消失了,而一切恶的事物都失去了约束。

五代·青瓷怪兽

朱温称帝，建立后梁：唐藩镇割据局面的必然结果

朱温，公元852年出生。当时唐朝已处于风雨飘零的时期，所以贫民朱温就和自己的兄弟成了盐贩子。后来黄巢起义爆发，天下大乱，朱温就于877年参加黄巢起义，在大齐政权中任同州防御使。882年朱温叛变降唐，被唐朝赐名全忠，任河中行营招讨副使。次年，升为宣武节度使，进驻汴州，即以此为根据地，逐渐兼并邻近势力，扩大统治地区，迫使河北藩镇归附，迅速成为中原最大的军阀。

901年，朱温晋封为梁王，与李克用父子长期进行战争。此时，唐朝内部朝官与宦官的斗争持续不断，宦官韩全晦扶持唐昭宗迁到凤翔，而唐昭宗密诏朱温谋杀宦官。904年，朱温控制了朝政，将宦官谋杀一空，逼迫昭宗迁都洛阳。同年8月，朱温杀昭宗，立13岁的李柷为帝。907年，朱温废李柷自立为皇帝，建都汴梁，国号梁，史称后梁。

朱温称帝是唐长达七八十年的藩镇割据的必然结果。当时，唐中央已不能对地方势力进行绝对的控制，而只能

大事件	年号	帝王	公元 单位：年
后梁太祖先后封武安军节度使马殷为楚王、两浙节度使钱镠为吴越王。	开平元年	后梁太祖	907
蜀王王建自立称帝，建国号为蜀，是为十国前蜀高祖。			
后梁太祖下令禁止地方军人、百姓割股疗亲，因为这有逃避为朝廷服劳役的嫌疑。			
晋王李克用卒，长子李存勖继位后，仍与后梁维持对抗态势。	开平二年		908

公元单位：年	帝王	年号	大事件
908	后梁太祖	开平二年	后梁太祖封幽州卢龙节度使为河间郡王。
909		开平三年	后梁太祖封福建节度使王审知为闽王（十国之闽国）、河间郡王刘守光为燕王。（北非）伊斯兰教先知穆罕默德之女法帝玛与女婿阿里的后裔建立绿衣大食（法帝玛王朝阿拉伯帝国，至公元1171年）。
911		开平五年	燕王刘守光自称大燕皇帝，建年号为应天（五代十国以外的势力）。

与地方割据势力间达到一种力量的平衡。朱温的崛起打破了这种平衡，所以唐就被取代了。

李存勖建立后唐：沙陀人集团掌控着中原王朝

唐朝末年，沙陀人李克用受封为河东节度使，驻守太原，受封晋王。由于朱温曾有意暗杀李克用，李克用突围脱身后便与朱温誓不两立。朱温篡唐建立后梁后，势力较强的李克用仍用唐天祐年号，与后梁为敌，成为后梁北方最大的威胁。

不过李克用不是朱温的对手，李克用的势力被不断削弱，直到李存勖继承沙陀势力后才扭转这一颓势。李存勖在923年于魏州（今河北大名县）称帝，建国号唐，史称后唐，定都汴梁（今河南开封），改元同光。同年，后唐军直逼洛阳，灭了后梁，定都洛阳。李存勖是为后唐庄宗。

后来，后唐为后晋石敬瑭取代，而后晋灭亡后，后汉建立，后汉灭亡后，后周建立。这些国家占据着当时的中原，是所谓的正统王朝，而支撑这个王朝的就是李克用所建立的强大沙陀武装集团。

耶律阿保机统一契丹：契丹族的兴起和强盛

契丹族是北方草原上少数民族的一支，在唐代时遭受唐军的打压，然而8世纪中叶，唐朝开始由盛转衰，已无力压制契丹族的兴起。

唐朝灭亡之后，当时盘踞燕州一带的刘仁恭、刘守光穷兵黩武，规定男15岁以上，70岁以下，皆得自备兵粮从军，"闾里为之一空"，使"幽、涿之人多亡入契丹"。而契丹西北面的两个强邻突厥、回纥，早已分别在8世纪中叶和9世纪中叶衰落。可以说契丹兴起的外部条件已经成熟。在契丹社会内部，由于生产的发展，阶级分化也愈趋激烈，国家机制的一些因素已因时萌生。10世纪前后的契丹社会发展到了一个转折时刻，需要一个强有力的领导者，把契丹社会推向更高发展阶段。

公元907年，契丹迭刺部的首领耶律阿保机统一各部，即可汗位。他先后镇压了契丹贵族的叛乱和征服奚、室韦、阻卜等部落，声势浩大，成了北方草原的霸主。

大事件	年号	帝王	公元 单位：年
后梁太祖遭三儿子朱友珪杀害。朱友珪自称为帝。	乾化二年	后梁太祖	912
后梁帝朱友珪改元凤历，后梁太祖的四子均王朱友贞起兵反抗朱友珪，得胜。朱友珪被杀，均王继位，是为后梁末帝。仍使用乾化年号。	乾化三年	后梁末帝	913

公元 单位：年	帝王	年号	大事件
913	后梁末帝	乾化三年	刘仁恭、刘守光父子先后被晋王李存勖的军队擒获。
916		贞明二年	契丹（辽）耶律阿保机称帝，改年号神册。
917		贞明三年	梁南海王刘䶮自立称帝，建国号为越，以乾亨为年号。

公元916年，耶律阿保机称帝，建立了奴隶制国家——契丹国，东灭渤海国，南占幽云十六州，开创一个强盛的草原帝国。

梁唐之争：五代前期的主旋律

唐昭宣帝天祐四年(公元907年)，朱温篡唐称帝以后，对其威胁最大的是河东的李克用割据势力。此后，五代前半期，后梁和后唐（晋）的争斗就成了历史的主旋律。

后唐和后梁为争夺河北，于910～916年间进行了长达6年之久的战争。期间，柏乡(河北柏乡西南)与魏州之战，是两次规模较大的战斗，对争夺河北，乃至晋、梁最后的胜败兴亡起了较为重要的作用。

后唐庄宗同光元年（公元923年），李存勖趁着后梁政权内乱的机会，率领主力部队直击后梁都城开封。最后，李嗣源与李存勖先后入城。后梁末帝朱友贞自杀。12日后，后梁北面招讨使段凝率5万主力军赶回封丘，见大势已去，便解甲请降。统治17年的后梁政权覆亡。至此，晋、唐之争结束。

五代的更替：国家权力操纵在军阀势力中

后梁建国以后，除今山西大部和河北北部外，基本上统一了黄河中下游地区。乾化二年（公元912年），朱温被三子朱友珪所杀。次年，四子朱友贞平乱后，即帝位。此后，后梁连年用兵，赋税沉重，国势日衰。

沙陀人首领李存勖乘后梁内乱之机攻取河北，累败后梁军，最终彻底消灭了中唐以来长期跋扈的河北三镇军阀势力。龙德三年(923年)，李存勖在魏州即位，是为庄宗，改元同光，国号唐，史称后唐。同年，他派兵南下，攻占开封，后梁灭亡。后唐统一了华北地区。

李存勖后来在乱兵中为戏子所杀，李克用养子李嗣源继位，是为后唐明宗。他诛杀贪官，废除苛敛，均减田税，允许民间自铸农器。李嗣源在位8年，是五代少有的小康之世。明宗死后，子从厚继位。次年，明宗养子从珂起兵夺取了皇位，国内陷入混乱状态。

河东节度使石敬瑭乘后唐内乱，认契丹主耶律德光为父，以幽云十六州为代价换取契丹援助。石敬瑭率军攻入洛阳，后唐亡。石敬瑭在契丹的支持下称帝，国号晋，史

大事件	年号	帝王	公元 单位：年
契丹太祖下诏建立孔子庙、佛寺、道观。	贞明四年	后梁末帝	918
越帝刘陟改国号为汉，是为十国之南汉。			
王建建立高丽国，是为王氏高丽。王建为高丽太祖。			
吴杨隆演称吴王。	贞明五年		919

公元 单位：年	帝王	年号	大事件
920		贞明六年	契丹创作自己的文字——契丹大字，并颁行。
922	契丹太祖	天赞元年	契丹太祖任命次子耶律德光为天下兵马大元帅。
923	后唐庄宗	同光元年	晋王李存勖称帝，建元同光，是为后唐庄宗。
923	后梁末帝	龙德三年	后梁东都开封被后唐庄宗率军攻破，后梁亡。

称后晋。天福二年(公元937年)，石敬瑭建立的后晋迁都汴州（开封府）。

开运三年(公元946年)十二月，契丹军攻下开封，俘虏晋末帝石重贵，后晋灭亡。

开运四年(公元947年)，晋河东节度使刘知远在太原称帝，是为后汉高祖，仍用天福年号。随后，他统兵南下，定都开封，改国号为汉，史称后汉。

乾祐三年(公元950年)冬，刘知远病死，子刘承祐继位，不甘受将相所制，杀权臣。掌握兵权的郭威引兵南下，攻入开封，隐帝刘承祐被乱兵所杀，后汉亡。广顺元年(公元951年)正月，郭威即帝位，是为后周太祖，改国号为周，史称后周，仍定都开封。

梁、唐、晋、汉、周频繁更替的近百年里，中国的政权全部操纵于军阀手中。

十国情况简介：失去了约束的刀

这个历史时期，除了占据中央的五个大势力更替外，地方上是更为混乱的中小割据势力混战。这些割据势力被统称为"十国"。

唐天复三年(公元903年)，王建被唐封为蜀王，占地北抵汉中和秦川，东至三峡。后梁开平元年(公元907年)，王建称帝，建都成都，国号蜀，史称前蜀。

后唐同光三年(公元925年)，庄宗派兵攻灭前蜀，任命董璋为东川节度使，孟知祥为成都尹、西川节度使。孟知祥训练兵甲，后攻取东川，杀董璋。长兴四年(公元933年)，后唐封他为蜀王、东西川节度使。944年，孟知祥称帝，建元明德，重建蜀国，史称后蜀。

唐天复二年(公元902年)，杨行密被唐封为吴王，都广陵。南吴顺义七年(公元927年)，行密子吴王杨溥称帝。南吴天祚三年(公元937年)，徐知诰废吴帝杨溥，自己称帝，国号大齐，改元升元。次年改姓名为李昇，改国号唐，史称南唐，都金陵。南唐升元七年(公元943年)李昇死，其子李璟继位。南唐保大三年(公元945年)，唐派兵攻灭内乱中的闽国，于是成为南方的大国。

钱镠在唐末占据浙西地区，后来吞并浙东，占有两浙十余州之地。唐昭宗任他为镇海、镇东节度使。后梁开平元年(公元907年)，被后梁封为吴越王。吴越国土狭小，北

大事件	年号	帝王	公元 单位：年
后唐庄宗寻求原本在唐朝朝廷任职的宦官。	同光二年	后唐庄宗	924
后唐庄宗以李继岌为西川都统，命李继岌和郭崇韬率军讨伐十国前蜀。前蜀后主王衍投降，前蜀亡。	同光三年	后唐庄宗	925
契丹太祖亲征渤海国。	天赞四年	契丹太祖	925
后唐李嗣源叛变，攻入汴州。	同光四年	后唐庄宗	926
后唐庄宗遭郭从谦的部队杀害。			

公元单位：年	帝王	年号	大事件
926	后唐明宗	天成元年	李嗣源入洛阳继帝位，为后唐明宗。
926	契丹太祖	天赞五年	契丹灭渤海国。
			契丹太祖改元天显，将渤海国改为东丹国。立长子耶律倍为东丹人皇王加以统治。
			契丹太祖过世，皇后述律平代为处理朝政。
927	契丹太宗	天显二年	契丹太祖次子耶律德光继位称帝，为契丹太宗。
930	后唐明宗	天成五年	东丹国人皇王耶律倍投奔后唐。
932	后唐明宗	长兴三年	在后唐明宗同意下，后唐开始依石经文字制作九经雕版。

邻强大的吴(后为南唐)。钱镠诚约子孙，世代交结中原朝廷，借以牵制吴和南唐的侵扰。钱氏统治的八十多年间，吴越地区相对安定，经济繁荣。

王潮、王审知兄弟在唐末占有福建全境，唐昭宗任王潮为节度使。后梁开平三年(公元909年)，后梁封审知为闽王。王审知统治近三十年，他力行节俭，轻徭薄敛，境内富实安定。南唐保大三年(公元945年)，闽为南唐所灭。

马殷在唐末占有潭、衡诸州，被任为湖南节度使，进而占有梧、贺等州。后梁开平元年（公元907年）被封为楚王，在长沙建宫殿，专制一方。

刘隐原是唐岭南东道节度使，逐渐平定辖内割据势力后，据有西自邕州、东至潮州的岭南广大地区。后梁贞明三年 (公元917年)，其弟刘岩称帝，国号越，不久改称汉，史称南汉。

后梁开平元年(公元907年)，后梁大将高季兴被任命为荆南节度使，驻守江陵。后唐同光二年(公元924年)，后唐封他为南平王，所以荆南又称南平。

十国中唯一在北方的政权是北汉。后周广顺元年(公元951年)，郭威灭后汉，刘知远弟太原留守刘崇占据河东十二州称帝,仍以汉为国号,史称北汉。

北宋太平兴国四年(公元979年),宋兵攻克太原,北汉亡——最后的中原割据势力被消灭。

石敬瑭割让燕云十六州:中原政权对北方少数民族政权显出的进一步颓势

后唐末帝李从珂在位时,大将石敬瑭为河东节度使,实力雄厚,有不臣之心,所以李从珂和自己的亲信谋划削弱石敬瑭的兵权。但石敬瑭以多病为理由,上表请求朝廷调他往其他藩镇,借此试探朝廷对他的态度。

清泰三年(公元936年)五月,后唐末帝改授石敬瑭为天平军节度使,并降旨催促他前去赴任。石敬瑭怀疑末帝对自己起了疑心,便举兵叛变。

石敬瑭的军队不是后唐军队的对手,石敬瑭的一些部下也不想和中央作对,被围困之后,石敬瑭向契丹求援。九月,契丹军南下,击败后唐军。石敬瑭在十一月被契丹册封为大晋皇帝,并认契丹主为父,自称儿皇帝,并在938年按约定将燕云十六州献给契丹。

大事件	年号	帝王	公元 单位:年
后唐明宗过世,三子宋王李从厚继位,是为后唐闵帝。	长兴四年	后唐明宗	933
后唐闵帝遭李从珂叛变夺位,不久遇害。	应顺元年	后唐闵帝	934
李从珂称帝,为后唐末帝。	清泰元年	后唐末帝	
后唐蜀王孟知祥自立称帝,建国号为蜀,是为十国后蜀。	明德元年	后蜀高祖(孟知祥)	

公元单位：年	帝王	年号	大事件
934	后蜀后主（孟昶）		十国之后蜀高祖孟知祥病死，三子孟昶继位，为后蜀后主。
936	后唐末帝	清泰三年	后唐河东节度使石敬瑭获契丹支持，被立为皇帝，为五代的晋高祖。后唐不敌后晋军攻势，末帝自焚殉国，后唐亡。（中欧）东法兰克王国国王鄂图一世继位为王，后来成为神圣罗马帝国的开国者。
937	后晋高祖	天福二年	十国之吴国遭权臣徐知诰篡夺，南唐建立。

燕云十六州被割让给契丹（辽国）以后，中原失去了与北方游牧民族之间的天然防线，辽国的游骑随时可以在河北平原驰骋，一直到北宋灭亡，燕云十六州一直是中原政权力图收复的故土。

不倒翁冯道的一生和评价：乱世价值观和和平时期价值观比较

五代时期的冯道，是历史上著名的政治不倒翁，他先后侍奉十二个君主，经历四个国家，而且在政治上颇有作为，深受民众拥戴。在传统史学价值观中，冯道的作为一直颇受争议。

南宋灭亡后，欧阳修的《五代史记》才得以与世人见面，并很快风行起来，同时由于被宋王朝定为伪学的程朱理学也在宋灭亡后得以大行其道，理学的勃兴对《五代史记》的流行起到了推波助澜的作用，以致到后来，欧阳修的《五代史记》成了正统史学著作，而欧阳修对冯道的评价也成为主流评价："事四朝，相六帝，可得为忠乎？"被认为是"奸臣之尤"。

不过近年来，越来越多的人突破传统的史观限制，来正面评论冯道。这种对冯道的评论，反映了中国人对道德的评价。

历史上最短命的后汉：兵强马壮者为天子

后晋天福六年(公元941年)七月，刘知远担任太原留守、河东节度使。947年，契丹军队攻陷开封，后晋灭亡。

948年正月，契丹主耶律德光称帝于开封，国号辽。二月，刘知远也在太原称帝。刘知远称帝后，下令发兵抗击辽国，不久就占领洛阳、开封，收复后晋末失陷的河南、河北诸州。六月，改国号大汉，史称后汉。

刘知远登基后不久，即病重而死，次子刘承祐继位，是为隐帝。刘承祐新立，大臣史弘肇、苏逢吉、郭威等人专权，皇帝成为傀儡。不过这些权臣之间又有矛盾。史弘肇为侍卫亲军马步军都指挥使，掌握禁军，酷虐滥杀；杨邠为枢密使，权势最重。刘承祐发动政变，一举击杀史弘肇、杨邠等权臣后，又密令使者杀邺都留守、枢密使郭威。不料事情败露，郭威起兵攻入开封，刘承祐被杀。后

大事件	年号	帝王	公元 单位：年
后晋交出十六州土地图籍给契丹。	天福三年	后晋高祖	938
后晋高祖过世后，由齐王石重贵继位，为后晋出帝。	天福七年		942
契丹太宗亲自出兵攻打后晋。后晋京师开封被契丹攻破，后晋出帝被俘。	会同九年	契丹太宗	946
辽太宗撤出中原，后晋北平王刘知远乘机称帝，是为后汉高祖。	天福十二年	后汉高祖	947
后汉高祖改年号为乾祐，不久之后便过世了。	乾祐元年	后汉高祖	948

公元 单位：年	帝王	年号	大事件
948	后汉隐帝	乾祐元年	刘承祐继位，为后汉隐帝。
950		乾祐三年	后汉枢密使郭威叛变。郭威进入京师，控制朝政。
951	后周太祖	广顺元年	五代后汉被郭威篡夺，改国号为周，是为周太祖。
	北汉世祖	乾祐四年	后汉皇族以刘崇为首在太原立国，国号仍为汉，为十国之北汉。
953	后周太祖	广顺三年	九经雕版完成。

汉亡，前后只存在了4年。

历史上最短命王朝的建立和灭亡是五代十国乱世的最好缩影，天子"兵强马壮者为之"：建立在武力上的政权极为脆弱，往往会因为失去约束而掀起新一轮的动乱。

周世宗改革：混乱的局面终于迎来统一的曙光

周世宗柴荣（921—959年）是后周太祖郭威的内侄和养子，显德元年（公元954年），柴荣即位。继位后，柴荣便立即开始改革，他广泛收罗人才，不断深入改革。政治上，澄清吏治，严明赏罚，惩治贪赃，倡导节俭，力戒奢华。经济上，鼓励逃户回乡定居，减免各种无名科敛，安抚流民，招民垦殖逃户田，编制《均田图》，派遣使者分赴各地均定田租，查实隐匿耕地，同时平均赋税；废除曲阜孔氏的免税特权，动员民众兴修水利，疏浚漕运；停废敕额（朝廷给予寺名）外的寺院3万余所，敕额外僧尼一律还为编户，禁私度僧尼；收购民间佛像铜器铸钱，缓解了唐末以来长期缺钱的局面。军事上，整肃军纪。

显德元年，周世宗处决了与北汉作战时临阵溃逃并劫掠辎重、扬言周军已败的禁军军官将校70余人。班师后，检阅禁军，裁汰老弱，组成了战斗力较强的大梁禁军。

周世宗还修订刑律和历法，考正雅乐，广搜遗书，雕印古籍。显德二年（公元955年），世宗采用王朴提出的"先易后难"的战略方针，致力于统一全国的大业，先出兵后蜀，收回4州。次年伐南唐，经3年苦战，收回淮南、江北14州60余县。6年征辽，收回燕云十六州中的3州，5月间，乘胜进取幽州，但突患重病死去，年仅39岁。

世宗柴荣在政治、经济和军事上的改革及成就，为北宋统一奠定了基础。

黑暗中的光明：五代十国时期对中国历史的意义

纵观五代十国历史，可以说这个时期是中国历史上的倒退时期，也可以说是中国历史上较黑暗的时期。不过这个黑暗时期，中国经济和社会依旧在缓慢前行。

首先，南方经济得到进一步的发展，经济重心继续南移。五代十国时期，南方地区的战乱相对较少，人们有着相对安定的生产环境；北方人民因为战乱频繁，纷纷南下，给南方带去了充足的人口和先进的生产技术。

大事件	年号	帝王	公元 单位：年
后周太祖过世，养子（内侄）柴荣继位，为后周世宗。北汉趁机进攻后周，后周世宗亲征，击败北汉与辽之联军，再处理太祖丧事。	显德元年	后周世宗	954
后周世宗出兵讨伐后蜀。	显德二年	后周世宗	955
后周世宗开展灭佛运动。			
后周世宗出兵南征南唐。			
后周连续南征南唐，攻克淮南十四州，双方改以长江为界。	显德五年	世宗	958

公元 单位：年	帝王	年号	大事件
958	世宗	显德五年	后周世宗看元稹的《长庆集》后，依内容制成均田图，赐给地方官员，以此想实行均田制，让地方官员先了解、学习。
959	后周恭帝	显德六年	后周世宗率军北征，至5月，因病班师回朝，不久去世。

五代时期南方的发展不仅体现在水利灌溉发达，农作物产量提高，各种经济作物种类繁多上，还体现在手工业的发展上。当时蜀锦、吴绣等纺织品驰名全国，南唐是全国的茶叶生产中心，而成都、金陵则是印刷中心。农业、手工业的发展进一步刺激了南方商业的发展。

其次，民族间交往增多，民族融合进一步加强。沙陀、党项、契丹等族的南迁，确实给中原百姓带来了深沉的苦难，不过也给中原王朝注入了新鲜的血液。

再次，五代十国的纷乱局面为后来的统治者上了生动一课，为中国的政治制度提供了足够的反面教训。五代以后，统治者吸取教训，大力约束军阀势力，发展文官政治，来控制武官割据倾向。这种通过"笔"来约束"刀"的做法，是中国古代最稳定的政治制度框架构成部分。

总之，五代十国的历史在某些方面是有些倒退，但这也是之后中国封建社会发展到顶峰的基础。

五代十国与三国比较：为什么《残唐五代史演义》不能成为名著？

罗贯中作为中国古代著名的文学家，但是同样出自罗贯中之手的《三国演义》和《残唐五代史演义》的知名度却完全不同。在中国传统文化中，三国时代英雄的知名度和残唐五代英雄们的知名度也绝对没有可比性。然而，同样是乱世，同样是血腥征伐，为什么中国人有三国梦而不可能有五代热呢？

可以看到，在中国历史上，有四次大混乱时期：春秋战国时期、三国时期、南北朝时期和残唐五代时期。春秋战国时期年代久远，体现更多的是国家为主角，而不是以人物为主角；南北朝时期则是少数民族集团政权的兴衰历史；三国、五代时期则是人物历史，然而三国时代紧接大汉盛世，儒家文化里的士为知己者死和忠义等精神在当时得到了很好的体现，大部分的英雄是在"保汉"和"保民"两种思想里对抗，而五代时期承接的是唐代藩镇割据的弊病，"英雄"们为的是自己的私利。相对来说，三国的精神有助于当权者更好地统治他的子民。所以在封建社会，三国的精神也一再被宣扬，而五代的诸侯则被斥责为乱臣贼子。

大事件	年号	帝王	公元 单位：年
世宗的儿子梁王柴宗训继位，为后周恭帝。	显德六年	后周恭帝	959
赵匡胤发动陈桥兵变，后周恭帝被迫退位，后周亡。	显德七年		960

辽·宋·西夏·金

　　五代后期，中原地区逐渐安定，最后长期分裂的局面也得以结束，中国历史进入几个大政权相互对立时期。

　　公元907年，耶律阿保机统一契丹各部称汗，国号"契丹"，定都上京。916年建年号神册。947年耶律德光定国号为"辽"。辽圣宗大举南下入侵宋朝，发生了澶渊之盟。此时的辽国处于全盛时期，疆域西到中亚，东到鸭绿江，南到高梁河，北到西伯利亚。国内以契丹族为主体，力压其他民族，政权稳定。公元12世纪开始，契丹族受到境内其他各族的严峻挑战，最后被金灭于1125年。

　　宋朝分为北宋和南宋。公元960年，赵匡胤篡位自立，建立北宋，并随后结束了长江、黄河大部分中国核心区域的分裂。宋太宗试图统一全中国的企图被辽国击败后，北宋就被迫转入防御态势，并积极恢复农业生产，大力发展内政。一般认为，北宋是我国古代较为富庶的朝代之一。公元1125年，金在灭辽后又灭了北宋。北宋灭亡后，部分宗室南迁，建立南宋政权，还维持着对淮河以南地区的统治，直到1273年，更为强大而勇猛的蒙古军逼死南宋末代皇帝，宋朝才彻底结束。

　　西夏建立于1038年，灭亡于1227年，在辽、宋、金等大国争雄的空隙中，依靠强悍的军事力量和灵活的外交政策，割据着甘肃、宁夏一带。最后，西夏为蒙古所灭。

　　公元1115年，女真领袖完颜阿骨打称帝建国，国号大金。金朝建国后，展开以辽五京为打击目标的战争，并最终在1125年，灭掉辽和北宋，建立起一个雄踞东亚的大国。然而，女真部落直接从原始社会过渡到封建社会，造成其国家内部的混乱和后继乏力，在政权建立后就不断受到来自草原的蒙古族挑战，并最终于1234年为蒙古所灭。

北宋·孩儿枕

"点检为天子",赵匡胤的发迹之路:谶言在政变中的巨大作用

五代末年,后周经世宗改革后,国力强盛,逐渐呈现了统一的趋势。不过,周世宗中年猝死,横生波折,给了其他野心家以可乘之机。

后周显德六年(公元959年),周世宗抱病北征,"无意中"得到一个锦囊,锦囊中有块小木牌,上面写有"点检作天子"五个字。周世宗当时自知大限将至,自己的幼子肯定压不住这些骄兵悍将,而且殿前都点检张永德身为外戚(柴荣的妹夫),手中握有禁军大权。

不久,周世宗病情加剧,想起当日的木牌和张永德的作为,周世宗在去世之前,采用明升暗降的方法,先剥夺了张永德的兵权,而后又将他驱逐出京城,改任赵匡胤为殿前都点检。而这让赵匡胤彻底掌握了禁军的大权,为日后的篡位提供了条件。

周世宗死后,掌握了禁卫军大权的赵匡胤彻底控制了朝权。陈桥兵变爆发后,点检赵匡胤为天子,印证了谶语,顺应了"天意"。

大事件	年号	帝王	公元 单位:年
赵匡胤发动陈桥兵变,后周恭帝被迫退位。赵匡胤定都汴京,建国号宋,是为太祖。	建隆元年	太祖	960
太祖废除皇帝与宰相坐对议事之礼。			
太祖以柔和的方式解除石守信等人的兵权,史称"杯酒释兵权"。	建隆二年		961
鄂图一世受宗教加冕为帝,神圣罗马帝国建立。	建隆三年		962
以文臣管理各州事务。	建隆四年		963
应周保权请求出兵湖南,向南平高继冲借道,趁势灭南平、收湖南。			

公元 单位：年	帝王	年号	大事件
965	太祖	乾德三年	遣王全斌率军入蜀，后主孟昶出降，后蜀亡。设置诸路转运使。
967		乾德五年	《旧五代史》完成。
969		开宝二年	太祖伐北汉，围太原。辽穆宗遭刺杀，耶律贤即位，是为辽景宗，出兵救援北汉。
971		开宝四年	潘美克广州，南汉亡，立国五十五年。初置市舶司于广州。

其实从秦汉开始，谶语就在政变中被广泛应用，最著名的是"苍天已死，黄天当立；岁在甲子，天下大吉"的黄巾起义口号，显然谶语最后并没有应验，不过依然蛊惑了人心。从利益获得者角度解释，"点检为天子"的谶语只不过是赵匡胤等人的"借刀杀人"之计罢了。

陈桥兵变，黄袍加身：五代余波，军权对君权的践踏

赵匡胤先是在禁军中结识英雄豪杰，和石守信等人结为"义社十兄弟"，构建了一个庞大的中层军官联合集团。接着又以赵普、赵匡义、韩令坤等人为谋士，积极为自己的前途做准备。

周世宗死后，担任殿前都点检的赵匡胤掌握了中央精锐禁军的大权，而继位的周恭帝年仅七岁，主少臣强，京城中人心惶惶。

建隆元年（公元960年）一月，赵匡胤派人散布流言，说北汉国和契丹联合，出兵南下。朝廷于慌乱中，被迫派赵匡胤带领所有的兵力北上抵抗。赵匡胤立刻调兵率军出京城。行军过程中，军中开始流言天上有两个太阳，当晚，中下层士兵开始串联，认为"皇帝年幼，即使作战也不会获得奖赏"。

在赵匡胤的亲信策划下，第二天早上将士们带上武器闯入赵匡胤的中军帐，高声叫嚷："请点检为天子。"并把早就准备好的黄袍披在赵匡胤身上。旁边所有人迅速跪在地上三拜九叩，高呼"万岁"。赵匡胤假意推辞，不过没法"拗"过将士们，被迫做了皇帝，并随后约束军纪，里应外合下夺取开封，逼迫周恭帝退位。赵匡胤即位后，改国号为宋，依然定都东京（今河南开封）。

陈桥兵变从事前的流言到大臣的迎合，最后到将士的反应，在当时都习以为常。这事实上反映出了两个问题：第一个是封建社会中人们对于君权，天命所归的迷信；第二个就是手握军权的将领可以对所谓神圣的君权加以利用和践踏。

斧声烛影，赵光义登基：为什么宋代都城东移？

开宝九年（公元976年），宋太祖赵匡胤驾崩，其弟

大事件	年号	帝王	公元 单位：年
开始实行由皇帝亲试考生的殿试。	开宝六年	太祖	973
太祖封弟赵光义为晋王。			
曹彬于秦淮大败江南兵，进围金陵，江南主李煜降，南唐灭亡。	开宝八年		975
太祖猝死，弟赵光义即位，是为宋太宗。12月改元太平兴国。	太平兴国元年	太宗	976
吴越王钱俶降，吴越亡，立国72年，为最后一个归顺的南方政权。南唐后主李煜卒。	太平兴国三年		978

公元 单位：年	帝王	年号	大事件
979	太宗	太平兴国四年	太宗亲征北汉，围太原，刘继元出降，北汉亡。五代十国结束。
			太宗欲乘势收复燕云十六州，率军攻辽，直至幽州，败于高梁河之役，太宗负伤而归。
982		太平兴国七年	李继捧率党项族人入朝归顺，太宗封其为彰德军节度使。
			辽景宗卒，子隆绪立，是为圣宗，再次改国号为契丹。

晋王、开封府尹赵光义（原名赵匡义）继位，是为宋太宗，改元太平兴国。当时赵匡胤的长子早已成人，而宋太祖违背嫡长子继承制，反而把皇位传给自己的弟弟赵光义。这给了人们足够的怀疑空间："赵光义的继承是怎么实现的？"

有一种记载如下：赵光义和宋太祖宴饮，然后在屋外伺候的太监和宫女，看见烛光摇动，听见太祖用玉斧（镇纸的一种）戳地，悲愤地喊着："你好自为之。"当晚太祖去世，被赵光义收买的太监直接迎接赵光义入宫，登基为帝。

后人无法判断斧声烛影的真假，但是之前太祖和赵光义曾经就迁都问题发生争论，太祖希望能将都城迁到洛阳，认为洛阳利于防守，开封城无险可守（这也是宋代对北方入侵者的军事劣势之一）。而赵光义回答："在德不在险。"当时，洛阳残破，开封繁华，而且赵光义此时已担任开封府尹日久，早已是尾大不掉了。

宋朝定都开封，既是必然的——经济发达，城市完整，水运方便，也是偶然的——赵光义的起家老巢所在。

灭南唐，俘虏南唐后主李煜：北方对南方的再次胜利

从乾德元年（公元963年）起，宋中央就采用前朝名臣王朴遗留下来的策略，"先易后难，先南后北"，开始削平割据，统一全国的战争。

公元963年初，宋军以讨伐割据湖南地区的楚国为名，借道荆南地区，并趁机灭掉了南平国。随后楚国投降，宋军彻底切断了南方割据势力之间的联系。乾德二年（公元964年）年底，宋军猛攻四川，割据蜀地的孟昶投降。开宝三年（公元970年），宋军攻灭南汉。

南唐李氏三代割据繁华的江浙地区，钱粮富足，不过士兵柔弱，而且以李煜为代表的统治者荒淫而奢靡，根本不是蒸蒸日上的宋军对手。开宝七年（公元974年），名将曹彬率十万精锐南下，李煜自称为子，求和。而赵匡胤回答："父子不可分家。"并说"卧榻之侧，岂容他人鼾睡！"不久，宋军攻占金陵，俘虏南唐后主李煜。

宋之所以能取得灭唐的胜利，从根本上来说，是因为当时的经济重心依然是北方。北宋刚兴起，而南唐则腐朽

大事件	年号	帝王	公元 单位：年
李昉等完成《太平御览》的编纂。	太平兴国八年	太宗	983
宋将尹宪、曹光实领兵大破李继迁，逼其退往黄羊平(陕西定边县东南)。	太平兴国九年		984
宋军分三路攻辽，曹彬败于岐沟关，潘美败于飞狐。杨业败于陈家谷，且遭俘虏，绝食而亡。史称"岐沟关之役"。	雍熙三年		986
派遣官员于诸州募兵，将大举伐辽。	雍熙四年		987
任李继捧为定难军节度使，并赐其姓名为赵保忠。	端拱元年		988

公元 单位：年	帝王	年号	大事件
989	太宗	端拱二年	辽兵攻陷易州。
990		淳化元年	辽封李继迁为夏国王。
992		淳化三年	宋朝开始实行科举考试糊名制。
993		淳化四年	交州黎桓入贡，封为交趾郡王。
			四川发生王小波、李顺之乱，王小波于年底战死。
994		淳化五年	李顺于成都建立大蜀政权，兵力达数十万人。
995		至道元年	宋军破成都，李顺战死。

没落，再加上南方缺少骑兵——这在当时是高技术含量的兵种。南唐士兵生活条件优越，且凭借长江天险，未能认真备战。

北汉虽然弱小，但是一直受到契丹的支持，直到宋太宗太平兴国四年（公元979年），宋军才最终攻灭弱小的北汉，完成了中原地区的统一。

强干弱枝：宋代的中央禁军制度分析

赵匡胤出身行伍，也是通过军事政变攫取的政权，建国后便对手握军事大权的将领深怀恐惧。他的地位稳固后，首先废除了殿前都点检一职，彻底把禁军的军权分开，接着就亲自主演了"杯酒释兵权"的剧目。

乾德元年（公元963年），赵匡胤召禁军大将石守信等人在宫中宴饮。正在最高兴的时候，赵匡胤突然哀叹说："我能做皇帝都是你们的功劳，但是我当了皇帝后才觉得艰难，还没有做节度使自在，整宿整宿的失眠。"石守信等人赶忙问原因，赵匡胤最后解释说："虽然你们并没有异心，但是你们的部下怎么会不追求富贵呢？要是你们被黄袍加身，还能脱下来吗？"各位大将便心领神会，接着都纷纷辞了职，而赵家天子则收拢了军权。

以"杯酒释兵权"为标志的禁军改革，彻底将禁军置于皇帝的控制之下，从而结束了五代以来将领拥兵自重的历史。但是由于过多精锐禁军聚在京城，容易导致边防空虚；再加上宋统一后，禁军多年不经战争，而且祖辈们被京城的繁华腐蚀，掌握大权的又是些不懂军事的皇帝和文臣，这些都让禁军的实际战斗力大打折扣。到最后，百万禁军只能在数字上吓唬敌人，在宴会上担当标兵罢了。

雄踞北方的大国——辽：契丹是China的词根？

唐天复元年（公元901年），耶律阿保机继承了契丹族军事首领的位置，从此开始征伐四方，并在对外用兵的过程中，不断增强自己的势力。贞明二年（公元916年），耶律阿保机采取汉人谋臣的建议，杀死了其他能和他势力相抗衡的贵族，自称皇帝，建国号契丹（意思是精铁），改元神册，两年后定都西楼城（后改称为上京）。

契丹建国后，对外的战争开始从掠夺财物转变为领土

大事件	年号	帝王	公元 单位：年
因李继迁不受诏，太宗遣李继隆讨之，无功而返。	至道二年	太宗	996
太宗卒，李皇后与宦官王继恩本欲立废太子元佐为帝，赖宰相吕端之力，始能使太子赵恒顺利即位，是为真宗。	至道三年		997
初置翰林侍读学士。	咸平二年	真宗	999
辽兵侵扰边境，真宗亲自率军击之。			
欧洲各地盛传世界末日即将来临，人心惶惶不安。	咸平三年		1000
李继迁叛宋。	咸平四年		1001

公元 单位：年	帝王	年号	大事件
1003	太宗	咸平六年	李继迁与西蕃战，败死，子德明立。
1004	真宗	景德元年	辽圣宗、萧太后亲自率辽军二十万南侵。真宗御驾亲征抗辽，双方签订澶渊之盟。
1006		景德三年	赵德明进表称臣，宋朝授其为定难军节度使。
1008		大中祥符元年	王钦若奉命假造天书，封禅泰山，改元大中祥符。

扩张。到了耶律德光时期，契丹的疆域扩张到极盛，东到大海，西到阿尔泰山，南到河北省北部，北到蒙古克鲁伦河，而且周边的畏兀人、女真人等少数民族都是他们的属民。五代时期的中原王朝都需要向他们纳贡称臣，可以说在军事征服方面上契丹所取得的成就并不比唐朝低。

相比于宋王朝，契丹建国的历史更早，和外族的交流更加频繁，所占据的空间更广大。因此，有一部分学者认为这段历史，中国的"正统"应该是契丹。中世纪的欧洲商人称中国为"Cathay"，俄罗斯人将中国命名为"Китай"，中亚各国把中国称作"Kaitay"、"Kathay"、"Hatay"、"Katay"，这些词汇都是"契丹"的意思。甚至有人认为，China一词的发音也和契丹相近，它应该来源于"Cathay"而不是"china（瓷器）"。

澶渊之盟：宋辽之间的大碰撞

宋初，太祖认为宋实力不如辽国，所以设立"封桩库"——每年存一点钱，准备为后世子孙积累直接购买燕云十六州或者购买大辽士兵头颅所需的资金。

从宋建国开始,辽宋之间的战争就没有停止过。景德元年(公元1004年),战争升级,辽军二十万大举入侵,一路受到北宋军民的顽强抵抗,最后抵达澶州。北宋朝廷大为惊恐,最后在宰相寇准的坚持下,宋真宗亲征。宋真宗抵达前线后,宋军士气大增,局面上占优势,可宋真宗急于求和,于是双方签订澶渊之盟。

合约规定,双方约为兄弟,以白沟河划分国界;宋每年支付给辽国十万两白银、二十万匹绢的"岁币"。此后,两国维持了长达百年的和平。

澶渊之盟后,宋辽边境虽然依然有摩擦,但基本上以和平交往为主。

然而,大宋北部的禁军和辽国南京道上的契丹士兵,因为几十年、上百年"不识干戈",战斗力急剧下降。到最后,河北的禁军成了宋代的财政负担,战斗力极其低下。契丹骑兵有的甚至都跨不上战马。

和平让这两个民族变得安逸虚弱起来了。

大事件	年号	帝王	公元 单位:年
辽承天太后卒,宋遣使吊慰。从此两国遇皇帝、太后死丧,互遣使者吊慰成为常例。	大中祥符二年	真宗	1009
安南黎氏为李氏所篡。	大中祥符三年		1010
高丽将领康肇杀高丽王。			
辽伐高丽。			
真宗前往汾阴祭祀后土。	大中祥符四年		1011
真宗遣使至福建,取占城稻,在江淮、两浙种植。	大中祥符五年		1012

公元 单位：年	帝王	年号	大事件
1013	真宗	大中祥符六年	王钦若等编纂《君臣事迹》成书，仁宗赐名为《册府元龟》。
1020		天禧四年	寇准遭罢相。
1022		乾兴元年	真宗病死，子赵祯即位，是为仁宗，因年仅十三岁，由刘太后垂帘听政。
1023	仁宗	天圣元年	四川的交子改由政府发行。
1026		天圣四年	辽出兵甘州回鹘，无功而返。
1027		天圣五年	由针灸名医王惟一所设计的两具铜人模型铸成，后仁宗命其分置于医官院及大相国寺。

南北面官制：最早的一国两制，成熟的多民族管理制度

辽国民族众多，契丹族是草原民族，和国内的奚人、畏兀人过着游牧的生活。而处于辽东地区的渤海人、汉人以及后来获取的燕云十六州地区的居民都过着定居的农耕生活，因此在契丹的辽阔疆域上存在着两种截然不同的经济、生活形态。

为了适应不同民族的不同需要，契丹人实践出一种成熟的民族管理制度——南北面官制。

南面官依照唐朝的制度统治汉人和渤海人，官员由汉人和契丹贵族共同担任；而北面官则是根据契丹原有的制度管理契丹族和其他游牧民族的事务，官员只能是契丹贵族。

南北面官虽然在名义上处于平等地位，但是事实上北面官高于南面官，而且南面官中的关键职位依然是由契丹人担任，因此各民族中依然是契丹人为征服者、一等人。另外，契丹人和汉人在法律上的地位完全不对等，契丹人杀死汉人只需要赔偿一头驴，而汉人打伤契丹人则需要偿

命。直到统和十三年（公元995年），辽统治者才下诏，契丹人"犯十恶者"依照汉人法律治罪，直到此时才开始有法律上平等的迹象。

总之，契丹开创性地实行南北面官制既维护了契丹族的优势地位，也有效缓和了民族矛盾，对契丹国的发展产生了巨大的作用。

党项族、李元昊和西夏：兴起于西北的少数民族政权

党项族是羌族的一支，在唐朝时已登上历史舞台，并且在五代的乱世中一直割据着陕西西北、河西走廊一带。其首领曾被赐姓为李，世代担任着定南军节度使一职，一直到宋初年还保持着割据状态。

宋建立后，党项族在西北时叛时降，一直是宋西北的巨大威胁。景德三年（公元1006年），党项族首领李德明将都城迁到贺兰山脚下的兴州（今宁夏银川地区），大力发展生产，积极蓄养军力，加强和宋的经济来往。三十年间，西夏国"禾黍云合，甲胄尘委"，实力再次强大起

大事件	年号	帝王	公元 单位：年
夏王赵德明遣子元昊攻回鹘。	天圣六年	仁宗	1028
辽圣宗卒，子兴宗立。	天圣九年		1031
夏王赵德明卒，子元昊袭官爵，有反宋之意。	天圣十年		1032
范仲淹兴建苏州府学。	景祐二年		1035
范仲淹、欧阳修等人被贬。	景祐三年		1036

公元 单位：年	帝王	年号	大事件
1038	仁宗	宝元元年	夏王李元昊自称大夏帝，建国号夏，史称西夏。
1040		宝元三年	李元昊率兵入侵延州，大破宋兵而返。
1041		庆历元年	宋夏大战于好水川，宋军败。分陕西为四路，以韩琦、范仲淹等任经略。

来，并趁机攻占了甘州、凉州等地。

李德明死后，继承者是李元昊。李元昊是党项族杰出的政治家、军事家，武功高强，精通汉文化和宋朝律法，同时还精通佛经，擅长兵法、绘画和发明器械。他在做太子时，就战功赫赫，颇受部族敬畏；等到继位后，则重用宋朝流落到西夏的失意文人，加快西夏的封建化，仿照汉字创制了党项文字，模仿宋朝建立了中央官制和地方行政制度。

党项族首领元昊的作为彻底让西夏国从一个部落联盟变成了一个国家。宝元元年（公元1038年），元昊称帝，建大白高国，国号大夏，定都兴庆府，史称西夏。

"不征之国"大理：西南和中原关系分析

宋时，云贵地区由大理国统治着，和宋政权并立。从宋建国开始，大理就维持着与宋朝的和平交往，并且向宋朝称臣进贡。熙宁九年（公元1076年），大理就向宋进贡了滇马以及麝香、牛黄等贡物，而宋则在广西南宁地区的横山寨和宜山地区设置榷场，从大理采购大量的土特产。

这些交往既保证了两国边境人民的安定生活，也促进了我国西南地区的发展。

宋和大理能维持和平，而和西夏、辽则不能，其根本原因就是宋和大理都属于农耕文明，能自给自足。所以宋和大理能维持几百年的和平局面不足为奇。

完美士大夫代表范仲淹：庆历新政分析

北宋中期，国内外矛盾加剧，要求改革的呼声开始响起，改革这个任务就落到了被认为是完美士大夫代表的范仲淹身上。

范仲淹（989~1052年），字希仁，江苏人。他父亲早逝，跟随母亲寄居在继父家中。他少年时便勤奋好学，曾在寺庙中苦读。当时他读书的条件极为艰苦，他每天早上煮上一锅粥，然后等冻了后切成四块，每顿吃一块。

后来，勤学不辍的范仲淹考上进士，开始了长达40年的为官生涯。他在任期间，兢兢业业，锐意改革，清廉正直，所得的俸禄（宋代官员俸禄极高）几乎全部用来赈济穷苦的同族人；他还亲自下乡间体察民情，捕灭蝗灾，兴

大事件	年号	帝王	公元 单位：年
宋辽缔结关南誓书，再次确立宋、辽之间的和平关系	庆历二年	仁宗	1042
仁宗任命范仲淹等人担任要职，研究改革方案。	庆历三年		1043
范仲淹等人提出《答手诏条陈十事》，建议十点改革主张，仁宗下诏实行，是为"庆历新政"。			
辽兴宗亲征西夏，被西夏击败。	庆历四年		1044
宋、夏签订和议。夏取消帝号，向宋称臣，换取岁赐银、绢、茶，史称"庆历和议"。			

公元 单位：年	帝王	年号	大事件
1045	仁宗	庆历五年	范仲淹因"朋党"被罢，富弼、韩琦、欧阳修等人被牵连。
1048		庆历八年	西夏李元昊卒，子毅宗立，受封为夏国王。庆历年间，毕昇发明活字印刷术。
1049		皇祐元年	广西土豪侬智高称王，建南天国。辽伐西夏，失败。
1053		皇祐五年	狄青平定侬智高之乱。
1054		皇祐六年	基督教第一次分裂，分裂成为西方的罗马公教与东方的希腊正教。

修河堤；同时每到一地则大兴文教；最后由于声望渐高，进入朝官系列。

范仲淹还在西北出现危机时担任陕西经略安抚招讨副使一职务。范仲淹到西北边境后，选拔狄青等中下层军官，巩固边防，开启乡社，自己以身作则，和士兵同甘共苦，让西夏无计可施，人们赞叹说："小范老子（范仲淹）胸中自有百万雄兵。"

1043年，范仲淹进入政事堂，担任宰相，同时开始实行新政，史称"庆历新政"。范仲淹上书十条，从吏治开始进行改革，但是因为涉及的利益之争太过于严重，而且仁宗皇帝性格懦弱，改革之心不坚决。最后新政失败，范仲淹被贬，几年后病逝，谥号为"文正"。

范仲淹的出身（贫寒）、学识（代表作词《渔家傲》）、功绩（出将入相）、人品（清廉、忠正）都符合儒家的价值取向，因此被后人当作士大夫的完美典范。

辽、宋、夏三国大乱斗：分裂战争的悲剧

西夏立国在西北内陆地区，物产种类贫乏，必须通过

掠夺来满足国内贵族的享受需要。元昊称帝后，宋朝取消了每年给西夏的万两白银、万匹绢、两万贯"岁币"，禁止互市，双方矛盾迅速升级。康定元年（公元1040年）开始，西夏不断发动对宋的掠夺战争，其中以三川口战争为最。庆历元年（公元1041年），宋夏好水川大战，宋军损伤惨重，上万士兵被杀，整个陕西家家戴孝。而西夏也在连年战争中，断绝了贸易来源，国内赋役沉重，人民负担沉重，有些部族只剩下"妇孺白发"在耕作。

庆历四年（公元1044年），辽兴宗亲自率领十多万骑兵，地方部落出兵将近十万，分三路长驱攻入西夏。李元昊诱敌深入，坚壁清野，辽国军马出现后勤粮草不济。李元昊又趁机用求和迷惑辽军，拖延辽军步伐，最后趁辽军疲惫时一举获胜，大败辽兵，杀死、俘虏辽军十多万。而西夏国也是元气大伤，整个银州、兴州以北被夷为平地。

而在宋辽对峙的背景下时，西夏则左右逢源，在灵活外交政策下，坚持独立和发展。

王安石变法（上）：北宋中期的大危机

庆历新政失败后，北宋的统治危机进一步加深，主要

大事件	年号	帝王	公元 单位：年
封孔子后裔为衍圣公。	至和二年	仁宗	1055
辽兴宗辛，子道宗立。			
塞尔柱土耳其崛起，成为西亚的统治者。			
任韩琦为相，以包拯为御史中丞。王安石向仁宗上书请求变法。	嘉祐三年		1058
王安石任三司度支判官。	嘉祐五年		1060
辽于中京设置国子监。			

公元 单位：年	帝王	年号	大事件
1063	仁宗	嘉祐八年	仁宗卒，仁宗无子，以真宗弟商王之孙赵曙继位，是为英宗。
1066	英宗	治平三年	法国诺曼底公爵入主英格兰，开启诺曼王朝，英国建国。
1067		治平四年	英宗卒，太子赵顼即位，是为神宗，次年改元熙宁。
1068	神宗	熙宁元年	以王安石为翰林学士兼侍讲。
1069		熙宁二年	任王安石为参知政事，开始改革，史称"熙宁变法"。创制三司条例司，行均输法及青苗法。

体现在积贫、积弱两个方面。此时，国内的起义也接连不断。宋朝为了加强对武夫的控制，施行以文抑武的国策，通过科举、恩荫等手段建造了一支庞大的官僚队伍。到了宋中期时，当时有两万多官员，其中大部分都是冗余的官僚。北宋在河北和都城维持着数量庞大而战斗力低下的禁军，到宋仁宗时期，全国已经有140多万军队。对财政来说是一个沉重的负担。宋朝实行"高薪养廉"政策，在商贸发达的社会背景下，整个官场贪污腐化现象严重。这些问题最终导致国内社会矛盾激化，农民和下层士兵起义不断，影响比较大的有王伦起义、贵阳瑶民起义、贝州王则起义等。

国家危机的加深让新登基的宋神宗赵顼迫切希望能改变这种局面，而朝堂中的一些有识之士也高呼变法。大家都把目光集中在王安石身上。

王安石，字介甫，江西临川人，少年时，就因为文章、道德和能力被人们广为称赞。他曾经给宋仁宗上《百年无事折子》，认为大宋太平百年无事，但是下一个百年则很难维持，希望改革。在这封万言书中他主张改革和理财相结合，他提出促进农业生产，抑制兼并等措施，在社会上反响很大，但是宋仁宗没有采纳。

随着国家危机的加深，有着足够的从政经验，背负"三十年天下之望"，有着"安石不出，奈苍生何"美誉的王安石终于入政事堂进行改革。

王安石变法（下）：失败的危机挽救

熙宁二年（公元1069年），宋神宗任命王安石为参知政事，主持变法，并依照王安石的要求设置"三司条例司"作为变法机构。

王安石变法主要集中在财政经济、军事制度和教育科举三个方面，比较大的改革方面有：均输法，在东南地区根据丰收与否平衡物价；青苗法，在青黄不接时发放贷款给农民；农田水利法，兴修水利，平整土地；募役法，根据人口和家庭状况设定差役量；市易法，政府拨出巨款在大都市买卖货物，平抑物价；方田均税法，在全国清查丈量土地，根据土地数量和质量制定税率；置将法，在京城、陕西等地以三千人为一个编制，设置将领长期带领士兵，改变以前"兵不识将"的弊端；保甲法，在西北边疆

大事件	年号	帝王	公元 单位：年
行保甲法及募役法。	熙宁三年	神宗	1070
司马光等上书攻击新法，均被贬为地方官。			
王安石任宰相。			
定科举法，以经义策论取士。	熙宁四年		1071
苏轼等人因反对新法被贬为地方官。			

公元 单位：年	帝王	年号	大事件
1072	神宗	熙宁五年	颁行市易法、保马法及方田均税法。
1074		熙宁七年	久旱，安上监门郑侠上流民图，请废除新法。
			王安石免相，被贬为江宁知府。
1075		熙宁八年	王安石复相。
			割河东地与辽。
1076		熙宁九年	遣郭逵为安南招讨使，率兵征伐交趾，交趾王李乾德请和，遂退兵。

地区实行保甲制；在全国各地大兴学校，同时以王安石主编的《三经新义》为教材，通过策论选拔实用型人才。

王安石的改革对发展生产、富国强兵产生了重要的作用，一定程度上扭转了北宋的危险局面，朝廷府库得到了充实，在对西夏的作战上也获得了小规模胜利。但是因为改革太过于急促，而且从一开始，王安石并没有足够多的人才来引导改革，所以实施过程中许多政策得不到正确地贯彻执行，而且改革本身也得罪了一大批官员、胥吏、宗室、大商人等既得利益者。

因为反对改革的压力过大，王安石被迫辞去宰相职位，变法失去了最大支柱。元丰八年（公元1085年），宋神宗赵顼病逝，变法终止。

苏轼驰名东亚各国：先进文化的巨大吸引力

因为政治气氛的宽松和对文学的重视，当时宋代的城市居民识字率达到三成，全国约有两万七千多名文人，这么巨大的文学创作群体使文学获得了巨大的发展。其中最著名的是宋词，这是我国文学宝库中的奇葩。初期词人柳永擅长的婉约词流行全国，时人认为"有井水处就有柳词"。当时，基本上所有的文人都有词作问世，就连一些武将都有词作问世，比如岳飞的《满江红》。

在北宋的文人群中，最出名的苏轼。苏轼（1037～1101年），号东坡先生，四川人，是著名的书法家、文学家、政治家。苏轼从小就以"神童"知名，后来中进士时，被认为是国家的预备宰相之才。但是苏轼因为性情豪迈磊落，所以仕途坎坷，最后因为词作被牵涉进"乌台诗案"，被贬谪到地方。苏轼的被贬开阔了他的创作视野，"穷而后工"之下成为一代文宗。

当时苏轼的名声在整个东亚文化圈内广为传颂，越南有一个王子亲自追随他，高丽的国王则派两个侍从前去服侍苏轼。当苏轼去世的消息传出后，就连契丹国的"粉丝"都痛哭流涕。

最早的纸币交子：商业的巨大发展

北宋时期，商业得到了巨大的发展。

据统计，北宋熙宁年间全国总共有将近2 000个城镇，而

大事件	年号	帝王	公元 单位：年
王安石辞去相位，变法宣告失败。	熙宁九年	神宗	1076
黄河于澶州决口。	熙宁十年		1077
苏轼遭弹劾下狱，随即贬至黄州。	元丰二年		1079
高丽、于阗向宋朝称贡。	元丰三年		1080
宋军在永乐城被西夏军击败，伐夏战争失败。	元丰五年		1082
司马光编纂《资治通鉴》完成。	元丰七年		1084

公元单位：年	帝王	年号	大事件
1085	神宗	元丰八年	神宗卒，太子赵煦即位，是为哲宗。
1086	哲宗	元祐元年	哲宗启用旧党，驱逐新党，罢保甲、市易、方田、保马等新法。 司马光出任宰相，废除新法，史称"元祐更化"。 任苏轼为翰林学士。 西夏惠宗卒，子崇宗立。 王安石、司马光卒。 英王威廉一世下令调查全国土地情况，汇编成《末日审判书》。

且这些新兴的城镇已经不仅仅是地方政治中心，而且具有地方经济中心的双重意义。东京开封人口多达百万；南方的海贸港口泉州被称为"不夜之城"；当时人们传诵"花花真定府，锦绣太原城"。商业和城市的发展还彻底改变了宋代的税赋结构。熙宁十年（公元1077年），宋中央政府税赋总收入为7 070万贯，其中农业方面的夏秋两税为2 162万贯，占30%；工商业税4 911万贯，占70%，构成国家的财政收入主体。

北宋商业和城市的发展还体现在纸币的出现上。当时，北宋的主要流通货币是铜币，但是中国缺铜，而且受海贸和铜价格影响，大量的铜币外流和被储藏，造成内地钱币特别是四川钱币不足。另一方面，当时商业贸易频繁，大量铜钱不便携带，于是便出现了便于携带的信誉较好的纸币——交子。

不过商业的发展也败坏了国家风气，比如仁宗时就发生过两个官员为了争夺寡妇和她的家产而打官司的事情，这在其他朝代是无法想象的。

瓷都景德镇：北宋年间飞速发展的手工业

北宋的繁华还体现在手工业的高度发展上。当时，各种手工业作坊的规模和内部分工的细密程度，都超越前代。生产技术发展显著，产品的种类、数量、质量大为增加和改进。矿冶、纺织、瓷器都得到了长足的发展，特别是瓷器制造业在宋代的发展很快。

官窑（河南开封地区）、钧窑（河南禹州地区）、汝窑（河南汝州地区）、定窑（河北曲阳地区）和哥窑（浙江龙泉地区），是北宋最负盛名的五大名窑。官窑的产品，土脉细润，体薄色青，略带粉红，浓淡不一；钧窑土脉细，釉具五色，有兔丝纹；汝窑则胭脂、朱砂兼备，釉色莹澈；定窑以白瓷著称，并能制红瓷，其产品十分精美；哥窑盛产青瓷，产品被誉为"千峰翠色"。

真宗景德年间，在江西新平地区设置官窑，所造进贡瓷器的器底书"景德年制"四个字样，这就是景德镇瓷器。

北宋瓷器大量运销国外，近年来在亚非各地都有大量出土，证明瓷器是当时的重要输出商品。

大事件	年号	帝王	公元 单位：年
辽册封李乾顺为夏国王。	元祐三年	哲宗	1088
西夏送还被俘虏的宋人，宋归还所侵占的西夏地。	元祐五年		1090
太皇太后高氏卒，哲宗亲政。	元祐八年		1093
哲宗启用新党章惇等人，打击旧党势力，恢复新法。	绍圣元年		1094
第一次十字军东征开始，至1099年止。	绍圣三年		1096
哲宗卒，弟赵佶即位是为徽宗，向太后垂帘听政，新党又遭罢斥。	元符三年		1100

海上之盟：远交近攻策略的失败

在抵抗西夏的战争中，陕西地区的边军、西军成为宋代最主要的战力。不过在和西夏的百年战斗中，西军形成种、姚、刘等将门，逐渐尾大不掉起来。

宋徽宗政和五年（公元1115年），完颜阿骨打兴兵攻打辽国，并通过海上途径和北宋往来频繁。宣和二年（公元1120年），宋政府派使者马植入辽东和金签订盟约，约定双方同时攻打辽国。

金在北方以少胜多，大败辽国。当辽国有灭亡危机的时候，北宋军队高层（以宦官童贯为代表）因和西军矛盾重重，派出伐辽的大军被辽军击败，最后只能无功而返。但这让金人看到了北宋的虚弱，虽然最后金人归还了盟约中的燕云六州，但是金人也开始制定灭亡北宋的计划。

虽然海上之盟从策略上来说，是远交近攻来击打身边的强敌，但是如果自身实力虚弱的话，远交近攻的海上之盟就变成了一个"前门拒狼，后门迎虎"的笑话。

公元单位：年	帝王	年号	大事件
1101	徽宗	建中靖国元年	向太后卒，徽宗亲政。
			次年改元崇宁，有崇尚熙宁之意。
1105		崇宁四年	徽宗于苏州设立应奉局，负责花石纲事务。
1106		崇宁五年	毁党人碑，恢复党人之仕籍。
1109		大观二年	宋订立海商越界法。
1115		政和五年	完颜阿骨打称帝，建国号金，是为金太祖。女真攻陷辽国黄龙府。
1118		政和八年	派遣马政渡海至金国谋求结盟。
1119		重和二年	宋江于河北起事。

靖康之难：北宋灭亡的过程

从宋太宗北伐燕云失败后，燕云十六州就成了宋人心中的"伤痛"。宋代加强了对臣子的控制，特别是对诸侯王的分封限制较严，但是唯一例外的就是"复燕云者可王"。海上之盟后，童贯作为总指挥奉命复燕云之地，但是在两次进攻燕京都失败后，童贯不得不采用别的策略，通过"赐岁币"的赎买方式买回了只剩下废墟的十六州中的六州。尽管如此，童贯依旧被封为广阳郡王。

就在宋举国欢庆的时候，金人开始以"宋攻打燕京失败，没有尽到盟友的义务"为由入侵宋。宣和七年（公元1125年），金军分东、西两路南下攻打宋国，西路由完颜宗翰率领，直接围困太原，阻挡西军勤王的路线；东路由完颜宗望率领百战精兵攻打燕京，河北守将纷纷投降，宋军一溃千里。不久，金人南下黄河直抵开封。

宋徽宗见形势危机万分，慌忙禅位于太子赵桓，是为宋钦宗。赵桓被强行推上皇位后，启用主战派大臣李纲、吴敏等人，在东京军民的协助下，挫败了金人迅速灭宋的

大事件	年号	帝王	公元 单位：年
金创制女真文字。	宣和元年	徽宗	1119
赵良嗣前往金国缔结海上之盟，南北夹击辽国。	宣和二年		1120
赵良嗣与金约定：伐辽成功后，宋可收回燕云十六州，原付辽岁币转致金。			
金太祖完颜旻（阿骨打弟）渡辽河西进攻辽。	宣和三年		1121
方腊、宋江之乱平定。			
金将燕、涿、易、檀、顺、景等州归宋。	宣和五年		1123
金太祖卒，弟吴乞买继位，是为金太宗。			

公元 单位：年	帝王	年号	大事件
1125	徽宗	宣和七年	金兵分两路大军攻宋，徽宗传位给儿子赵桓，是为钦宗，次年改元靖康。
1126	钦宗	靖康元年	李纲率军展开汴京保卫战，钦宗与金将完颜宗望订立城下之盟，允诺割地、赔款，并尊金帝为伯父。
1127		靖康二年	金人掳徽、钦二帝及后妃等三千多人北上，史称"靖康之难"，北宋亡。钦宗弟赵构于建业即位，改元建炎，是为高宗，史称南宋。

企图。由于此时金人对宋内地的情况不熟，夏季又来临，金军将士不耐酷热，所以不久撤兵。金宋议和，宋割让河北三镇。

此次战争大量消耗了宋朝的有生力量，而且不久主战派纷纷遭贬，而对金人来说，上一次入侵时宋朝的虚弱已暴露无遗。公元1126年，金人再次入侵，宋人再也无法抵挡。金人趁势攻入东京，俘虏了宋徽宗、宋钦宗，最后将二帝、后宫和百官掳掠到北方。

1127年，北宋灭亡，因发生在靖康年间，史称"靖康之难"。

康王南渡，南宋建立：为什么宋祚能够延续？

公元1127年，北宋灭亡。宋宗室康王赵构在地方实力将领的保护下，南逃到建业，并且在大臣和将领的拥戴下称帝，改元建炎，国号为宋，史称南宋。

南宋建立时面临的局势非常危急：灭亡北宋的20万金国虎狼之师直接南下，甚至一直攻到了长江以南；地方上将领在对金的战争中逐渐失去控制；金国在河北、中原地区设立伪齐国，引起朝臣分裂；最重要的是，国家政治中心沦陷，军民百姓士气全无。

赵构登基后，一方面不断南逃，维持着赵氏对全国名义上的统治，并且不断派使者向金人求和，另一方面，大力提拔韩世忠、岳飞等有为中青年将领，重用李纲等主战大臣。而此时，金人在河北陷入人民起义的汪洋大海中，在江南也因为水土不服导致军队战斗力急剧下降，再加上金国内部高层政治动荡，金国灭亡南宋的计划流产，最后接受南宋的求和，双方订立盟约。

公元1129年，宋、金订立盟约，以淮水、大散关一线为国界。

南宋虽然偏安东南，但是除了军事实力外，其他方面都比金国有优势，从国力上来说，金根本没有灭亡南宋的可能。而且在南宋的统治下，百姓生活相对富足，"民心思宋"，南宋的偏安还是受到江南地区人民欢迎的。在抵抗外敌方面，南宋万众一心，显然是短期内不可被灭亡的。

大事件	年号	帝王	公元 单位：年
金人北上后，张邦昌自己去掉帝号，后遭高宗赐死。 高宗南迁至扬州。	建炎元年	高宗	1127
宗泽二十四次请高宗回汴京皆遭拒绝，宗泽忧愤而死。 金封宋徽宗、钦宗为昏德公、重昏侯。	建炎二年		1128
金兵南下，高宗渡长江南逃至杭州。 金以兀术为帅，南下攻宋，渡长江，陷建康、临安。宋高宗退往海上。	建炎三年		1129
韩世忠于黄天荡围困住金兀术军队，金军突围而出，史称"黄天荡之役"。 岳飞在静安打败金兵。 金人于河北立刘豫为帝，国号大齐。	建炎四年		1130

公元 单位：年	帝王	年号	大事件
1131	高宗	绍兴元年	吴玠在仙人关与和尚原大败金军。
1134		绍兴四年	岳飞攻刘奇，收复邓州、隋州、襄阳等地。韩世忠败金人于大仪。
1138		绍兴八年	南宋以临安为国都。高宗以主和派秦桧为相，以利于与金和谈。金开始颁行官制。
1140		绍兴十年	岳飞在郾城、朱仙镇大破金兀术兵。高宗诏令岳飞班师回朝，一日下12道金牌。

岳飞抗金：南宋和金之间的战争

在金国灭亡南宋的进程中，一些中下级将领纷纷涌现出来保卫国家，岳飞是他们中的杰出代表。

岳飞（1103~1142年），字鹏举，汉族，相州汤阴县永和乡孝悌里人，中国历史上著名的战略家、军事家、抗金名将。在北宋灭亡的背景下，他坚持与金人抗争，建立起一支拥有赫赫威名和战无不胜的军队——岳家军。岳家军军纪极其严厉，有着"冻死不拆屋，饿死不掳掠"的美誉，令金贵族有"撼山易，撼岳家军难"的感慨。

公元1140年，金国名将完颜宗弼率领金军主力南侵。岳飞遣将联络北方义军，袭扰金军后方，并亲自率主力北上，在郾城、颍昌诸战中击败金军主力，取得朱仙镇大捷。

然而岳飞的巨大胜利，对偏安一隅的南宋朝廷也是一种威胁，所以就在岳飞要大举进军北方的时候，宋高宗赵构连用12道紧急军令将其召回。

功高震主，岳飞的灾难性结局也就不可避免了。

岳飞之死：南宋和金之间的和平

经过岳飞等军民的抗争，金人认识到南宋并不是他们可以一战而灭的。再加上此时金国北方，不断壮大的蒙古部落开始挑战他的统治地位。进入中原后，金国上层迅速腐化堕落，失去了进取心而陷入不断的内斗。在经过扶植降将刘豫为首的伪齐政权失败后，金人被迫走到谈判桌前。

此时，南宋的局面已逐渐稳定，统治阶层中主和派势力抬头；江南百姓也不愿意为连年的战争承担沉重的赋税；军事将领在战争中权势不断扩大，引起了文官阶层的高度警惕。

根本上来说，南宋和金之间的力量形成平衡，因此双方于绍兴十一年（公元1141年）订立合约，是为绍兴和议。和议规定：

宋向金称臣，金册封宋康王赵构为皇帝。划定疆界，东以淮河中流为界，西以大散关（陕西宝鸡西南）为界，以南属宋，以北属金。宋每年向金纳贡银25万两、绢25万匹。

大事件	年号	帝王	公元 单位：年
罢岳飞兵权。	绍兴十一年	高宗	1141
岳飞遭诬告下狱，后被杀害。			
宋金签订绍兴和议，宋向金称臣纳贡。			
金主亮自上京迁都燕京，改为中都，并定为国都。	绍兴二十三年		1153
山东、河北、太行山等地人民不堪金之暴虐而起事。	绍兴二十九年		1159
金国迁都汴京。	绍兴三十一年		1161
金海陵帝率六十万大军南侵。宗室完颜褒在辽阳自立为帝，为金世宗。			
虞允文在采石大破金兵，海陵帝败走，后遭部将杀害，金人遣使与宋议和。			

公元 单位：年	帝王	年号	大事件
1162	高宗	绍兴三十二年	高宗传位于太祖后人赵昚，是为孝宗，自称太上皇。次年改元隆兴。
1165	孝宗	乾道元年	宋金达成和谈，双方由君臣关系改成叔侄关系，史称隆兴和议。辛弃疾上书反对和议。
1169		乾道五年	宋收换两淮铜钱，下令以铁钱及会子行使。
1176	光宗	淳熙三年	朱熹掌理南康军，上奏请求修复白鹿洞书院。
1188		淳熙十五年	蒙古铁木真任大汗。
1189		淳熙十六年	孝宗传位于太子赵惇，是为光宗。孝宗自称太上皇，次年改元绍熙。

很显然，这种和平不是岳飞等主战派所能接受的，所以在和议之前，南宋朝廷就召回岳飞、韩世忠等将领，并解除其军权。

和议签订后，岳飞遭诬告"谋反"，被关进了临安大理寺。但是经过严刑拷打，秦桧等主和派大臣依然没有找到岳飞谋反的证据，只好以"莫须有"的罪名，将岳飞杀害于风波亭。

宰相之头可以求和：南宋残酷的政治斗争

从王安石变法开始，宋朝堂就分裂为新党和旧党，双方为各自的政治理念争斗。随着时间的推移，这种政治斗争逐渐从为国转变为为了反对而反对。

绍兴和议确定了宋金之间政治上的不平等关系，结束了长达10余年的战争状态，这让偏安的南宋朝廷政治斗争有了稳定的外部条件。

风波亭事件表明主和派大臣对主战派大臣举起了屠刀，开了血腥屠杀朝臣的先例，因此南宋的政治斗争变得越来越无法控制。在南宋短短百余年的历史中，爆发过3次大规模的政治斗争运动，其中最著名的是宰相韩侂胄之死。

光宗绍熙五年（公元1194年），韩侂胄与宗室赵汝愚等人拥立赵扩即皇帝位，为宋宁宗。宁宗即位不久，韩侂胄就逐赵汝愚出朝廷。从此，掌握朝政大权达13年之久。在他擅权的几年间，他制造了庆元党禁，凡与党人有牵连的，不得任官职，不得应科举。

开禧元年（公元1205年），韩侂胄为平章军国事，位列丞相之上。韩侂胄当权的后期，为立盖世功名发起了开禧北伐，曾取得一些进展。同年五月在韩侂胄的主持下，南宋伐金，在正式宣战后，南宋各路军队节节败退，韩侂胄遣使向金请和。开禧三年，史弥远等人谋杀韩侂胄，朝廷大权落入史弥远手中。韩侂胄被杀之后，朝廷没收了他及其党羽们的土地。嘉定元年（公元1208年），史弥远按照金的要求，凿开韩侂胄的棺木，割下其头颅，送给金朝，订立了屈辱的《嘉定和议》。故有"宰相之头，可以求和"一说。

很显然，一个对外软弱，内部分裂的政权是不能维持多久的。

大事件	年号	帝王	公元 单位：年
太上皇孝宗卒。宰相韩侂胄、赵汝愚发动政变，光宗被迫传位于太子赵扩，是为宁宗。光宗为太上皇，次年改元庆元。	绍熙五年	宁宗	1194
韩侂胄发起庆元党禁。	庆元三年		1197
史弥远和杨皇后发动政变，以宰相韩侂胄的人头向金人求和。次年宋金达成新合约，为侄叔关系。	开禧三年		1207
西夏向蒙古投降。	嘉定二年		1209
金国大将胡沙虎弑君，金宣宗登基。	嘉定六年		1213

蒙古攻克金国燕京：迅速灭亡的金政权

金国趁着辽、宋衰弱的时机，兴起于东北，很快建立起一个疆域辽阔的王朝。然而由于没有稳固的政权基础，金国注定是不能长久存在的。

金国没有确立嫡长子继承制，这造成金国上层继承权争斗很激烈。从第三任金国皇帝继承开始，每一次金国皇帝的更替，都伴随着血腥的争斗和随之而来的新皇帝对所有拥有继承权宗室的血腥屠杀。这种争斗让金国的核心统治力量很快衰落下去了。

1229年，蒙古帝国正式由铁木真三子窝阔台继任，史称元太宗。此后蒙古再度发起对金的战争。1230年窝阔台汗开始三路伐金，窝阔台汗率大军渡黄河直攻汴京，斡陈那颜率东路军走济南，拖雷率西路军自汉中借宋道沿汉水攻打汴京。1232年拖雷成功迂回至汴京，金哀宗派完颜合达、移剌蒲阿率大军阻击于邓州。此时窝阔台汗率大军渡河，并派速不台攻汴京。而完颜合达急率军北援汴京，与拖雷率领的蒙古军于发生遭遇战，金军精锐溃败，名将张惠、完颜陈和尚等先后死亡。

此战后，野战力量全部被蒙古消灭的金国再也无法守住自己

公元 单位：年	帝王	年号	大事件
1215	宁宗	嘉定八年	蒙古军攻克燕京城。英国《大自由宪章》签署。
1219		嘉定十二年	蒙古第一次西征开始，军队攻打中亚的花剌子模。宋将李全击退金军进攻。
1224		嘉定十七年	宋宁宗病逝。史弥远和杨皇后再次联合发动政变，废太子，另立宋太祖直系后裔为帝，是为宋理宗。
1227	理宗	宝庆三年	宋理宗公开赞扬朱熹的《四书集注》，并封朱熹为徽国公。成吉思汗病逝。西夏灭亡。
1232		绍定五年	蒙古与南宋达成联合灭金的协议。

的京城。公元1234年，金哀宗自杀，金国灭亡。

边防重镇襄阳陷落：南宋灭亡的前兆

金国灭亡后，新兴的强大蒙古政权开始和弱小腐朽的南宋政权直接为邻。很显然，蒙古是不会对富庶而懦弱的南宋置之不理的。

当时，出于地形、军队适应性等一系列因素的考量，蒙古如果要灭亡南宋，必须攻下长江中游的军事重镇襄阳。南宋朝廷也意识到了此点。

因此，从南宋咸淳三年（公元1267年）蒙将阿术进攻襄阳的安阳滩之战开始，中经南宋吕文焕反包围战，张贵、张顺援襄之战、龙尾洲之战和樊城之战。但终因孤城无援，咸淳九年（公元1273年），吕文焕力竭降元，历时近6年，以南宋襄、樊失陷而告结束。

襄阳争夺战中涌现出了许多可歌可泣的英雄人物，彰显了南宋子民的不屈抗争精神。然而，力量的悬殊是不能以人的意志为转移，最后，襄阳陷落，蒙古军铁蹄踏入长江。襄阳陷落后，南宋再也没有足够的力量来维持漫长的

大事件	年号	帝王	公元 单位：年
宋和蒙古联合进军攻破金国蔡州。金国末帝死于乱军之中，金国灭亡。	端平元年	理宗	1234
南宋法医宋慈逝世，其作品《洗冤集录》是法医学上最早的专著。	淳祐九年		1249
蒙古围攻宋合州钓鱼城，最后蒙古大汗蒙哥在攻城时被射杀。	开庆元年		1259
忽必烈在开平称汗，是为元世祖，建立年号中统。	景定元年		1260
宋理宗驾崩，立侄子为帝，是为宋度宗赵禥。	景定五年		1264

公元 单位：年	帝王	年号	大事件
1265	度宗	咸淳元年	英国创立国会，为世界国会之始。
1268		咸淳四年	蒙古军猛攻襄阳。各路来援宋军全部被击溃。
1271		咸淳七年	襄阳危急，宋派范文虎率水军救援襄阳，被击败。 马可波罗自欧洲启程来华。

防线。

更重要的是，襄阳的陷落，让南宋军民失去了继续斗争的信心，一部分高、中级将领纷纷投降，比如范文虎、张弘范等，而这些人投降后又直接充当了灭宋先锋。

海上丝绸之路的繁荣：中国对外交往范围扩大

丝绸之路是当时对中国与西方所有来往通道的统称。最开始指的是从汉代开始形成的，从长安出发，经过河西走廊，前往西域甚至更远的欧洲的商路。但是到了南宋时期，因为蒙古帝国占据了整个欧亚大陆中心地区，所以商路被迫转移到海上，便形成了海上丝绸之路。

其实，早在汉代，已经有商人通过海上和马来半岛等地区联系，不过到了南宋这条丝绸之路才真正繁荣起来，成了一条流淌财富的道路。

宋朝先后在广州、杭州、明州、泉州、密州板桥镇等地设立市舶司专门管理海外贸易，其中以广州、泉州和明州最大。到了南宋时期，泉州更是一跃成为世界第一大港和海上丝绸之路的起点，被阿拉伯人惊叹为"不夜之城"。

根据记载，当时有占城、真腊、三佛齐、吉兰丹、渤泥、巴林冯、兰无里、底切、三屿、大食、大秦、波斯、白达、麻嘉、伊禄、故临、细兰、登流眉、中理、蒲哩鲁、遏根陀国、斯伽里野、木兰皮等总计五十八个国家或地区通过海上丝绸之路与南宋联系。

通过这条商路，中国输出了大量的丝绸、瓷器，进口了大量的香料，这种互惠互利的贸易为南宋政府带来了巨大的收入。南宋后期，每年的海关税收收入高达一亿贯。这些收入，是南宋能有实力和蒙古帝国抗衡的原因之一。

大事件	年号	帝王	公元 单位：年
马可波罗抵达上都。	德祐元年	恭帝	1275
崖山一战，宋军大败，陆秀夫背帝昺投海而死，南宋灭亡。	祥兴二年	帝昺	1279

元 朝

公元1206年，铁木真建立蒙古帝国，雄踞欧亚大陆的腹心地区。公元1260年，铁木真的孙子忽必烈在蒙古帝国的基础上建立元帝国。公元1279年，元帝国灭亡南宋，统一中国。

元朝是世界上领土最广袤的国家，其国土范围西到中欧，东到朝鲜，南到印度，北到俄罗斯。

元朝是蒙古族的征服者建立起来的帝国，它通过民族压迫政策来维持统治。元统治者把辖区内的人为四等：第一等是蒙古人，第二等是色目人，第三等是生活在黄河流域的汉人，第四等是生活在长江流域的南人。其中前一等人对后一等人具有绝对优势。这种半奴隶制式的统治是历史的倒退。

另一方面，元朝也对历史做出了巨大贡献：它一改中原政权日趋保守的作风，给华夏文明注入了新鲜的血液；开阔了中国人的视野，让中国人重新有了更为广阔的天下的概念；多民族之间的思想文化等方面的交流，东西方文化的碰撞与交流也在这个时期进一步加强；科技、经济方面也有所发展。

公元1368年，元帝国首都大都被明军攻占，元顺帝北逃草原，元朝对中原的统治结束。

元朝·鬼谷子下山青瓷罐

蒙古族的源流：草原民族的扩张

位于亚欧大陆中央地区的蒙古高原历来是各游牧民族和部落兴盛与繁衍的地区，先后有匈奴、鲜卑、突厥等草原民族从这里走向世界。13世纪前后，一支新兴的民族——蒙古族逐步占据了整个蒙古高原，并且最终建立了蒙古帝国。

在蒙古帝国的创立和发展过程中，最为关键的人物是其第一任君主成吉思汗铁木真。

孛儿只斤·铁木真生于公元1162年，少年时寄人篱下，四处漂泊，后依靠自己的骁勇善战和高人一等的政治手腕逐个击败了自己的敌人，并且重组父亲的部落。公元1184年，铁木真成为蒙古族乞颜部可汗，并在接下来的20年中击败其他蒙古部落，统一蒙古各部。公元1206年，蒙古各部落的贵族齐聚在斡难河举行忽里台大会，共同推荐铁木真为成吉思汗（意为像大海一样宽广），标志着蒙古帝国的正式建立。

大事件	年号	帝王	公元 单位：年
孛儿只斤·铁木真降生。	绍兴三十二年	宋高宗	1162
蒙古名将哲别灭西辽国。	嘉定十一年	宋宁宗	1218
成吉思汗平定西域各国，直抵印度地区。	嘉定十五年		1222
忽必烈率军攻灭大理，逼降吐蕃。	宝祐元年	宋理宗	1253
蒙古伊儿汗国建立。蒙古远征军灭黑衣大食阿拔斯王朝，阿拉伯帝国灭亡。	宝祐六年		1258
忽必烈建都燕京，改称燕京为中都，改年号为至元。	至元元年	元世祖	1264
蒙古改国号为大元。	至元八年		1271
元军攻陷樊城，吕文焕投降。	至元十年		1273

忽必烈改国号为元：蒙古的分裂和进化

蒙古帝国建立后，势力日盛，很快便走上了对外扩张的道路。蒙古帝国先开始了为期20年的对西夏的战争，并最终灭了西夏。成吉思汗也病死在攻打西夏的战争中。西夏灭亡后，金国的西方屏障消失，成吉思汗的继任者带领着蒙古帝国先后6次发动对金的战争，并最终灭亡了金。

蒙古帝国对东方战争的同时，在公元1215年，成吉思汗还发动了对西方的西辽、花剌子模等国的战争，并将兵锋最远推至多瑙河附近。

铁木真和他的继任者经过100多年的战争，建立起了一个空前绝后的大帝国。

忽必烈是成吉思汗第四子托雷的第四子，其亲兄长蒙哥是蒙古第四任大汗。忽必烈是蒙哥帐下的一员普通将领，但是立有很大的功勋。

公元1259年，人到中年的蒙哥在攻打钓鱼城的战斗中受伤而死，忽必烈趁势掌握了这支远征军。当时蒙哥的弟弟阿里不哥已经在草原上通过忽里台大会继承了汗位，不过这无法压制忽必烈的野心。早在一年前，欧洲远征军

公元 单位：年	帝王	年号	大事件
1274	元世祖	至元十一年	元军首次渡海征伐日本，遇强风沉船无数，遂班师回朝。
1275		至元十二年	文天祥起兵勤王，宋已无战斗力。
1276		至元十三年	宋太皇太后出城投降，被元军押往大都。赵显在福州被拥立即位，称端宗，改元景炎。元兵进入福建，张世杰奉帝赶往潮州。
1277		至元十四年	文天祥败走循州。端宗逃往井澳、谢女峡等地。

的统帅旭烈兀就已经自立,此时更是公开宣称不再听从中央的号令。而忽必烈也不甘人后,公元1260年,忽必烈在开平上都府(今多伦诺尔)附近,自立为大汗。

随后,忽必烈和阿里不哥开始了争夺汗位正统权的斗争。忽必烈虽然几度错误地判断了形势,但是当时蒙古军主力集中在中原和西欧,草原上实力空虚,所以最后忽必烈胜出。但是当时忽必烈的做法根本没受到其他蒙古大贵族的认同,所以各大蒙古汗国纷纷自立,造成蒙古帝国事实上的分裂。

1271年11月,在称汗十多年之后,忽必烈的统治地位已经逐渐巩固时,才正式建国号为"大元",并强迫其他汗国在形式上承认元为宗主国。随后忽必烈开始了蒙古封建化的过程,这样让蒙古人在迅速走向文明的同时也迅速地被汉化。当时,忽必烈的儿子就已经和汉人无异,并被忽必烈认为是变"懦弱"了。

四大汗国的建立:史上疆域最大的帝国

蒙古帝国建立后,除了超过1200万平方公里的元

大事件	年号	帝王	公元 单位:年
端宗驾崩,其弟赵昺称帝,改元祥兴。	至元十六年	元世祖	1279
文天祥兵败被俘。			
陆秀夫背帝昺投海而亡,南宋灭亡。元统一中国。			
元朝开始实行《授时历》。	至元十七年		1280
元世祖命阿刺罕、范文虎等率军渡海攻打日本,再次大败而返。	至元十八年		1281
焚烧道书。			

公元 单位：年	帝王	年号	大事件
1282	元世祖	至元十九年	元大军进攻缅甸，文天祥从容赴义。
			实行海路运输粮食。
1283		至元二十年	元军攻破缅甸。
1284		至元二十一年	宋朝宗室及官员被移往内地。
			派脱欢攻打占城、安南，未克。

帝国皇帝直接领属地外，名义上属于蒙古帝国的还有四大汗国：钦察汗国、察合台汗国、窝阔台汗国和伊尔汗国。

钦察汗国源自成吉思汗长子术赤一系，由成吉思汗的孙子拔都所建。钦察汗国疆域最为辽阔，东起额尔齐斯河，西到欧洲中部，都城设在伏尔加河北部。因为拔都的中军大帐使用金顶，因此他建立的汗国又称作"金帐汗国"。15世纪以后，金帐汗国的蒙古贵族被突厥化，全部消失。

成吉思汗次子察合台因功获得了天山附近的土地封赏，建立起察合台汗国。元延祐元年（公元1314年），大汗国内兄弟争位，本就弱势的察合台汗国分裂。东部汗国坚持游牧传统，西部汗国则进行改革，在河中发展农耕，但是不久政权被中亚地区的突厥贵族攫取。至正八年（公元1348年），帖木儿汗国占据东察合台汗国领土，改信奉伊斯兰教，强制让16万蒙古人改宗。

成吉思汗三子窝阔台封地在新疆东部、蒙古西部地区，不过建立后不久就因蒙古贵族内讧削弱。至大三年（公元1310年），察合台汗国被打败，部分并入钦察汗国,部分被划入元帝国。

伊尔汗国,又称伊儿汗国或伊利汗国,是成吉思汗孙子旭烈兀所建,疆域位于欧洲、亚洲交界处的中东、阿拉伯地区。14世纪末期,伊尔汗国被帖木儿汗国的后裔征服。

事实上,除了四大汗国外,整个蒙古帝国还包括其他许多藩属国和小汗国,最强盛时期的疆域东到黄海、西到尼罗河,北到北冰洋、南到印度洋,其声势覆盖了欧亚大陆。

陆秀夫背帝蹈海:宋朝文明的尝试

公元1279年2月,南宋残存的军队与元军在新会崖门海域(今属江门市)展开了一场历时20多天的大海战,双方投入兵力50余万,动用战船2千余艘,最后宋军全军覆没,战船全毁,海上浮尸多达10万。而随后,皇帝和丞相带领百姓蹈海自杀,南宋灭亡。

有学者认为,赵宋的终结,不是简单的朝代更替,而是传统华夏文明的一次更替。

大事件	年号	帝王	公元单位:年
脱欢打败陈日烜,攻破安南都城。	至元二十二年	元世祖	1285
元世祖令停止攻打日本。	至元二十三年		1286
严禁汉人持有兵器。			
在江南一带寻访人才。			
设立江南各路儒学提举司。	至元二十四年		1287
发行至元宝钞。			
元世祖下令开凿会通河。	至元二十六年		1289

公元 单位：年	帝王	年号	大事件
1292	元世祖	至元二十九年	元世祖下令攻打爪哇。
1293		至元三十年	安南入贡。佛罗伦萨制定《正义法规》这是一部带有资产阶级政权属性的法规。
1294		至元三十一年	元世祖驾崩，铁穆耳即位，称成宗。

这一过程可以表述为：南宋时期得到长足发展的工商业、高科技、农业，科举与恩荫相结合的官僚选拔制度；和相权平衡的皇权；简单的地方制度等，都被迫中断。蒙古人统治下的元朝实行的则是封闭、保守的制度，他们轻视工商，更加集中君权和皇权，并把严重束缚人们思想的程朱理学作为官方思想，轻视文化，极力贬低文人的地位。

有学者认为，正是这次传统华夏文明的更替让原来的统治者对宋代的这种文明尝试不再有信心。相比于宋代，八十多年后的明朝大开历史倒车：对外闭关自守，加强中央集权和皇权；更加禁锢和束缚人们的思想，以严酷的法律对待百姓，以达到强化统治的目的。

南宋灭亡：强大国力差距下的灭亡？

至元十六年（公元1279年），忽必烈派投降元朝的宋名将、外号"九头鸟"的张弘范率重兵征讨广东，消灭了南宋在广东的数十万军队，杀死百姓十多万人。最后，南宋丞相陆秀夫背负年仅8岁的小皇帝蹈海自杀，南宋灭亡。

一般来说，国家灭亡或者武力抵抗外敌入侵的失败是由于实力方面存在巨大差距。但是当时的元和南宋国力在军事上相差很远，而在经济上南宋远比元帝国富庶。

宋王朝南渡后，大力发展海外贸易和水军，一方面据守长江天险，成功的地方就是通过水军配合，守卫襄阳长达八十多年；另一方面财政收入维持在一亿以上，其中很大部分来自于外贸。公元1271年，南宋都城临安被攻破后，从武库中获得的步人甲（一种重达四十多斤的重铠甲）就有3万多副。而此时的蒙古帝国在统治区域内，实行大屠杀政策，整个中原、河西、河北人口减少一半以上。被元攻破的地方往往是一片废墟，以至于黄河决口时，元政府也无计可施。

崖山海战中，随皇帝和宰相一起跳海自杀的人多达十余万，然而其中士兵很少。在民族意识没有觉醒的时候，在极度的崇文抑武政策下，士兵对南宋是最没有归属感的。他们能在元获得更高的地位和身份，为什么要为赵家天子卖命呢？在军事上，元军虽然开始腐化，相比之下，南宋更是战力全无，所以南宋的灭亡是不可避免的。

大事件	年号	帝王	公元 单位：年
马可波罗抵达威尼斯。	元贞元年	成宗	1295
英国召开模范国会。			
禁止诸王、驸马夺占民田。	大德元年		1297
召高丽王入朝。	大德二年		1298
奥斯曼土耳其帝国建立。	大德三年		1299
派云南左丞刘深攻打八百媳妇国。	大德四年		1300
撤销了征东行省的建置。	大德五年		1301
窝阔台汗海都的军队入侵，被成宗侄子海山打败。			

公元 单位：年	帝王	年号	大事件
1302	成宗	大德六年	西南夷反叛，成宗派兵讨平。法国首次召开三级会议。
1306		大德十年	高丽王回国。再置征东行省。
1307		大德十一年	成宗驾崩，海山篡位，称武宗，第二年改元至大。
1308	武宗	至大元年	漠北大致平定。
1309		至大二年	法国国王强迫罗马教廷迁至法国阿维农，开始了基督教史上的"阿维农之囚"。
1310		至大三年	海都子察八儿来朝。
1311		至大四年	武宗驾崩，其弟爱育黎拔力八达即位，改元皇庆。

蒙古扩张的大灾难

蒙古人过着游牧生活，不擅长生产，经济发展水平不高，再加上构成蒙古政权的贵族们也需要通过不断对外劫掠来维持奢华的生活。从蒙古的扩张开始，就不断给周边民族带来巨大的灾难。

公元1218年，蒙古大将哲别率领2万大军西征，击灭了新疆地区的西辽；公元1219年，成吉思汗亲自率领20万大军西征，打败中亚大国花剌子模；公元1223年，蒙古军在顿河流域和欧洲罗斯联军大会战，还处于贵族决斗水平的哥斯特骑士完全不能与蒙古轻骑兵相匹敌，会战后，蒙古人完全占领中亚和伏尔加地区；公元1227年，成吉思汗病死在灭西夏国的途中；公元1234年，蒙古灭金，同时开始攻击南宋；而此时西征也完全没有停止，蒙古军攻入欧洲中部，波兰、匈牙利地区被占领；公元1253年，成吉思汗的孙子旭烈兀西征，征服阿拉伯和西亚地区；公元1279年，蒙古军灭亡南宋；此外，蒙古人还先后侵犯朝鲜、日本、东南亚、印度，除日本因为大海相隔外，基本上蒙古军马蹄所至，都被他们征服。

蒙古军每到一个地方，都会对当地生产秩序造成很大的冲击，给当时的百姓带来深重的灾难。

蒙古远征为西方带去了什么？

蒙古军远征过程中对被征伐地区造成严重的破坏，被中世纪的欧洲人看成是恶魔的代表，当时的西方学者就惊呼"末日来临"，称黄色皮肤的蒙古远征军为毁灭者。到殖民主义时代，西方学者为入侵亚洲找借口，更是进一步把这次远征的消极作用夸大，说"西方殖民者入侵"只是报复。其实，蒙古军远征虽然曾给各个民族带来深重的灾难，但是蒙古军队的长途跋涉打通了厚厚的空间壁垒，促进了中西方文化的交流，特别是给当时落后的西方带去了"文明"。

蒙古人从和金朝的作战中，学会了使用火药，并把这种"恶魔的武器"带到了欧洲。在火药的作用下，欧洲最主要的经济形式——庄园的外壳堡垒不堪一击，欧洲贵族不能再躲在安全的堡垒中，被迫和平民靠近。和火药一样，弩、轻骑兵、先进的军事理念、数量庞大的军队，这

大事件	年号	帝王	公元 单位：年
停止征伐八百媳妇国。	皇庆元年	仁宗	1312
元举行首次科举，分为左榜和右榜。	延祐二年		1315
派周王镇兵云南。			
周王逃跑到漠北地区。	延祐三年		1316
命令各县置义仓。	延祐四年		1317
增加江南茶税。	延祐五年		1318
任命铁木迭儿为太师。	延祐六年		1319

公元 单位:年	帝王	年号	大事件
1320	仁宗	延祐七年	仁宗驾崩,其子即位,称英宗,第二年改元至治,以铁木迭儿为相。
1321	英宗	至治元年	迁武宗的儿子图帖睦尔到琼州。
1322		至治二年	铁木迭儿逝世。
1323		至治三年	《大元通制》颁行天下,引起元贵族强烈不满。
			南坡之变爆发:御史大夫铁失等人刺杀英宗,拥立也孙铁木儿即位,第二年改元泰定。
1328	泰定帝	泰定五年	泰定帝驾崩,其子即位,称天顺帝,改元天顺。

一切让骑士阶层变得不堪一击,最后让西方长达千年的中世纪在毁灭中不得不寻求变革。

蒙古远征军在远征的同时,也为西方带去了造纸术、印刷术等先进的生产技术,这些都促进了西欧近代文明萌芽的产生。

忽里合大会:蒙古早期的政治制度

公元1206年,铁木真召开忽里台大会,在会议上被推选为大汗。这里,忽里台就是蒙古最早的政治机构。

忽里台,在蒙古语中它是聚会、议会的意思。从蒙古的发展历程可知,成吉思汗是不断联合近亲血脉部落,征服敌对部落,建立部落联盟,最后成立国家。在这个过程中,部落长老就是军事贵族、大臣和将领。所以,早期的蒙古帝国中,忽里台大会拥有巨大的权力,能决定军政大事,甚至大汗位置的确定。

但是后来,忽必烈和拔都争夺大汗之位,而留在草原上的忽里台不可能支持已经入主中原的忽必烈。最后忽必烈赢得了对拔都的胜利,那么忽里台也就被架空,不过依然保留着这个名义。一直到元灭亡，每代皇帝都要召开忽里台大会，和大朝会的意义一样。直到今天，中亚如吉尔吉斯斯坦的一些地区，依然保留着忽里台大会的名称和形式。

行省制度：地方政治渐入划省而治阶段

元朝设立拥有高度自治的行省机构来管理地方。

和传统的地方行政区域划分不同，元代的行省制度纯粹以军事控制为目的，无视山川河流的阻隔，这种做法一方面加强了中央对地方的控制，另一方面让地域的交流更加频繁。到元中后期，全国都建立了这种半独立性质的行省制度。

相对于历史上的任何帝国，元的疆域实在是太广阔了，而且民族情况复杂，特别是元统治者对辖内人民区别对待的等级制度，造成了各个地域有不同的行政基础。所以，如果同前朝一样，实行中央对地方的统一管理是不现实的。就制度层面而言，元朝行省辖区广阔，权力集中，地方军、政、财权分散，与此前宋朝分割地方权力的体制

大事件	年号	帝王	公元 单位：年
图帖睦尔也于此年即帝位，称文宗，改元天历。	致和元年	天顺帝	1328
天顺帝与文宗交战，天顺帝败走。	天顺元年	文宗	1328
文宗让位给周王，是为明宗，文宗为皇太子。	天历二年	明宗	1329
明宗驾崩，文宗复位。			
赈济北方各州县的饥民。	至顺元年	文宗	1330
江南发生水患。			

公元 单位：年	帝王	年号	大事件
1331	文宗	至顺二年	云南发生乱事。
1332		至顺三年	文宗驾崩，明宗子即位，称为宁宗，即位不到两个月便驾崩。
1333		至顺四年	宁宗的哥哥即位，称为顺帝。
1333	顺帝	元统元年	十月改元元统。
1334		元统二年	湖广、河南一带发生水灾和旱灾。
1335		元统三年	左丞相发动政变失败，被右丞相所杀。

有明显差别。作为新兴的少数民族政权，元朝能够对空前广袤的疆域统治近百年，行省制度在其中所起的作用是不容低估的。

元大军征伐日本：神风队出场

蒙古帝国从建立时起，就带有强烈的游牧民族特性，需要不断对外掠夺来支撑发展。元朝建立后，贵族们对贵重金属的需求更加没有节制，而此时盛产金银的日本无疑是最好的掠夺目标。于是忽必烈派使者前往日本要求其称臣纳贡，但是为日本拒绝，元使者被杀。

至元十一年（公元1274年），主力还在南征的蒙古帝国派出2.5万人的军队远征日本，其中一半为蒙古人，另外的则是女真、汉人、高丽人等组成的联军。蒙古大军登陆后，日本举国抗战，最后打退了蒙古军的初次进攻。随后，蒙古大军退往海上休整时，因遭受暴风雨侵袭，被迫撤军。

至元十八年（公元1281年），蒙古大军再次入侵日本。这一次蒙古集结主力，共有大小船舶将近五千艘，军队人数约20万，其中蒙古人4.5万多人，高丽人5万多，收编的南宋降军10万左右。这次入侵，震惊了整个日本。不过就在战况最激烈的时候，飓风来袭，蒙古一半大军丧生在海上。远征日本再次宣告失败。

这两次依靠台风打败敌人，日本人认为是神在帮忙，称为"神风队"，一直到明治维新时，日本人还有敢死队以"神风"命名。

纸币的统一和流通：元代经济的恢复和发展

元建立后，中原地区——最主要的经济区域——缺少铜币流通的境况更加恶化，此时因为矿冶技术的退步，白银的产量也无法提高，银钱也不足。为了促进和恢复经济，元世祖中统元年（公元1260年）开始印发"中统交钞"和"中统元宝宝钞"，并把它作为最主要的流通货币。

为了防止纸币的贬值——宋代"交子"最后因为印发数量过多而贬值成废纸。在吸取宋的教训后，元帝国特别制定了货币发行和流通条例《十四条画》和《通行条

大事件	年号	帝王	公元 单位：年
伯颜杀皇后，停办科举。	至元元年	顺帝	1335
广东、河南农民起义。	至元三年		1337
英法百年战争开始。			
袁州周子旺起事，败死。	至元四年		1338
丞相伯颜发动政变失败，被贬而死。	至元六年		1340
脱脱主政，恢复科举制度。			
脱脱编撰宋、辽、金三史。	至正三年		1343

公元 单位：年	帝王	年号	大事件
1344	顺帝	至正四年	脱脱丞相职位被罢免。
1345		至正五年	各地发生饥荒，徐州、东平极为严重。
1346		至正六年	陕西发生饥荒。
			福建、广西、河南、山东人民起事。
1348		至正八年	方国珍在浙江起事。
			欧洲爆发黑死病。
1350		至正十年	更改钞法。方国珍进攻温州，各地人民纷纷起事。
			陈友谅在湖北洪湖起事。

画》，设立"钞券提举司"来管理货币发行，并且用大量的丝和银作为"储备金"，来维持纸币的信用，并且允许民间银和纸币的兑换、流通，严格控制银和铜钱外流。

这些做法是人类历史上第一次确立银本位制度，也是第一次国家的纸币发行尝试，对元的经济恢复和发展起到了巨大的作用。然而当时的人们并没有对纸币发行建立清晰的概念，所以中央和各地的钞母很快被皇帝和贵族挥霍一空，而且他们认为旧有的纸币可以作为新纸币的钞母，继续增发纸币。

到了元朝末年，通货膨胀已经无法挽救，纸币早就成了废纸，而元朝的经济体系则处于崩溃的边缘。

四等人制度：元朝的民族政策

元朝初期，民族问题是最严重的问题，元朝采取的是四等人统治制度，即依据不同民族成分，将百姓的社会地位划分为四等：蒙古人是社会政治地位最优等级；色目人即最早被征服的西夏人、畏兀儿人等西域民族为第二；长江以北地区的汉人、契丹人、渤海人和女真人排在第三；南人也就是原来南宋统治的民众，身份地位最低。

四种人的地位不平等是非常明显的，比如在司法上，蒙古人杀死汉人，只需要赔偿财物——比如一头驴就可以了，而汉人杀死蒙古人则要偿命，并且近亲都会受到牵连。而且，这种民族制度的不平等是一些民族缓和政策无法掩盖的，比如元仁宗皇庆二年(公元1313年)末，政府下令重开科举，并作为选拔官员的重要（不是唯一）依据。很显然，汉人在科举考试上具有很大优势，但是为了维护民族优越感，元代实行按民族来分配录取名额。

除了等级制度外，元朝还实行身份等级制度，即"一官、二吏、三僧、四道、五医、六工、七猎、八娼、九儒、十丐"，这种做法更是让汉族的知识分子和地主阶级不满，以民族矛盾为主体的危机，让元统治再也无法继续了。

明教与红巾军：莫道石人一只眼，挑动黄河天下反

元朝末年，各种社会矛盾日益尖锐，百姓对元统治的反抗日益激烈。起义者利用明教、弥勒教、白莲教等宗教

大事件	年号	帝王	公元 单位：年
白莲教起事。	至正十一年	顺帝	1351
徐寿辉在湖北起事，称帝，国号天完。			
郭子兴在安徽起事。	至正十二年		1352
朱元璋投靠郭子兴。			
张士诚占据高邮，自称成王，国号大周。	至正十三年		1353
韩山童子韩林儿在安徽建国号宋，号小明王。	至正十五年		1355
脱脱被毒杀。			
方国珍投降元朝。	至正十六年		1356
朱元璋被称为吴国公。			

公元 单位：年	帝王	年号	大事件
1356	顺帝	至正十六年	查理四世颁布黄金诏书，确立了皇帝的选举法和诸侯的权利。
1357		至正十七年	朱元璋攻克常州。张士诚投降元朝。红巾元帅明玉珍占有全蜀。
1358		至正十八年	法国扎克雷起义。
1359		至正十九年	方国珍依附朱元璋。陈友谅迁徐寿辉到江州，自称汉王。
1360		至正二十年	陈友谅杀掉徐寿辉，自立为帝，国号汉。
1361		至正二十一年	朱元璋攻克江州。陈友谅走武昌。

形式，形成了遍布全国的红巾军起义浪潮。

明教原名摩尼教，起源于波斯，唐末逐渐在中土壮大起来，崇拜光明之神；弥勒教是佛教的一支，弥勒佛本是佛中的一个，南朝时期就有人自称为弥勒佛降世，并借此造反，到五代、宋时期利用宗教的外衣发动起义是较常见的组织方式；白莲教是弥勒教的一支，其组织较为严密，参加者多为中下层贫苦民众。元朝末年，人们的反抗情绪给了这三大教派以最好的发展环境。

至正十一年（公元1351年）五月，元顺帝以贾鲁治理黄河，动用30万民夫，人们的反抗情绪更加激烈。于是白莲教首领韩山童与刘福通等人在黄河滩上埋下一只石像，来验证当时的流言"莫道石人一只眼，挑动黄河天下反"，并决定趁机在颍上（今属安徽）地区发动起义。但是消息走漏，韩山童被杀，刘福通等人逃走。

刘福通后来拥立韩山童之子韩林儿为小明王，以明教、白莲教骨干分子为将领，在全国点燃起义之火。因为起义者头裹红巾，所以被称为红巾军。一直到至正二十六年，韩林儿被杀，红巾军浪潮才退去。而领导反元斗争胜利的朱元璋也是出身于红巾军。

解密偌大王朝迅速败亡的原因

从红巾军起义开始,到1367年,元顺帝被赶出大都(今北京地区)逃往草原。一个史上最广阔的帝国在短短十多年战乱中就轰然倒塌了。

其实,元朝在历朝历代中,其在中原建立的统治基础是最为薄弱的。南宋灭亡时,大量百姓随同蹈海,其实证明南宋民心未失,而元代只不过是利用武力强行抹去了中原地区的上层统治力量,但这并不能改变人民对宋的拥护。

在元朝不到100年的统治中,一方面元统治者在受到中原先进文明影响的同时,迅速被同化。到了元朝末年,军队的主力变成了色目人和汉人,官吏也以色目人为主。在中原地区出生的第二代、第三代蒙古人战斗力大大减退。元灭亡时,元帝国赖以生存的强大武力——蒙古军队已经战斗力大不如以前。

很显然,实力大不如前的元朝统治者还依然用几十年前的想法和作为来对待其他民族,就是自取灭亡。不过元统治者返回草原后,迅速恢复了战斗力,所以成吉思汗的子孙对草原地区的统治依然持续了很久。

大事件	年号	帝王	公元 单位:年
明玉珍在成都称帝,国号夏。	至正二十三年	顺帝	1363
朱元璋与陈友谅大战鄱阳湖,陈友谅败死。朱元璋自称吴王。			
孛罗帖木儿与王保保在大都交战。	至正二十四年		1364
孛罗帖木儿被元顺帝杀害,太子回大都。	至正二十五年		1365
明玉珍死,其子明升称帝。	至正二十六年		1366
朱元璋杀韩林儿。			
元顺帝下诏贬黜王保保。	至正二十七年		1367
汉萨同盟成立。			
朱元璋攻破平江,张士诚自杀。朱元璋命徐达北伐。	至正二十八年		1368

明　朝

明朝始于公元1368年，终于公元1644年。

元朝末年，朱元璋创建明朝，是为明太祖。朱元璋驾崩后，惠帝朱允炆继位，朱元璋的四子燕王朱棣不服，以"清君侧"为名发起靖难之役，最后夺得皇位，是为明成祖。明成祖励精图治，史称"永乐盛世"。其后仁宗和宣宗继续维持这一局面，史称"仁宣之治"，明朝国力达到顶峰。

此后，明朝因为宦官干政，国力逐渐衰弱。明神宗时期，名臣张居正实行变法，内外局面皆有好转，而此时，努尔哈赤带领的后金开始崛起。士大夫阶层为挽救国运，组成东林党，他们标榜以天下为己任，但是从东林党成立时起就走向了"为反对而反对"的极端方向。明熹宗天启帝继位后，由于其沉迷于木匠工艺，便将朝政大权赋予宦官魏忠贤。魏忠贤把持着皇帝的特务机构东厂和锦衣卫，联合被东林党打压的官员组成"阉党"，残酷镇压东林党。剧烈的党争耗尽了大明的最后一丝元气。

崇祯继位后，虽励精图治，剿灭魏忠贤，但是已无力回天。最后，李自成攻破北京，崇祯帝自缢煤山，边关重将吴三桂引清军入关。至此，明灭亡。

此后，中国历史进入最后一个封建统治王朝——清朝。

明朝·青瓷花瓶

元失其鹿，群雄共逐之：朱元璋的成功策略

元朝末年，天下大乱，出现了群雄逐鹿的局面。出道最早的是方国珍，他割据东南沿海，水军发达，其残余势力是明代初年倭寇的主要来源；割据江苏的张士诚，曾经在高邮之战中击败过"百万元军"，降元后，被封为太尉，兵强马壮，声望很高；韩林儿，名义上的天下共主，所有的红巾军都是他的部下，天下群雄表面上都不敢轻视，势力在河南安丰一带；明玉珍，割据成都，天府之国，钱粮充足；此外还有陈友谅、陈有定、何真等。而当时的元帝国依然是百足之虫，死而不僵。

而此时的朱元璋不过是个小角色，在岳父郭子兴死后才顶替了他的位置。但当时他只占据了一个应天府（今南京城），势力弱小，不能和群雄争霸。于是他采纳了谋士朱升的"九字真言"："高筑墙"，能不惧怕任何势力攻击；"广积粮"，此为长期斗争的资本；"缓称王"，可以避开风头，不至于成为元军的首选打击目标。最终，朱元璋依靠这"九字真言"击败其他割据势力，取得最终的胜利。

大事件	年号	帝王	公元 单位：年
朱元璋改应天府为南京，于南京称帝，国号明。	洪武元年	太祖	1368
明将徐达攻陷大都。改大都为北平。			
明军攻入两广，元左丞何真投降，两广平定。			
朱元璋采用刘基建议，建立卫所军制，藏兵于民。			
常遇春攻克开平，元顺帝北逃和林。	洪武二年		1369
封王颛为高丽王。			
下令各府、州、县设立学校。			
确立分封制，命令各皇子就藩，以拱卫京都。			

公元 单位：年	帝王	年号	大事件
1370	太祖	洪武三年	举行科举考试。《元史》修成。
1371		洪武四年	重庆明玉珍之子明升投降，夏亡。
1373		洪武六年	任命胡惟庸为右相，罢免汪广洋相职。按六部建制，分设六科给事中。刑部尚书刘惟谦奉旨制定《大明律》。
1374		洪武七年	罢市舶司，诏令"片帆不许下海"，以防倭寇。

朱元璋建立大明：从乞丐到帝王的发展史

朱元璋原名朱八八，又叫朱重八，出身于濠州贫民家庭。至正四年（公元1344年）的旱灾让他家人尽没，不得已出家为僧，过着半乞讨的生活。

后来他加入起义军，其能力和胆识受到了郭子兴之女，也就是后来大名鼎鼎的马皇后的赏识，成了郭子兴的女婿。至正十五年（公元1355年），郭子兴父子先后战死，朱元璋也就顺利成了这支小队伍的首领。第二年，他率军攻下了应天府，开始了争霸之路。

至正二十三年（公元1363年），鄱阳湖口大战后，朱元璋以少胜多，击败了处于南京上游的江西割据势力陈友谅；至正二十七年（公元1367年），平江之战，朱元璋击败了拥军百万的张士诚，基本上统一了南方。

此时，元朝发生内乱。朱元璋趁机命令徐达率军二十万北伐，席卷山东、河南，直抵大都城下。此时元顺帝才醒悟过来，不过已无力回天，只能带着太子、妃子等逃离中原。至此，元朝灭亡。

击败蒙元，朱元璋名震天下。公元1368年，朱元璋在应天府（南京）称帝，国号大明。

宝钞的贬值和变废：古代纸币发行的弊端

明太祖洪武八年(公元1375年)。政府颁布《钞法》，发行大明宝钞，同时设立宝钞提举司来管理宝钞印刷、发行的事务。

元代一直发行纸币，而且是官方规定的唯一合法货币，所以明代宝钞发行后在当时亦深受欢迎。但是因为政府不理解经济原理，所以无法阻止纸币的通货膨胀，很快就开始贬值，洪武末年，宝钞的实际价值就贬值了一半。大明宝钞虽然名义上流通了两百多年，但在明中后期，纸币的流通就已基本停止了。由此造成的恶果就是明的金钱不足，出现钱荒，东南地区工商业发展所需的资金不足。到明朝末年，为了弥补货币不足，一些大型商业组织以发行货票等方式来交易——这是纸币发行的变通形式。因为缺乏对纸币发行的约束，中国官方纸币发行虽然较早，但是多走错了道路。

大事件	年号	帝王	公元 单位：年
开始发行大明宝钞。	洪武八年	太祖	1375
改行中书省为承宣布政使司，简称为布政司。	洪武九年		1376
丞相胡惟庸以谋反罪遭处死。此后十余年，朱元璋不断以胡惟庸案的名义追查共犯，共三万多人遭株连。	洪武十三年		1380
朱元璋撤中书省，废丞相，宰相制度结束。			
编定赋役黄册。	洪武十四年		1381
理查二世颁布《航海条例》，鼓励海外贸易。			

钦定八股文：科举制度走入困局

洪武三年（公元1370年），明朝开始举行乡试，次年举行殿试和会试。因为帝国草创，教育文化比较落后，所录取的"人才"没法使用，于是暂停科举，直到洪武十五年才重新恢复。此后三年大比和乡试、殿试、会试三级制度成为定式。明朝对科举制度的行文文体有明确的要求，科举制度日益走入僵化的困局。

为了进一步统一思想，永乐年间，朱棣命令胡广等人编纂《四书大全》、《五经大全》，规定了考试的内容是所谓的"代圣贤立言"，即在科考中不能有自己的观点。八股文每篇文章都是相同的格式、字数，由破题、承题、起讲、入手、起股、中股、后股、束股八部分组成，所以叫作八股文。题目全部出自四书、五经，所论述的内容主要据宋朱熹《四书章句集注》，绝对不能自由发挥。

而用这种方法选拔上来的官员肯定无法承担政务，所以明代的地方权力多把持在地方士绅豪族手中。本来是为了从民间挖掘人才、扩大统治基础的科举制度到此时已经走入了困局，完全丧失了"为国选才"的本义。

公元 单位：年	帝王	年号	大事件
1382	太祖	洪武十五年	云南平定。 设立锦衣卫。 重新开设科举考试。
1384		洪武十七年	颁布科举定制，实行八股取士。 严令宦官不得干政。
1388		洪武二十一年	蓝玉在捕鱼儿海大败北元军，脱古思帖木儿逃跑，从此北元不再对中原构成威胁。
1390		洪武二十三年	燕王北伐，劝服元将乃儿不花，名声大振。 下令将韩国公李善长赐死。

这也从一个侧面反映，封建制度开始没落。

胡蓝之狱，朱元璋大杀群臣：绝对君权的建立和失败

朱元璋一统天下后不久，就开始了对"共患难"的伙伴进行清洗。

其手段是一方面直接举起屠刀。洪武十三年（公元1380年），丞相胡惟庸被逮捕入狱至死，罪名为里通外国，密谋造反。其后严加追缉，所牵涉的共犯越来越多，最后共三万多人被杀，文官集团遭受毁灭性打击。洪武二十六年（公元1393年），大将军蓝玉同样被控谋反至死，其后又大加株连，共一万五千多人被处死。

另一方面是建立绝对的皇权。洪武十三年（公元1380年），废丞相制，使与皇权相对立的相权彻底成为历史名词，同时设立位低权大的六部给事中制衡六部尚书；在地方上废除行省，把监察权、财权等分开。

这样造成的后果是皇帝大权独揽，但与此同时也造成了皇帝工作量猛增。据史料记载：朱元璋每天的睡眠

大事件	年号	帝王	公元 单位：年
皇太子朱标病逝，立皇太孙朱允炆为继承人。	洪武二十五年	太祖	1392
高丽李成桂自立，受明朝册封，改国号为朝鲜。			
凉国公蓝玉以谋反罪被处死，最后一万五千多人遭株连。	洪武二十六年		1393
大修全国水利。	洪武二十七年		1394
赐颍国公傅友德死，罪名是其子勾引宫女。			
信国公汤和病卒，传说是因食用御赐鹅羹疽发而死。	洪武二十八年		1395
赐宋国公冯胜死。			

公元 单位：年	帝王	年号	大事件
1396	太祖	洪武二十九年	燕王率军巡边，掌控燕山精锐。
1398		洪武三十一年	太祖朱元璋驾崩，皇太孙继位，是为惠帝。惠帝按"先弱后强"之策着手开始削藩。
1399	惠帝	建文元年	燕王朱棣不满削藩之策，决定在北平起兵反叛，史称"靖难之役"。
1401		建文三年	燕军大举南犯，直趋南京。

时间不足四个小时，平均每天要批阅二十余万字，处理四百二十三件事。很显然，这种工作强度是那些生长在深宫的皇帝所不能容忍的。于是起初朱元璋便设立类似秘书的职位——殿阁大学士帮助皇帝处理政务，到了明代中晚期殿阁大学士便成了实际上的丞相。

靖难之役：分封制的必然失败

明太祖朱元璋在中央采取废丞相加强君权的做法，在地方上则是分封诸王，掌握地方行政权力。这种违背中央集权潮流，开历史倒车的行为，很显然是不可能维持长久的。

洪武三十一年（公元1398年），太祖朱元璋病逝，太孙朱允炆继位，是为惠帝。当时新帝威望不如诸王，而各地诸侯王手握的军权和财权也超过中央，所以中央削藩是必然的选择。建文元年（公元1399年），由于朝廷削藩政策激化了中央与藩王的矛盾，藩王与朝廷开始决裂，此时实力最强的燕王就成了真正的众藩之首。七月，朱棣攻下北平，以齐泰、黄子澄是奸臣须加诛讨为理由，并声称自己的举动为"靖难",即平定祸乱之意。因此,历史上称这场朱明皇室内部的争夺战为"靖难之役"。

建文元年八月,朝廷军队抵达河北滹沱河地区。燕王在中秋夜乘南军(指朱允炆派出的平叛部队)不备,突破雄县,尽克南军的先头部队。继而又于滹沱河北岸大败南军的主力部队。而此后,因为朱元璋将功臣屠戮殆尽,朝廷不得不任用纨绔子弟李景隆为帅。建文二年(公元1400年)四月,李景隆会同郭英等集合兵将60万众,号称百万北上。朱棣命令张玉、朱能等率军十余万迎战于白沟河。战斗打得十分激烈,燕军一度受挫。但由于南军政令不一,不能乘机扩大战果。燕军利用有利时机,力挫南军主将,南军兵败如山倒。

此后,双方力量逆转。建文四年六月,燕王率军攻入南京,被群臣拥立为帝,是为明成祖。

不过,明成祖登基后,继续实行削藩政策,最终让藩王有名无权。有人认为,这种做法是明灭亡而地方无力相救的原因之一。削藩政策的延续,说明分封诸王之策早就不符合实际了。

大事件	年号	帝王	公元 单位:年
燕王攻入南京城,建文帝失踪,燕王继位,是为明成祖。	建文四年	成祖	1402
成祖大杀建文帝的亲信群臣,诛方孝孺十族。			
继续削藩之策,令各藩王进南京。			
设立内阁制度,变相重启相权。	永乐元年		1403
改北平为北京,迁徙天下富民充实北京。			
永乐帝为犒赏在"靖难之役"中提供情报有功的宦官,令宦官监督各地军队,开宦官干涉朝政先河。			

公元 单位：年	帝王	年号	大事件
1405	成祖	永乐三年	郑和第一次下西洋。
1406		永乐四年	张辅征伐安南获大胜。
			建造紫禁城。
1407		永乐五年	封西僧哈里玛为大宝法王。
			安南平定，改设交趾布政使司。
			《永乐大典》修成。
1408		永乐六年	郑和第二次下西洋，到达今锡兰地区。
1409		永乐七年	命令邱福率军征鞑靼，兵败，邱福被杀。
			封瓦剌、马哈木等为王，分裂蒙古。

朱棣迁都北京城："天子守国门"的利弊分析

北平是明成祖朱棣的老巢，在靖难之役后，明成祖决意北伐，便把北平当作北方最重要的军事重镇，所以更是苦心经营。永乐元年（公元1403年），朱棣改北平为北京，设为"行在"，并大力修建紫禁城。永乐十九年（公元1421年），明政府正式迁都，改顺天府为京师，把南京作为留都。

在明成祖迁都北京的所有理由中，其中一条就是天子守国门，君王死社稷。纵观明朝历史，对外关系上远远比不上汉唐的强势，但是即使面临再大的困难，明代的君主都没有屈膝投降或者逃跑的，这一点和"不和亲、不赔款、不割地、不纳贡"相结合，构建了明王朝对外的强硬态度。

虽然"天子守国门"特别"霸气"，但是也意味着战略空间特别小。明代中后期，后金崛起，时刻威胁着都城。再加上明需要从南方运送粮食等物资供给一个超过百万人口的大都市和这座城市周边一百多个军事堡垒，这无形中增加了国力在交通上的损耗。

《永乐大典》的编纂：我国最齐全的类书

明成祖朱棣夺取南京城后，一方面大力打击不合作的文人，诛杀了方孝孺十族；另一方面大肆弘扬文教，提拔文士，其中最重要的一项策略就是编纂《永乐大典》。

永乐元年（公元1403年），明成祖下令谢缙、姚广孝编修《永乐大典》。历时六年才完成。《永乐大典》是我国古代最齐全、最庞大的类书，它保存了14世纪以前中国所有的天文、地理、历史、文学、艺术、宗教、哲学、医学、军事等各科文献，总共有22 000多种图书，目录共占60卷，装订为10 095册，总字数在3.7亿以上，可以说是当时全世界"最厚"的书了。

《永乐大典》，比法国启蒙思想家狄德罗编纂的百科全书和英国伦敦出版的《大英百科全书》在年代上要早300多年，比清代编纂的规模最大的类书《古今图书集成》多出一半来。就连号称最全的《四库全书》也只收录了3 000多种图书，这和《永乐大典》根本无法相比。

这种大型类书的编纂很显然只有在强有力的中央政权的大力支持下，和悠久的传统文明相结合，才能完成。这

大事件	年号	帝王	公元 单位：年
成祖亲征鞑靼，大败阿鲁台。	永乐八年	成祖	1410
郑和第三次下西洋，到达苏门答腊地区。	永乐十年		1412
明成祖亲征瓦剌。	永乐十二年		1414
命令翰林学士湖广等编修五经四书及宋代儒学著作。			
郑和第四次下西洋。	永乐十四年		1416
明成祖设立东厂，比锦衣卫职权大。	永乐十八年		1420
明成祖迁都北京。改南京为留守都城。	永乐十九年		1421
郑和第五次下西洋。			

公元单位:年	帝王	年号	大事件
1423	成祖	永乐二十一年	明成祖大败阿鲁台,扫荡漠北。郑和第六次下西洋。
1424		永乐二十二年	明成祖第五次亲征蒙古。回程途中病逝,太子朱高炽继位,是为仁宗。
1425	仁宗	洪熙元年	仁宗病逝,子朱瞻基继位,是为宣宗。
1426	宣宗	宣德元年	设立内书堂,让宦官识字,为明宦官干政提供可能。
1429		宣德四年	圣女贞德领导人民解救法国危机。

从一个侧面反映了明代初年中国领先世界的国力和文明。不过《永乐大典》纂成后,由于保管不够好,而且其包罗过于繁多,抄录也很困难(只在嘉靖朝才抄录了一个副本),现今,《永乐大典》大部分散落,仅存600多册。

郑和七下西洋:中国对海洋探索为什么失败?

相传,靖难之役南京被攻陷时,建文帝燃起一把大火,然后从密道中逃走了。出于篡位者的恐惧,于是朱棣在全国大肆秘密搜捕建文帝,同时派太监马三宝率船队往海外寻找,这个举动创造了中国古代的航海盛事——郑和七下西洋。

永乐二年(公元1404年),太监马三宝被明成祖赐名郑和,并奉命下西洋。郑和从永乐三年(公元1405年)到宣德八年(公元1433年)的28年里,先后七次率领庞大的船队从东南刘家港出发,前往东南沿海、印度洋、北非一带,宣扬大明国威,最后因为劳累过度,死于最后一次下西洋的归途上。

当时中国的航海技术已经非常发达了,中国的罗盘技术可以让船队在没有任何参考物的大洋上行驶，火炮可以让路上一切反对的国家和地区屈服，浩浩荡荡的船队和先进的宝船让"震旦人"（印度对中国的称呼）的威名远播，精美的丝绸和瓷器能让每个海外民族对船队欢迎热烈。郑和七下西洋，开创了中国人走向深蓝大海的壮举，极大地拓展了中国对外交流的范围。

但是郑和下西洋并不能为政府带来足够的经济利益，所以在朱棣后，失去中央支持的海贸行动停止，就连宝船设计图也被文人刘大夏烧毁。

土木堡之变：皇帝被俘，明朝扩张军事转向

蒙古族退入草原后，分裂为鞑靼、瓦剌、兀良哈三部，其中鞑靼、兀良哈两部因受到明成祖的大力打击，衰弱下去。而瓦剌部经过两代人的休养生息，到明英宗时期，已经构成对明统治的威胁。

正统十四年（公元1449年），瓦剌部首领也先率先挑起北方的战争，入侵大同。

明英宗朱祁镇在自己最宠信的宦官王振的支持下，决

大事件	年号	帝王	公元 单位：年
郑和第七次下西洋，绘制《郑和航海图》。	宣德六年	宣宗	1431
明宣宗朱瞻基逝世。子朱祁镇继位，是为英宗。	宣德十年		1435
葡萄牙人到达非洲，并带回10个黑奴，是为黑奴贸易之开端。	正统六年	英宗	1441
瓦剌部落南侵大同，英宗在权宦王振鼓动下御驾亲征。明军战败，英宗被俘，史称"土木堡之变"。	正统十四年		1449

公元 单位：年	帝王	年号	大事件
1449	英宗	正统十四年	瓦剌军南侵北京，被于谦率领北京留守军民打败。群臣拥立郕王朱祁钰继位，是为代宗。
1450	代宗	景泰元年	英宗被放回国，随后被软禁在南宫。
1453		景泰四年	罗马帝国灭亡。英法百年战争结束。
1454		景泰五年	也先被部将所杀，瓦剌部落分裂。
1455		景泰六年	英格兰爆发玫瑰战争，亨利七世获胜。建立都铎王朝。

心恢复太祖、成祖的荣光，亲率20余万大军，号称50万，从北京出发，西征瓦剌。

边关告急，皇帝御驾亲征，虽然冒险，但是对民心士气有很大的激励作用。可是一出北京城，由于重臣留守京城，便再也无人能与王振抗衡，于是军队中一切事务全部由王振专断，所有的文武大臣只能按照命令执行任务。在行军路上，组织混乱，士兵们开始动乱。

明军抵达大同后，也先采取诱敌深入的计策北撤。明军前锋被也先率军埋伏而遭到惨败，但此时明大军主力未损，依然拥有和也先军队人数相当的力量，但王振却惊慌撤退。在撤退途中，又一再更改行军路线。

当明朝军队抵达宣府时，瓦剌军追了上来，先是明军骑兵3万断后，全体被杀。后来皇帝逃到土木堡，整个大军被团团围住，不久缺水少粮的明军被打败，英宗被俘，王振则在战败之前被愤怒的将士打死。

而此时的北京城中，只剩下些老弱残兵，整个大明在兴起时对边境四方留下的赫赫威名，一朝丧尽，被迫转入战略防御。

于谦力挽狂澜：民心在战争中的巨大作用

土木堡之变消息传来，京城大乱，有的人建议立即迁都。这个时候兵部侍郎于谦挺身而出，率领群臣向太后请求立英宗的弟弟郕王为帝，是为景帝（也称代宗），以第二年为景泰元年。同时命令留守京城的各个将领防守京城九门，启用石亨等将领，并对新皇帝说："军队的事情，如果没有效果，请斩下我的人头。"

也先率兵抵达北京城下，本来以为明英宗在手，明朝会不战而降，但是明军将士在于谦的带领下严阵以待。而且在京城守卫上，于谦充分发挥民众的力量来弥补兵力不足。史书记载：敌兵赶到土城，居民爬上屋顶，呼喊着用砖石投掷敌人，砸得敌人哭喊一片。

相持五天后，也先对北京高大的城墙没有任何办法，再加上各地勤王的部队即将到来，瓦剌只能撤退。于谦率领北京军民获得了北京保卫战的胜利。

大事件	年号	帝王	公元 单位：年
明代宗病重。边将石亨勾结内宦曹吉祥等发动政变，拥立英宗复辟。史称夺门之变。	景泰八年	代宗	1457
于谦因为反对英宗复辟，被处决。其他名臣大多被贬谪。			
因拥立有功的石亨、曹吉祥等人都被封侯，权倾天下。			
因不满意石亨、曹吉祥等人专权，英宗以锦衣卫为爪牙，杀死石亨等。	天顺四年	英宗	1460

公元单位：年	帝王	年号	大事件
1461	英宗	天顺五年	同党石亨被杀，曹吉祥深感不安，阴谋造反，事败被诛杀。
1472	宪宗	成化八年	明代大儒王守仁降生。
1477		成化十二年	设立西厂。
1487		成化二十三年	宪宗病逝。其子朱祐樘继位，是为孝宗。次年改元弘治。

夺门之变：皇室内部的争夺和变乱

北京保卫战胜利一年后，英宗被瓦剌放回中原。但是当时明英宗的弟弟明景帝已经坐稳了江山，所以放回后的英宗被软禁在南宫中。景泰八年（公元1457年），明景帝病重，召来边关重将石亨等人，希望他们能拥立自己的儿子继位。

然而，明英宗在位时重用武将，而明景帝则依靠于谦等文臣登上了皇位，大力打压勋臣武将，所以将领等大多心向英宗。石亨在看到景帝病重后，便决定拥戴英宗复辟。

正月十六日晚上，石亨、徐有贞等勾结太监曹吉祥等人，从南宫中迎出明英宗，并在第二天朝会上造成复辟的既成事实。随后明景帝被迫迁到西宫，降级为郕王，不久在凄凉中病死。英宗复辟后，大力提拔那些拥立的大臣，曹吉祥、石亨也随之飞扬跋扈，最后还酿造出企图造反的曹石之变。而著名的大臣于谦则被冤杀，北京保卫战的功臣大多被贬谪。

夺门之变是土木堡之变的延续，也是明统治集团参与皇室争斗的一场内乱，而于谦则成了这次政治斗争中的牺牲品。

王阳明和知行合一，格物致知：儒学发展到心学

程朱理学发展到明代中期时，已经逐渐走入道学的死胡同，明士大夫开始需要新的哲学思想来支撑自己的精神生活，最后完成这个工作的是王阳明。

王守仁（1472—1529年），字伯安，号阳明子，后人尊称为阳明先生，是明代著名的书法家、哲学家、政治家、军事家和教育家。明弘治十二年（公元1499年）考取进士，并随后担任了三年的兵部主事，最后因为反对权势熏天的太监刘瑾被贬谪后流放到龙场（今贵州地区）。经历过坎坷之后，他在龙场有了很大的感悟。最后官至新建伯、兵部尚书，后来因为肺炎病逝。

王阳明觉悟后，开始收徒，宣讲心学，并且在浙江一些地区讲学，当时人们把他的学问称为"王学"。他主张一个人应该格物致知，通过对万事万物的体察思考来决定自己的行为，依靠"本心"来做事。

大事件	年号	帝王	公元 单位：年
葡萄牙人发现非洲南端的好望角。	弘治元年	孝宗	1488
西班牙人哥伦布发现新大陆。	弘治五年		1492
朱祐樘病逝，其子朱厚照继位，是为明武宗。	弘治十八年		1505
哥白尼着手写《天体运行论》，主张太阳中心说。	正德元年	武宗	1506
马丁·路德张贴《九十五条论纲》，掀起宗教改革运动。	正德十二年		1517

公元 单位：年	帝王	年号	大事件
1521	武宗	正德十六年	明武宗逝世。朱厚照一生无子，大臣拥立明武宗堂弟、兴献王之子朱厚熜继位，是为明世宗。麦哲伦完成环球航行。
1534	世宗	嘉靖十三年	英国通过《至尊法案》，正式规定英王为英国教会最高首脑。
1557		嘉靖三十六年	葡萄牙人侵据澳门。
1563		嘉靖四十二年	俞大猷、戚继光在福建打败倭寇主力。

在王阳明的推动下，儒学走上了主观唯心主义的新道路，开始向人性化、"内圣"的方向发展，这为明代哲学的繁荣奠定了基础。

倭寇侵袭东南：民族英雄戚继光的英勇抗争

戚继光（1528—1588年），是我国明代著名抗倭将领、民族英雄、军事家和武术家。戚继光是世袭都指挥，早年在山东抵御倭寇时，积累了丰富的抗倭经验。

嘉靖三十四年（公元1555年）他调任浙江，任参将，主持抗倭斗争。他鉴于卫所军有不习战阵的弱点，恳请获准后亲赴"素称剽悍"的义乌招募农民和矿工，组织训练了一支3000多人的新军。

嘉靖四十年，倭寇焚掠浙东。戚继光率军在龙山大败倭寇。继之在台州地，扫平浙东倭寇。次年率6000精兵援闽，捣破倭寇在横屿（今宁德东北）的老巢。嘉靖四十二年再援福建，升总兵官，与刘显、俞大猷分三路进攻平海卫（兴化城东），"斩级二千二百"。次年春，相继败倭于仙游城下，福建倭患遂平。

此后，戚继光一直驻守在北方长城蓟城前线，防御蒙古入侵。他的赫赫威名和身边彪勇善战的戚家军，既让辽东友军侧目，也让蒙古军队胆寒，十多年不敢南侵。

不过，戚继光在政治上与张居正关系较好。张居正死后，被新的掌权者政治清算，戚继光本人也因此受到牵连。万历十三年（公元1585年），戚继光被罢职，两年后抑郁而死。

张居正施行一条鞭法：为变法而丧生的又一典型

万历初年，首辅张居正进行一条鞭法改革，并在全国范围内推行。一条鞭法改革的主要内容有：

清量土地，扩大税收征收面，使税负相对均平，让一些豪强地主无法隐瞒土地，偷税逃税；统一赋役，限制苛扰，使税赋趋于稳定，让百姓只需要根据规定缴纳一种税收；计亩征银，官收官解，使征收办法更加完备。根据土地征税，保证了国家稳定的税收来源。

一条鞭法实行后，役银由户丁负担的部分缩小，摊派于田亩的部分增大，国家增派的差徭主要落在土地所有者

大事件	年号	帝王	公元 单位：年
明世宗朱厚熜病逝。其第三子朱载垕继位，是为明穆宗。次年改元隆庆。	嘉靖四十五年	世宗	1566
因沉迷丹药，明穆宗中年早逝。子朱翊钧继位，是为明神宗。	隆庆六年	穆宗	1572
李时珍的《本草纲目》编著而成。	万历六年	神宗	1578
张居正进行改革，推行"一条鞭法"。	万历九年		1581
日本侵略朝鲜，明派兵援助朝鲜，大败日本军。	万历二十一年		1593
利玛窦来到中国传教。	万历二十九年		1601
努力哈赤创立八旗制度。			

公元 单位：年	帝王	年号	大事件
1615	神宗	万历四十三年	一疯癫大汉张差手持木棒闯进太子宫殿，打伤数名太监、宫女。是为挺击案。
1616		万历四十四年	努尔哈赤在赫图阿拉地区称汗，建立后金国。
1618		万历四十六年	努尔哈赤以七大恨为由发檄文，起兵反抗大明。
1620		万历四十八年	明神宗逝世。长子朱常洛继位，是为明光宗。
1620	光宗	泰昌元年	光宗即位一个月，在服用药丸后，离奇死去，是为明末三大案之红丸案。太子朱由校继位，是为明熹宗。 移宫案爆发。宫廷斗争一发不可收拾。

身上，已初步具有摊丁入地的性质。这次变法在一定程度上恢复了明王朝的实力——明朝万历年间三大战役都获得了胜利：联合朝鲜击败了日本；击败了安南入侵；平定了西夏边军的叛乱。

然而因为封建时代的局限性，在实施过程中，一条鞭法逐渐变形，最终又产生了新的弊端。其中最重要的是，一条鞭法并没有产生新的利益，而是分割了原有的利益，引起了大部分地主豪强的不满。

万历十年，权臣张居正病逝。他死后，被政治清算，一条鞭法改革也逐渐被废止。

三大奇案：明末不受控制的党争

明代朱元璋废丞相后，便不再设立丞相一职，却让位卑权重的给事中来监督执政者，因此皇权越发孤立而强大起来。明中叶，皇帝往往采用所谓的"帝王心术"，利用朝臣之间的争斗来掌控权力，因此明中晚期的党争愈演愈烈，其中最具代表的就是三大奇案。

万历四十三年（公元1615年）五月，宫外男子张差手持木棒闯入大内东华门，一直打到皇太子居住的慈庆宫，是为梃击案；泰昌元年（1620年），皇帝朱常洛服用太医进献的药丸，离奇死亡，是为红丸案；朱常洛死后，李选侍把持宫禁，试图垂帘听政，权臣涌入宫殿，拥立太子朱由校继位，并逼迫李选侍离开乾清宫，是为移宫案。

这三次案件都是有人在幕后推波助澜，最后演变成各党派的相互指责，并且最终造成大批高层人员下台，政治动荡。

再后来，随着政治斗争的升级，明政局形成东林党和阉党的分野。

东林党是江南士绅集团的代言人，起源于东林书院。这些人"讲习之余，往往讽议朝政，裁量人物"，其言论被称为清议，形成了广泛社会影响。东林党以正人君子自诩，利用社会舆论对朝廷政策进行攻击，臧否官员，影响巨大。

皇帝则依靠亲信太监，网罗东林党的对手组成了阉党。阉党以魏忠贤为首，他们利用手中的权力和皇帝的信任，将东林党排出政局，并对东林党员进行大肆捕杀。

大事件	年号	帝王	公元 单位：年
荷兰侵占我国宝岛台湾。	天启四年	熹宗	1624
金军入侵宁远，与守将袁崇焕交战，被击败。金军首领努尔哈赤受重伤而死。	天启六年		1626
明熹宗朱由校病逝，其弟朱由检继位，是为明思宗。	天启九年		1627
朱由检继位后，责令魏忠贤自杀。			
日本颁布《锁国令》。	崇祯六年	思宗	1633
宋应星的《天工开物》正式刊行。	崇祯十年		1637

公元 单位：年	帝王	年号	大事件
1639	思宗	崇祯 十二年	徐光启的《农政全书》正式刊行。
1640		崇祯 十三年	英国资产阶级革命开始。
1641		崇祯 十四年	英国国会通过《大抗议书》，国会同国王决裂。
1643		崇祯 十六年	李自成破潼关，陷西安。
1644		崇祯 十七年	李自成攻入北京。

这种党争都是为了反对而反对，其最终结果就是将明王朝推入走向灭亡的深渊。

努尔哈赤起兵和李自成进京：明王朝灭亡浅析

公元1644年，有着近三百年荣耀的大明王朝走到绝境。最后，末代皇帝朱由检在煤山上吊自杀，明朝灭亡。

明朝灭亡的原因大体上可以分为内因和外因两部分，外因是新兴女真政权的挑战，内因则是阶级矛盾激化后的农民反抗。

万历四十四年（公元1616年），女真部落首领努尔哈赤建立清朝（当时国号大金，史称后金），正式对明朝发起挑战。崇祯二年（1629年），女真部继任者皇太极绕道长城入侵北京，袁崇焕紧急回军与皇太极对峙于北京广渠门。由于崇祯多疑中计，经六部九卿会审，最后明朝错杀袁崇焕，自毁长城。其后皇太极多番远征蒙古，终于在六年后（1635年）彻底征服蒙古，次年在盛京称帝，改国号为大清，并且五次经长城入侵明朝直隶、山东等地区，史称清兵入塞。当时直隶连年灾荒疫疾，民不聊生。而为了抵御清兵的入侵，明王朝绝大部分军事力量被消耗，大量的钱财被填入辽东征战的无底洞。

一条鞭法改革失败后，明王朝内部阶级矛盾激化。崇祯在位时期正是地理纪年的小冰河时期，整个中原地区水灾、旱灾不断，河南、陕西等人口聚集地更是赤地千里，流民遍野。在这种背景下，农民起义不断。在农民起义军和明军不断的斗争中，李自成率领的队伍脱颖而出，他自称闯王，提出"三年不征"的口号，吸引了大量流民加入队伍。虽然李自成军被朝廷多次击败，但是总能恢复。

1644年，李自成率军进入北京，建立大顺政权。明朝灭亡。

大事件	年号	帝王	公元 单位：年
崇祯在煤山上吊自杀，明灭亡。	崇祯十七年	思宗	1644
山海关总兵吴三桂投降清军，清军入关。			
李自成与吴三桂、清联军在一片石大战。李自成败退出北京，退往湖北。			

清 朝

从1644年清军入关到1911年清朝灭亡，清朝总共统治中国268年。

清朝历史可以如此划分：1644年入关以前，后金首领努尔哈赤起兵，在与明朝的对立中不断壮大，逐渐建立起一个简陋的部族制国家；顺治帝在位时期，清廷联合了汉将吴三桂、耿仲明、尚可喜、孔有德等先后镇压了各地的农民军和南明朝廷的军队，在血腥镇压和剃发易服中建立了对整个中国的统治；康乾盛世时期，清王朝确立了中华民族的国家版图，经济发展，人口增加，社会平稳发展，百姓生活安定；衰落时期，从乾隆在位的后期开始，清统治者趋于保守和僵硬，国内矛盾逐渐积累，同时西方殖民者开始在东南沿海骚扰；1840年到灭亡，中国历史进入更为激烈和风雨变幻的近代史。1840年以后历史属于近代史部分，本书中不论。

清代是我国封建社会衰亡阶段：政治上，君主专制发展到顶峰；经济上，虽然以红薯为代表的高产作物得到广泛的种植，然而经济作物的种植面积缩小，手工业萎缩，资本主义萌芽夭折；文化上，清朝统治者不断发动文字狱，对文人优待的良好传统消失；军事上，火器的研究停止，军事思想一片空白；对外关系上，丧失了中华民族对外交流的进取精神。

清朝·黄龙旗

后金：从辽东部落到建立大清帝国

明万历四十四年（公元1616年），建州女真部首领努尔哈赤在赫图阿拉（今辽宁省北部）称汗，因为女真人是金人的后代，所以努尔哈赤的部族制国家国号"金"或"大金"，改元天命。并在两年后发布以"七大恨"为主题的檄文，声称明王朝对他个人的残暴以及对女真人的横征暴敛，起兵反明。

天命四年（公元1619年），萨尔浒之战爆发。获得明军内部情报后，努尔哈赤以集中兵力、各个击破的方法，大败明军，明朝三路大军被歼，只有一路明军全身而退。这一场战争后，辽东的战略格局发生变化，明朝被迫对后金转向战略防御。

此后，获得心理优势的后金军创造了战无不胜的神话，不断南下劫掠明王朝，获得大量的人口、牲畜、财物，这些都让后金吸血似的快速发展起来。明崇祯九年（公元1636年），女真首领皇太极改国号为"大清"，改元崇德。清朝建立。

大事件	年号	帝王	公元（单位：年）
清军击败李自成后入关，世祖是清朝入关后的第一位皇帝。张献忠在四川称帝。	顺治元年	世祖	1644
清廷第二次下剃发令，激起各地反清活动。	顺治二年		1645
清廷下令开科取士。李自成亡。			
郑芝龙降清，郑成功起兵反清。	顺治三年		1646
张献忠被清军杀害。	顺治四年		1647
欧洲三十年战争结束，签订《威斯特伐利亚条约》。	顺治五年		1648

扬州十日和嘉定三屠：血腥屠杀下的民族对立

1644年，清军入关后，和吴三桂联手在一片石大战李自成。获胜后，清军进入北京，建立起中原新王朝。而此时，南逃的士大夫、太监和军阀在相互妥协下，于南京拥立明宗室建立起南明王朝。但是南明小朝廷依然延续着明朝灭亡前的悲剧：党争。南明小朝廷的这种不作为刺激了清朝贵族的胃口，本来只想大劫掠一番的清统治者，面对一个分裂、内讧、腐化、没有武力、百姓离心的对手，便把目标改为统一全国了。

清军入关后，以"为尔报君父之仇"的口号，吸引了一大批文人投降自己。但是当清军击败南明政权，进入江南地区后，新政权始终无法绕过士绅地主势力深入地方，和江南士大夫集团有着根本的利益冲突；而此时清实际掌权者多尔衮采取汉人谋臣的意见，认为"削发易服"是试验汉人忠诚度、同化征服地区的最好办法，便在全国下令"留头不留发，留发不留头"，此举激起了江南文人的强烈反对。

于是，清军举起了屠刀对付江南地方的反抗，最著名

公元 单位：年	帝王	年号	大事件
1649	世祖	顺治六年	清分封明朝降将孔有德为定南王，吴三桂为平西王，耿精忠为靖南王，尚可喜为平南王。英王查理一世被处死。
1651		顺治八年	英国为打击贸易对手颁布《航海条例》，成为第一次英荷战争导火索。
1653		顺治十年	达赖五世被清廷册封为达赖喇嘛。
1654		顺治十一年	郑成功被封为海澄公，清廷命其父招降他。
1655		顺治十二年	李定国在南宁大败。清廷设十三衙门铁牌，严禁宦官干政。

的是扬州十日和嘉定三屠。

顺治二年（公元1645年）四月，清军攻破在南明兵部尚书史可法带领下死守的扬州城后，便纵兵屠城十日，千年繁华的扬州城顿时成了鬼蜮。据《扬州十日记》记载，当时，仅仅由僧人收敛的尸首就多达八十万具。六月，因为反对削发令，本已被征服的江南地区纷纷反抗，其中以嘉定人反抗最为激烈。为了杀鸡儆猴，清军于是在嘉定城举行了三次大屠杀，最后两万多居民被杀，当地鸡犬不留。

郑成功攻占台湾：抗击外国殖民者的民族英雄

明天启四年（公元1624年），荷兰殖民主义者趁着明朝海禁，国力衰弱的时机，侵占了我国宝岛台湾。但是，当时红毛鬼（荷兰殖民者）的实力只能是在台湾南部及沿海地区建立一些据点，切断了台湾地区和大陆的联系。实际上控制台湾海峡的还是活跃在东南沿海地区的明朝反清残余势力和海盗，其中以郑芝龙势力最大。

郑芝龙表面尊王，实际割据，但是郑芝龙的长子郑成功却是对明王朝忠心耿耿，而且郑成功非常受南明皇帝的

大事件	年号	帝王	公元 单位：年
李定国拥护永历帝前往云南。	顺治十三年	世祖	1656
孙可望投降，被封义王。	顺治十四		1657
南明桂王封郑成功为延平郡王。	顺治十五年		1658
桂王退往缅甸。	顺治十六年		1659
清廷命吴三桂镇守云南。			
郑成功北伐大败，退返厦门。			
英国皇家学会成立。	顺治十七年		1660
查理二世即位，英国恢复君主制。			

公元 单位：年	帝王	年号	大事件
1661	世祖	顺治十八年	顺治皇帝驾崩，其子玄烨即位，为圣祖。 郑成功进攻澎湖。 清廷下迁界令。 法王路易十四亲政。
1662	圣祖	康熙元年	荷兰人投降郑成功。 吴三桂杀害桂王，李定国悲愤而死。 郑成功卒，其子郑经继位。
1663		康熙二年	清、荷联军攻占厦门、金门，郑经退往台湾。 明史案发，康熙登基以来的第一宗文字狱。

赏识，被赐姓"朱"，世人尊称为国姓爷。顺治三年（公元1646年），见无法从南明朝廷获得更多利益的郑芝龙北上降清。郑成功在劝阻父亲无效后便与父亲决裂，率部队退到广东，继续坚持抗清。

顺治十八年（公元1661年），郑成功亲率25 000名将士，从金门出发进攻台湾地区。他趁着涨潮的时机，巧妙地登上鹿耳门港，而且受到台湾地区土著高山民族的欢迎和协助，并在随后的战争中节节获胜。康熙元年（公元1662年），荷兰侵略者被迫投降。之后，郑成功依靠台湾地区的水军，大力发展生产和贸易，继续坚持抗清，直到21年后，台湾地区才真正地归到清朝的实际控制之下。

八旗制度和八王议政：大清早期的军事政治制度

女真人从脱离原始社会到建立一个封建王朝不过是用了短短几十年的时间，因此早期的大清政治军事制度都极为简陋。

明万历二十九年（公元1601年），努尔哈赤完成了女真各部的统一，为了便于管理，他结合原始部族制，建立黄、白、红、蓝四旗，称为正黄、正白、正红、正蓝。随着后金势力的扩大，万历四十三年（公元1615年），努尔哈赤创建八旗制，增编镶黄、镶白、镶红、镶蓝四旗。八旗制度是一种兵民合一，全民皆兵的制度。凡是满族成员皆隶于满洲八旗之下，根据组织进行军事、行政和生产活动。旗的组织不是由血缘和民族来决定的，只要有足够的功劳也能加入八旗。

这种制度下，八旗首领——旗主实际上是最高的奴隶主，掌握着所有旗丁的生杀大权，所以在政治生活中，旗主就成了后金统治集团的重要决策者，并因此衍生出相呼应的八王议政制度。

八旗制度建立后，努尔哈赤设置五位议政大臣，十位理事大臣，与诸位贝勒每五天聚会一次，共商国政。到崇德元年（公元1636年），清建立，皇太极正式给八旗旗主封王（这些王世袭罔替，又俗称为铁帽子王），确立八王议政制度。

但是清朝统一后，随着中央集权和君权集中，八王议政不再对国事有辅助作用，反而阻碍了政令的统一和皇权的加强，因此不断受到削弱，最后被军机处取代，在乾隆

大事件	年号	帝王	公元 单位：年
康熙帝亲政。	康熙六年	圣祖	1667
南怀仁被任命钦天监监副。	康熙八年		1669
康熙帝制服鳌拜，掌握实权。			
朝廷下令禁止传播天主教。			
郑经部将大批投降。	康熙九年		1670
议定满汉官员品级划一。			
厄鲁特噶尔丹请求准予遣使进贡。	康熙十一年		1672

公元 单位：年	帝王	年号	大事件
1673	圣祖	康熙十二年	清廷解除了三藩的权力。吴三桂起兵反清，三藩之乱开始。
1679		康熙十八年	英国国会通过《人身保护法》。英国逐渐形成辉格党和托利党，是为英国两党制雏形。
1681		康熙二十年	清军破云南昆明，吴世璠自杀，三藩之乱结束。
1685		康熙二十四年	康熙帝下令收复被沙俄侵占的雅克萨城，俄军被迫撤离。
			康熙帝下令不许旗人圈占民田，清入关以来的圈地运动停止。

年间被取缔。

康熙平定三藩：统一和分裂的战争

从人口基数上说，十几万人的满族人要统治将近一亿的关内民众是非常危险的，因此清朝统治者不得不借用投降的士大夫和官兵的力量。可以说清军入关后的大半江山其实是投降的明军攻占的。在这个过程中，三个明军总兵立功最大，后来都被封王。吴三桂被封为平西王，镇守云南、贵州；耿精忠被封为靖南王，镇守福建；尚可喜被封为平南王，镇守广东，是为三藩。三藩表面上服从中央，实际上和割据无异，到了康熙年间，已经成了对清朝统治的最大威胁。康熙十二年（公元1673年），尚可喜请辞官归辽东，康熙皇帝趁机下令撤藩，同时强硬拒绝吴三桂、耿精忠的移藩试探。

吴三桂杀死朝廷派来的监视者（云南巡抚），自称天下都招讨兵马大元帅，以"兴明讨虏"为口号，发动叛乱。但实际上，吴三桂等人本身就是明朝的叛徒，"兴明"的口号没有吸引力，得不到汉族人民的支持，声势虽然浩大，但是如无根之木，难以持久。

康熙帝在挺过叛军的初次攻势后，改变策略，军事上进攻湖南，其他地方则采用各种分化、收买等方式，逐步扭转局势。不久陷入困境的耿精忠、尚之信（尚可喜之子）投降，被杀。康熙二十年（1681年）冬，清军最终攻入云南，吴三桂此时已死，继任者自杀。

康熙皇帝平定三藩，彻底统一了全国。

雅克萨之战和《尼布楚条约》：清、俄帝国比较

从16世纪后期开始，沙皇俄国崛起，开始对西伯利亚和远东地区不断地进行殖民侵略。到17世纪中期，其势力已抵达外兴安岭地区，在黑龙江流域烧杀掳掠，并于公元1657年，在尼布楚河与石勒喀河合流处建立了雅克萨城与尼布楚城两个殖民据点。而17世纪上半叶，清朝集团先是集中兵力南下平定，接着忙于巩固统治，造成东北地区势力真空，直到三藩之乱平定，对"龙兴之地"的保护才成为国家主题计划。

康熙二十四年（公元1685年）夏，康熙派五千清军，

大事件	年号	帝王	公元 单位：年
清朝在广州设立专门对外贸易的商行。俗称"十三行"，洋行制度由此始。	康熙二十五年	圣祖	1686
噶尔丹进攻喀尔喀蒙古。	康熙二十七年		1688
英国爆发"光荣革命"。			
中俄签订《尼布楚条约》。	康熙二十八年		1689
英国国会提出《权利法案》。			
俄国彼得一世效法欧洲进行改革。	康熙三十七年		1698
西班牙王位继承战开始。	康熙四十年		1701
英国颁布《王位继承法》，确立英国君主立宪政体。			

公元 单位：年	帝王	年号	大事件
1713	圣祖	康熙五十二年	《南山集》案结案，戴名世被处死。
1719		康熙五十八年	颁布《皇舆全览图》。
1720		康熙五十九年	清朝派兵攻打策妄阿喇布坦。
1722		康熙六十一年	康熙帝驾崩，四子胤禛继位，是为世宗。

水、陆两路围攻俄军据点雅克萨，俄国侵略军被迫投降。但是因为东北地区气候严寒，清军被迫撤退，俄军在清军撤退后又重新进据雅克萨城。第二年，清政府再次派兵攻击雅克萨，一场大战后，俄军头目被击毙后，被迫投降。康熙二十八年七月十四日（公元1689年9月7日），清、俄签订《尼布楚条约》。这是双方在平等的基础上签订的条约，最后清帝国做出让步，把原属中国的尼布楚地区和东西伯利亚划归俄国。

从签订条约的背景来说，其实清军更占优势，但是"吃亏"条约达成就在于两国的认识和国策不同：俄帝国从建立起，就热衷于在东西方向寻找出海口，力图从对外扩张和海贸上获得发展，所以开始走上殖民崛起之路；清帝国认为东北地区其实是不毛之地，对一个能自给自足的封闭的封建帝国来说，不能种植的土地无关紧要。

可以说，雅克萨之战表明当时的清比俄强；而《尼布楚条约》的签订，说明之后俄会比清强。

康乾盛世：人口的快速增长和农业的发展

清朝建立后，人民生活稳定，政府大力鼓励开荒，提倡精耕细作，农业水平发展到一个新阶段。

据统计，康熙二十年（公元1681年）全国耕地为589万顷，而到雍正三年（公元1725年）更是猛增到890万顷。这些土地除了一部分是清查户口查出来的隐瞒土地外，大部分是新开垦的土地，主要集中在淮河、太湖水域周边和山坡上。而有着大量荒地的东北地区，则因为是龙兴之地，受到保护，不允许汉人出关垦殖。当然，荒地的大规模开垦也使得整个关内的自然环境遭到破坏，这也是清中后期黄河水患加剧的原因。

耕地面积扩大，同时农业生产技术也大幅度提高，明代出现的精耕细作技术获得进一步提升；甘薯、玉米等高产农作物的种植面积进一步扩大，甚至在河南等地甘薯的食用量已经占了百姓的半年口粮，所以有历史学家戏称康乾盛世是"红薯盛世"。

农业的发展，摊丁入亩制度的实行，人头税和土地税的分开，使得清帝国的人口迅速膨胀起来。据史料记载，

大事件	年号	帝王	公元 单位：年
雍正帝建立秘密立储制度。	雍正元年	世宗	1723
清廷宣布自明年起实施摊丁入亩政策。			
实行耗羡归公和养廉银制度。	雍正二年		1724
年羹尧、岳钟琪平定青海罗布藏丹津之乱。			
雍正帝准许实行改土归流政策。	雍正四年		1726

公元 单位：年	帝王	年号	大事件
1727	世宗	雍正五年	中俄签订《恰克图条约》，清政府开始设立驻藏大臣。
1729		雍正七年	设立军机房。
1732		雍正十年	军机房改称军机处，正式取代议政王大臣会议。
1735		雍正十三年	雍正驾崩，其子弘历继位，称高宗。裁撤军机处。
1736	高宗	乾隆元年	乾隆帝写下建储密旨。
1745		乾隆十年	噶尔丹策零去世，其子那木札勒继位。

顺治十八年（公元1661年），全国丁口数量是1913万，到康熙五十年（公元1711年）的半个世纪中，丁口数量是2462万。这里的统计仅是丁口（16岁至60岁的成年男子称丁，妇女称口。），其人口总数应该过亿。到了乾隆末年，专家估计，其人口应该已经发展到2亿左右了。

人口的激增也带来了城市的扩大，手工业发展，商业需求增大，这些都刺激着康乾盛世的局面。到乾隆时期，全国特别是江南地区呈现出一片繁荣的景象。

大兴文字狱和禁毁书目：皇权对思想自由的最严密控制

雍正八年(公元1730年)，清末反抗文人领袖顾炎武的外孙、翰林院庶吉士徐骏在奏章中笔误，把"陛下"的"陛"（宫殿台阶的意思）字写成"狴"（象征监狱的怪兽）。雍正帝大怒，把徐骏革职，并派人追查，最后从徐骏诗句中找出"清风不识字，何事乱翻书"、"明月有情还顾我，清风无意不留人"等语句，雍正帝认为这是"反清复明"的铁证，于是将徐骏处决，共300多人株连被杀。

　　这种赤裸裸的屠杀让清代的文人不敢讨论历史，不敢议论时政，不敢写诗作文，只能在朝廷划好的四书五经框架中寻章摘句。这使得清代的考据学得到发展，但是也让清代的文化学术水平基本上处于停滞状态。为了控制百姓的思想，清统治者从根源上着手——毁书。

　　从公元1773年开始，在当时的文人领袖纪昀的主持下，历经十年的《四库全书》编成。该书分为经、史、子、集四部分，收录古籍3 503种、79 337卷，保存了大量的古代文献资料。不过，编纂过程中被明令烧毁的图书就有3 000多种，几乎和编纂的图书相当，如果再加上因为害怕文字狱和禁书的恐怖气氛，百姓偷偷烧毁的图书，估计有10 000种图书被毁。《四库全书》在编纂过程中，以纪昀为首的御用文人为了迎合清代统治者的需要而做了大量的删减改动，这些其实对古代典籍造成的损失更是无法估量。

　　清代对思想文化的极端钳制，使中国渐趋落后于同时代的世界，也表明封建社会彻底走入封闭、保守、黑暗而愚昧的末路。

大事件	年号	帝王	公元 单位：年
谕令各省督抚从宽裁减淘汰僧人、道士。	乾隆十年	高宗	1745
为避免强盗不断滋生，清廷决定移民到四川的人必须在当地有亲戚才能得到官府允许。			
乾隆帝派兵征伐大金川。	乾隆十二年		1747
准许八旗汉军到外省居住谋生。			
大金川土司莎罗奔投降，大金川平定。	乾隆十四年		1749
西藏珠尔墨特作乱，被平定。	乾隆十五年		1750

册封活佛和金瓶掣签：中央对西藏地区的有效管理

公元 单位：年	帝王	年号	大事件
1751	高宗	乾隆十六年	乾隆帝南巡。
1753		乾隆十八年	准噶尔诸部互相攻伐。
1754		乾隆十九年	准噶尔内乱，辉特部阿睦撒纳投降，被封亲王。
			命鄂容安、庄存恭严惩江苏蓄发优伶。
1755		乾隆二十年	清军首次进军准噶尔部，俘获准噶尔汗达瓦齐及罗卜藏丹津。
1756		乾隆二十一年	清军第二次出兵准噶尔部。
			英法七年战争开始。
1757		乾隆二十二年	印度成为英国的殖民地。

清帝国的统一对中华民族最重要的贡献之一就是大致确定了中国版图，其中最重要的部分就是把西藏地区纳入中央直接管辖的范围。

清乾隆五十三年（公元1788年），廓尔喀人入侵西藏，后被迫撤兵。清廷随之调整在西藏的防务和与廓尔喀之间的贸易政策。乾隆五十六年（公元1791年），廓尔喀兵再次入侵西藏，将扎什伦布寺洗掠一空后，又攻打日喀则宗城堡。乾隆皇帝派嘉勇公福康安为大将军，率兵入藏，由日喀则一路南下，将廓尔喀兵逐出西藏，并挟军威，一路扫荡，最后兵临廓尔喀首都加德满都城下。廓尔喀国王投降，并将掠去的扎什伦布寺部分财物一并送至福康安军前，表示永不敢犯边界，还许诺向大清国五年一朝贡。

福康安班师西藏后，按乾隆皇帝旨意对西藏事务进行了整饬。为使西藏地区长治久安，对外不受外人侵扰，对内治理有法可依，乾隆皇帝派人与达赖、班禅的僧俗要员商议，制订出《钦定二十九条章程》，确立了金瓶掣签制度。该章程既体现了中央政府的权威和西藏地方隶属于中央政府管辖的事实，也利于维护当地的社会安定，团结宗教上层人物和广大僧俗群众。

"永不加赋"和"摊丁入亩"：清代中期地租形态的变化

清代中期，经过半个世纪的休养生息，社会稳定，国家需要一个新的赋役制度。康熙五十一年(公元1712年)二月二十九日，康熙帝宣布将丁银税额固定、以后不再增收，并命令各省督抚将现行钱粮册内有名丁数永远作为定额，不再增减。对以后新生人丁(即盛世滋生人丁)不征钱粮；而丁银并不按丁计算，丁多人户也只交纳一丁钱粮。康熙五十五年户部在研究编审新增人丁补足旧缺额时，除照地派丁外，仍实行按人派丁，即一户之内，如果减少一丁，又新添一丁，以新添抵补减少；倘若减少的有二三丁，新添的不够抵补，则以亲族中丁多人户抵补；如果还不够，以同甲同图中粮多人户顶补，抵补之后的余丁才归

大事件	年号	帝王	公元 单位：年
乾隆帝命兆惠将军出兵回疆平大小和卓乱事。	乾隆二十三年	高宗	1758
四川官员奏请限制移民四川，未许。	乾隆二十五年		1760
筹划移民出关，创办民屯。	乾隆二十六年		1761
英法七年战争结束，英国取代法国的霸权地位。	乾隆二十八年		1763
北美爆发"波士顿倾茶事件"。	乾隆三十八年		1773
俄国爆发普加乔夫起义。			
《四库全书》开始编纂。			
美国发表《独立宣言》，正式宣布独立建国。	乾隆四十一年		1776

公元 单位：年	帝王	年号	大事件
1778	高宗	乾隆四十三年	令山东巡抚国泰严办冠县之义和拳滋事者。
1782		乾隆四十七年	《四库全书》编撰完成。
1783		乾隆四十八年	英、美签订《巴黎条约》，英国承认美国为独立国家。
1786		乾隆五十一年	台湾天地会首领林爽文起事反清。
1787		乾隆五十二年	美国《1787年宪法》制定。

入滋生人丁册内造报。所以滋生人丁永不加赋办法施行后，又出现了新增人丁不征税，旧额人丁不减税的矛盾；而且，新增人丁很多，用谁来补充旧丁缺额，也很难做到苦乐平均。此后不久，雍正年间就开始在全国各地普遍实行了摊丁入亩的改革。滋生人丁永不加赋实际上为雍正朝实行摊丁入亩奠定了基础，这是中国封建社会中徭役向赋税转化的重要标志。

马戛尔尼使华：东西两大帝国的首次正式接触

乾隆五十八年(公元1793年)，英使马戛尔尼赴京觐见乾隆皇帝，这是世界上的两大帝国的第一次正式接触。

在祝寿这一冠冕堂皇的理由之后，乾隆及大清官员们无法预见的，却是英国使团访华的真正目的——打破清朝闭关锁国的政策，拓展英国的对华贸易。

从英国使者的记录中可以看出一些外人对"康乾盛世"的描述："这个省的农民都一贫如洗。就是那些被雇到船上来侍候大使及其随从的人，情形也好不了多少。他们每次接到我们的残羹剩饭，都要千恩万谢。城内屋宇老旧，街道狭窄，大片大片的空地，不是荒芜就是废墟。"很显然，在英国使者的心目中，这是一个庞大、古老和陈旧的帝国。

23年后，英国第二次派遣访华使团，因为拒绝向嘉庆帝行三跪九叩礼而遭驱逐。

又经过24年，公元1840年，鸦片战争爆发，大英帝国用坚船利炮打开了中国的大门。大清随之被列强瓜分，中国已不再是中央之国，世界格局也发生了极大的转变，英国成了"日不落"帝国，站在了时代的风口浪尖上。而清帝国的衰败则早在半个世纪前就被英国使者洞察了。

和珅跌倒，嘉庆吃饱：封建制度走向末局

清中期，官场已经相当腐败了，以和珅为例。

和珅，字改斋，清朝满洲正红旗人，姓钮祜禄氏，生于1750年，靠他的高祖尼牙哈那有军功，承袭了一个三等轻车都尉职位。和珅19岁被选入皇宫，到銮仪卫里当差，也就是皇帝仪仗队里的一员。和珅深受乾隆皇帝赏识，30岁就担任御前大臣兼都统，兼领侍卫内大臣，身兼数职。

大事件	年号	帝王	公元 单位：年
华盛顿当选美国第一任总统。	乾隆五十四年	高宗	1789
法国大革命爆发。			
法国资产阶级革命纲领性文件《人权宣言》发表。			
乾隆帝命福康安出兵西藏平定廓尔喀乱事。	乾隆五十六年		1791
法国首部成文宪法《1791年宪法》通过。			
廓尔喀请降。	乾隆五十七年		1792
法国第一共和国成立。			

公元 单位：年	帝王	年号	大事件
1793	高宗	乾隆五十八年	英使马戛尔尼来华。
1794		乾隆五十九年	法国热月政变爆发，罗伯斯庇尔遭处决，恐怖时期结束。
1796	仁宗	嘉庆元年	乾隆帝退位为太上皇帝，其子永琰继位，是为仁宗。四川教乱发生。
1797		嘉庆二年	第一次反法兰西联盟瓦解。
1799		嘉庆四年	乾隆驾崩，和珅遭抄家、赐死。拿破仑发动政变，推翻督政府，成为第一执政。

和珅受皇帝宠信，有恃无恐，索贿进财。连皇太子向他行贿，他都照领不误。当时，和珅门前，行贿的人络绎不绝。因此，即使送上成百两、上千两银子的人，和珅连他们的名字也记不清楚。

1799年正月，乾隆帝驾崩。第二天，大臣王念孙和广兴上书嘉庆皇帝，揭露和珅贪赃枉法的罪行。第三天，嘉庆皇帝把和珅罢官，逮捕下狱治罪。当天又抄了他的家，并公布了和珅专权20年来包括僭越、违制、专权、贪污、受贿等20大罪状。

据事后所公布的抄家结果，和珅全部家产约合银两8亿两，相当于当时全国10年的财政收入。他每年聚敛的财富等于全国一年财政收入的一半（许多学者虽对这一组数据有质疑，但和坤在位期间是巨贪则无疑。）。这样的大贪污犯，可谓是空前绝后。

然而从和珅那里查抄来的财产则流入了嘉庆帝的私人小金库，而不能让这笔民脂民膏成为国家财政的一部分，这也说明了在最高统治者那里，国家的意识比较淡薄。

吹拉弹唱，生旦净末丑：京剧繁荣和八旗子弟生活

清确立统治后，为数众多的八旗子弟，生活日益艰难，而且被限制只能从军，领取"皇粮"（旗人每月的饷银）生活，所以全国统一后也无所事事起来。这个基数庞大的闲散人口刺激了市民文化的繁荣。清朝中晚期，评书、相声、戏剧、杂耍、赏花、斗虫、遛鸟等各种娱乐活动日益繁荣起来。其中，京剧的形成是清中期文化艺术发展的标志。

乾隆五十五年（公元1790年），流行于安徽地区的徽戏开始进京。四大徽班和以后陆续进京的徽班，以其优美动听的唱腔和卓越的表演受到观众的欢迎，逐渐在京城扎下根来。而且这些徽戏团体还结合北京方言及北京流行的各种小曲小调，创造了一个全新的剧种——京剧。

京剧行当齐全，以脸谱来区分角色，唱、念、做、打四种基本的艺术表现手法和音乐节奏相配合，极具音乐美感。京剧在形成时就进入了宫廷表演，所以要求它所要表现的生活领域更宽，对它技艺的全面性、完整性也要求得

大事件	年号	帝王	公元 单位：年
四川教乱结束。	嘉庆九年	仁宗	1804
《拿破仑法典》公布。拿破仑称帝，建立第一帝国。			
蔡牵自称镇海王，攻入台湾凤山。	嘉庆十年		1805
李长庚因追击蔡牵而战死。	嘉庆十二年		1807
英国占领澳门炮台，经清廷逼迫而退出。	嘉庆十三年		1808

公元 单位:年	帝王	年号	大事件
1812	仁宗	嘉庆十七年	官员建议令闲散旗人务农以解决八旗生计,仁宗不准。
1813		嘉庆十八年	天理教众攻入紫禁城,史称癸酉之变。
1814		嘉庆十九年	反法联军攻入巴黎,拿破仑被迫退位,遭流放,波旁王朝复辟。
1815		嘉庆二十年	拿破仑潜返巴黎,再次称帝。拿破仑在滑铁卢一战中大败,再遭流放。
1816		嘉庆二十一年	英国派遣阿美士德率使节团来华,与嘉庆帝的会面因礼仪之争遭取消。

更严。其表演艺术更趋于虚实结合的表现手法,最大限度地超脱了舞台空间和时间的限制,达到"以形传神,形神兼备"的艺术境界。

今天,京剧已经有200多年的历史,是我国古代文化瑰宝之一。

遍地白莲花开:清朝的民众反抗运动

康乾盛世以来,人口迅速发展,市民阶层日益壮大,然而政府并不能很好地控制土地兼并,再加上黄河、淮河水患连年爆发,政治日益腐败,破产的农民越来越多。到了乾隆末年,这些破产农民和"前朝余孽"相结合,统一在白莲教的旗帜下,开始一次又一次的反抗,其中规模最大的是嘉庆元年(公元1796年)四川地区的白莲教起义。

嘉庆元年(公元1796年),四川白莲教发动起义,一些贫民和部分的少数民族加入这场起义。此次起义前后持续了9年零4个月,参加人数多达几十万,影响遍及湖北、四川、陕西、河南、甘肃五省。起义军在9年多的战争中,占据或攻破清朝府、州、县、厅、卫等204个。抗击了清政府从全国16个省征调的兵力，歼灭了大量清军，使清军损失一、二品高级将领20多人，副将、参将以下的军官400多人，地方士绅1 000余人。清政府为镇压起义耗费白银2亿两，这相当于当时清政府5年的财政收入。从此，清王朝从"康乾盛世"一下子陷入了武力削弱、财政危机的困境，国力消耗大半。

除了白莲教起义外，天地会、天理教、蔡牵等起义规模也很大。总之清朝统治时期，民众的反抗从未停止过，而且近代史中太平天国运动、捻军起义、会党起义都是这些反抗的后续。

鸦片战争（上）：战争前的国际国内形势

鸦片战争前，中国依然沉浸在天朝上国的美梦中，而西方则早就进入了新时代。

1840年的世界局势是这样的：英国工业革命基本完成，殖民地遍及世界各地，奠定了日不落帝国的霸主地位；法国经过拿破仑独裁和历次复辟、民主之间的斗争，由封建制向资本主义制度过渡基本完成；德国尚未统一，

大事件	年号	帝王	公元 单位：年
嘉庆帝驾崩，其子旻宁继位，是为宣宗。	嘉庆二十五年	仁宗	1820
美国发表《门罗宣言》。	道光三年	宣宗	1823
张格尔于新疆作乱。	道光五年		1825
命广东严厉查禁鸦片。	道光九年		1829
两广总督遵旨拟定《查禁纹银出洋鸦片入口章程》。	道光十年		1830
法国爆发七月革命。			
两江总督陶澍接办整顿两淮盐政。	道光十一年		1831

公元 单位：年	帝王	年号	大事件
1832	宣宗	道光 十二年	张丙等天地会员在台湾嘉义县起事。 英国第一次议会改革通过《国会改革法案》。
1833		道光 十三年	福建提督马济滕擒办天地会党人。台湾乱事平定。
1834		道光 十四年	英舰炮轰虎门炮台。 德意志关税同盟成立。

但是普鲁士邦内正在孕育国家改革；俄国，还是封建状态，和中国也差不多，但是经过彼得大帝改革，工业水平远高于中国；美国那时在世界上它无足轻重，但是通过战争、赎买领土等方式在不断扩展领土和海外利益，而且从殖民时代继承下来的雄厚基础和广阔的西部市场，奠定了一个现代大国的雏形。

而此时的大清，康乾盛世结束后，国内矛盾尖锐，自然经济占主导地位，资本主义萌芽缓慢发展，土地兼并严重，农民和地主阶级矛盾尖锐；政治上官员结党营私，互相倾轧，卖官鬻爵，贿赂成风，日益腐败；军事上，装备陈旧，操练不勤，营务废弛，纪律败坏；而在财政上国库日益亏空，入不敷出，皇室和旗人成了财政上的巨大包袱；思想文化上，读书人埋头于故纸堆，训诂学发达，可是思想上则空洞无物。

可以说，大清已经逐渐落后于同期的时代了。

鸦片战争（下）：清朝走向没落，近代史进程开始

大清在经济上自给自足，而英国对中国的丝绸、瓷

器、茶叶有着旺盛的需求，处于国际贸易的不利地位，这让英国当局极为不安。在商人的支持下，为了改变这种不利的贸易局面，英国商人阶层就采取了卑劣的手段，靠"毁灭人种"的方法，向中国大量走私特殊商品——鸦片，以满足他们追逐利润的无限欲望。

鸦片的输入严重败坏了社会风尚，摧残了人民的身心健康。烟毒泛滥不仅给中国人在精神上、肉体上带来损害，同时也破坏了社会生产力，造成东南沿海地区的工商业萧条和衰落。于是担任两广总督的林则徐在道光帝的支持下大力禁烟，并在虎门销烟。中国禁烟消息传到英国后，便成了英国向中国挑起战争的借口。

公元1840年，英国政府下令远征军封锁广州、厦门等处的海口，截断中国的海外贸易，并于7月攻占浙江定海，鸦片战争爆发。此时，中国沿海地区，除广东在林则徐督饬下稍作战备外，其余均防备松弛，煌煌大清很快被打得一败涂地。

1842年，钦差大臣耆英等签订我国第一份不平等的中英《南京条约》，正式向欧洲打开国门。

鸦片战争对中国来说，打破了中国以自我为中心的

大事件	年号	帝王	公元 单位：年
增订《防范洋商章程》八条。	道光十五年	宣宗	1835
湖南青莲教徒起事，不久即败。	道光十六年		1836
清廷命沿海各省认真查禁白银出口。	道光十七年		1837
道光帝任命林则徐为钦差大臣赴广东查禁鸦片。	道光十八年		1838
林则徐于广州虎门销烟。	道光十九年		1839

公元 单位:年	帝王	年号	大事件
1840	宣宗	道光二十年	第一次鸦片战争爆发。中国近代史开始。

封闭状态，打破了中国在东亚地区文明中心的地位。此后的历史是"世界的"，至此，中国古代史结束，近代史开始。